职业教育·城市轨道交通类专业教材

城市轨道交通车辆驾驶

（第 2 版）

王丽红　陈晓宏　主　编
　　　　　班希翼　副主编
　　　　　张立勋　主　审

人民交通出版社股份有限公司
北　京

内 容 提 要

本书为职业教育城市轨道交通类专业教材。全书内容结合城市轨道车辆应用技术专业人才培养方案，将岗位知识、行业赛项、1+X证书内容融合到教材编写中，基于城市轨道交通列车司机真实工作过程进行教学项目设计，以"懂技术，会操作"为双核驱动，突出对学生职业能力的培养。在本书的编写过程中，作者团队调研了郑州、洛阳、北京、广州等多个城市轨道交通运营企业，对标岗位标准和职业标准，重构教学内容，紧紧围绕"驾驶""非正常作业""故障处理"等核心工作任务，每个任务针对特定的作业内容进行描述和分析，为城市轨道车辆应用技术专业的学生和轨道交通企业行车岗位人员的学习提供一定的帮助。

本书可作为高职、中职院校城市轨道交通专业教材，也可作为相关行业岗位培训或自学用书，同时可供行业从业人员参考。

本书配有教学课件，任课教师可加入"职教轨道教学研讨群"（教师专用QQ群号：129327355）获取。

图书在版编目(CIP)数据

城市轨道交通车辆驾驶/王丽红,陈晓宏主编.—2版.—北京:人民交通出版社股份有限公司,2024.2
ISBN 978-7-114-19311-8

Ⅰ.①城⋯　Ⅱ.①王⋯②陈⋯　Ⅲ.①城市铁路—铁路车辆—驾驶术　Ⅳ.①U268.4

中国国家版本馆CIP数据核字(2024)第035128号

职业教育·城市轨道交通类专业教材
Chengshi Guidao Jiaotong Cheliang Jiashi

书　　　名：	城市轨道交通车辆驾驶（第2版）
著　作　者：	王丽红　陈晓宏
责任编辑：	司昌静
责任校对：	赵媛媛
责任印制：	刘高彤
出版发行：	人民交通出版社股份有限公司
地　　　址：	(100011)北京市朝阳区安定门外外馆斜街3号
网　　　址：	http://www.ccpcl.com.cn
销售电话：	(010)59757973
总 经 销：	人民交通出版社股份有限公司发行部
经　　销：	各地新华书店
印　　刷：	北京武英文博科技有限公司
开　　本：	787×1092　1/16
印　　张：	17.25
字　　数：	396千
版　　次：	2018年7月　第1版 2024年2月　第2版
印　　次：	2024年2月　第2版　第1次印刷
书　　号：	ISBN 978-7-114-19311-8
定　　价：	49.00元

(有印刷、装订质量问题的图书，由本公司负责调换)

前言 Preface 第2版

  轨道列车司机是城市轨道交通运营企业重要的一线工种。随着城市轨道交通新线路的开通、运营里程的不断增加,城市轨道交通运营企业对轨道列车司机的人才需求整体呈上升趋势。城市轨道车辆技术(驾驶方向)专业旨在培养掌握车辆运用及维护、轨道列车驾驶,具有职业素养和敬业精神,兼备专业理论知识和实践能力的技能型人才。城市轨道交通列车驾驶是该专业的核心课程之一,受到院校专业人才培养的高度重视。

  本次修订,结合城市轨道车辆应用技术专业人才培养方案,将岗位知识、行业赛项、1+X证书内容融合到课程中,基于轨道列车司机真实工作过程进行教学项目设计,以"懂技术,会操作"双核为驱动,突出对学生职业能力的培养。在本书的编写过程中,作者团队调研了郑州、洛阳、北京、广州等多个城市轨道交通运营企业的新需求,对标岗位标准和职业标准,完善教学内容,紧紧围绕"驾驶""非正常作业""故障处理"等核心工作任务编写,每个任务针对特定的作业内容进行描述和分析。全书力求实际操作与理论分析一体化,为作业过程中遇到的问题提供标准化的解决方案,为城市轨道交通车辆技术专业的学生和轨道交通企业行车岗位人员的学习提供一定的帮助。

  本书由郑州铁路职业技术学院王丽红担任第一主编,负责全书框架、编写思路的设计及全书的统稿、校对工作;广州铁路职业技术学院陈晓宏担任第二主编;郑州铁路职业技术学院班希翼担任副主编;郑州轨道交通有限公司高级工程师张立勋担任主审。全书共6个项目,具体编写分工如下:项目一、项目二、项目三及附录由郑州铁路职业技术学院王丽红编写,项目四由郑州铁路职业技术学院易楠编写,项目五由广州铁路职业技术学院陈晓宏编写,项目六由郑州铁路职业技术学院班希翼编写。此外,本书的编写还得到了郑州轨道交通有限公司、广州轨道交通有限公司许多一线司机朋友的帮助,在此表示衷心的感谢!

  本书配有动画、视频、微课、课件、习题库等多样化的辅助教学资源,在智慧职教MOOC学院开设了网络课程,便于开展线上线下混合式教学。

  鉴于作者水平、经验有限,书中难免有不当之处,恳请各位同仁和广大读者提出宝贵意见,以便修订和完善。

作 者
2023年5月

数字资源目录

序号	资源名称	资源类型	所在页码
1	列车驾驶台认知	微课	9
2	列车运行基本概念	微课	13
3	地面信号机	微课	16
4	列车手信号	微课	17
5	列车手信号显示方式	三维动画	18
6	线路标志	微课	21
7	信号标志	微课	22
8	列车自动闭塞	微课	25
9	列车运行图	微课	30
10	司机岗位职责	微课	48
11	司机职业要求	微课	49
12	司机出勤	微课	66
13	出勤标准化作业	视频	66
14	司机退勤及备班	微课	68
15	备班标准化作业	视频	71
16	司机交接班	微课	72
17	车站交接班	三维动画	72
18	整备作业程序——静态检查	微课	75
19	列车整备作业(静检)程序	三维动画	77
20	走行部检查	三维动画	77
21	驾驶室检查	三维动画	77
22	客室检查	三维动画	78
23	动车试验程序	三维动画	79
24	动车试验	微课	81

续上表

序号	资源名称	资源类型	所在页码
25	出段作业	三维动画	85
26	列车出段的时机	微课	86
27	列车出段作业程序	三维动画	87
28	列车入段作业过程	三维动画	89
29	列车入段作业	微课	89
30	列车入段作业程序	三维动画	90
31	列车正线作业程序	三维动画	96
32	ATO模式下正线运行	微课	97
33	人工驾驶正线运行	微课	97
34	站台作业程序	微课	99
35	站台作业程序	三维动画	100
36	列车无人自动折返	微课	113
37	人工驾驶折返	微课	115
38	折返作业——到达	三维动画	115
39	折返作业——接车	三维动画	116
40	调车手信号显示方式	三维动画	122
41	列车反方向运行及推进运行	微课	143
42	列车退行及冒进信号	微课	144
43	恶劣天气下的运行及处理	微课	148
44	正线挤岔及列车脱轨	微课	156
45	列车分离及列车火灾	微课	159
46	单个车门故障	微课	185
47	故障车门的切除	微课	186
48	整列车单侧车门故障	微课	187
49	就地控制盘(PSL)的操作	微课	193
50	站台门常见故障处理程序	微课	194
51	救援方式	微课	219
52	列车救援的过程与操作	微课	222

目 录
Contents

项目一 列车运行基础知识 ·· 1
  任务一 城市轨道交通行车组织概述 ···························· 3
  任务二 行车信号系统 ··· 15
  任务三 行车闭塞法 ··· 24
  任务四 列车运行图 ··· 30
  任务五 行车指挥机构及其作用 ···································· 39
  课后习题 ·· 42
  拓展思考 ·· 44

项目二 司机的职责与要求 ·· 45
  任务一 术语定义 ··· 47
  任务二 司机岗位职责 ··· 48
  任务三 司机职业要求 ··· 49
  任务四 司机安全作业守则 ··· 56
  任务五 司机心理分析与疏导 ···································· 59
  课后习题 ·· 60
  拓展思考 ·· 61

项目三 司机作业标准 ·· 63
  任务一 出勤、退勤、备班及交接班 ·························· 65
  任务二 列车整备作业 ··· 74
  任务三 车辆段作业 ··· 83
  任务四 正线运行及站台作业 ···································· 95
  任务五 折返作业 ··· 113
  任务六 调车作业 ··· 121
  任务七 调试作业 ··· 131
  任务八 司机薄弱环节控制措施 ································ 134

课后习题 ··· 137
　　　拓展思考 ··· 138

项目四　非正常情况下的操作与处理 ·· 141
　　　任务一　特殊情况下的操作与处理 ·· 143
　　　任务二　恶劣天气下的运行与处理 ·· 148
　　　任务三　清客作业 ··· 152
　　　任务四　突发事件应急处理 ··· 155
　　　课后习题 ··· 174
　　　拓展思考 ··· 176

项目五　故障情况下的操作与处理 ·· 177
　　　任务一　车辆故障排除基本知识 ··· 179
　　　任务二　车门故障 ··· 184
　　　任务三　站台门故障 ··· 191
　　　任务四　信号设备故障 ·· 196
　　　任务五　轨道电路故障 ·· 200
　　　任务六　道岔故障 ··· 205
　　　任务七　其他故障 ··· 208
　　　任务八　列车救援的操作 ··· 219
　　　课后习题 ··· 229
　　　拓展思考 ··· 231

项目六　行车事故的预防与处理 ··· 233
　　　任务一　行车事故的定义及分类 ··· 235
　　　任务二　应急预案及事故预防 ·· 238
　　　任务三　行车事故的分析与处理 ··· 245
　　　任务四　行车事故案例分析 ··· 251
　　　课后习题 ··· 260
　　　拓展思考 ··· 261

附录　主要专业词汇及定义 ·· 262

参考文献 ·· 266

项目一

列车运行基础知识

项目说明

城市轨道交通在人们的生活中发挥着越来越重要的作用,"安全第一"是乘客对城市轨道交通这种大容量的交通工具提出的最核心的要求。作为行车过程中的核心操作者,司机在熟练掌握列车的驾驶技能之前,还需要具备一些列车运行的基础知识。

本项目要求学生掌握城市轨道交通线路、车站、车辆、信号系统、闭塞方法、列车运行图等基础知识,为后续内容的学习打下坚实的基础。

项目目标

▶ **知识目标**

1. 熟知线路、车站、车辆、车辆段及列车运行的常见基本概念;
2. 熟悉城市轨道交通行车信号系统;
3. 掌握各种行车闭塞方法;
4. 理解列车运行图;
5. 了解行车指挥机构及其作用。

▶ **能力目标**

1. 能够识别列车驾驶室内的各种按钮和开关;
2. 具备区别各种地面信号机和手信号显示方式的能力;
3. 能够比较出不同闭塞方式之间的区别和联系;
4. 具备识别不同类型运行图的能力;
5. 具备分析判断行车指挥机构层次的能力。

▶ **素质目标**

1. 养成自主学习、终身学习的习惯;
2. 提高发现问题、解决问题、处理问题的能力;
3. 树立团队协作意识。

建议学时

14 学时。

任务一　城市轨道交通行车组织概述

城市轨道交通行车组织工作是指在运输生产过程中,为完成运送乘客的任务所进行的一系列与运输有关的工作。它担负着指挥列车运行、保证行车安全、提高运输效率的任务,是城市轨道交通系统运营的核心。下面主要介绍与列车安全运行相关的设施设备系统。

一、限界

限界是指保障城市轨道交通安全运行、限制车辆断面尺寸、限制沿线设备安装尺寸及确定建筑结构有效净空尺寸的图形及相应的定位坐标参数。

限界是确定与行车有关的构筑物净空大小和各种设备相互位置的依据。限界包括车辆限界、设备限界、建筑限界等。列车需要沿着特定的轨道在特定的空间运行,为了防止列车撞击邻近的建筑物或其他设备,确保列车在线路上安全运行,在任何情况下,任何物体不得侵入建筑限界。一切设备,在任何情况下,不得侵入设备限界。列车无论任何状态,均不得超出车辆限界。

(1) 车辆限界。车辆限界是指车辆在正常运行状态下形成的最大动态包络线,应根据车辆的轮廓尺寸和技术参数,并参考在静态及动态情况下所能达到的横向和纵向的偏移量及偏转角度,按可能产生的最不利情况进行组合确定。车辆限界可按隧道内外区域分为隧道内车辆限界和隧道外车辆限界,也可按列车运行区域分为区间车辆限界、站台计算长度内车辆限界和车辆基地内车辆限界。

(2) 设备限界。设备限界是指线路上各种设备不得侵入的轮廓线,是在车辆限界的基础上再计入轨道出现最大允许误差时,引起车辆偏移和倾斜等的附加偏移量,以及在设计、施工、运营中难以预计的因素在内的安全预留量。设备限界可按所处地段分为直线设备限界和曲线设备限界。

(3) 建筑限界。建筑限界是行车隧道和高架桥等结构物的最小横断面有效内轮廓线。在建筑限界以内、设备限界以外的空间,应能满足固定设备和管线安装的需要,还需考虑其他误差、测量误差、结构变形等。其他类型与施工的隧道建筑限界应符合《地铁设计规范》(GB 50157—2013) 和《城市轨道交通工程项目规范》(GB 55033—2022) 的相关要求。建筑限界分为隧道建筑限界、高架建筑限界、地面建筑限界。隧道建筑限界可按工程结构形式分为矩形隧道建筑限界、马蹄形隧道建筑限界和圆形隧道建筑限界。

限界还可分为接触轨限界。接触轨限界应根据受流器的偏移、倾斜和磨耗、接触轨安装误差、轨道偏差、电气间隙等进行确定。

图 1-1 所示为直线地段圆形/矩形隧道、设备及车辆限界。

以郑州地铁 1 号线为例,地下车站有效站台长度范围内,站台面距轨顶面高度为 1050mm,线路中心线至站台边缘为 1500mm(曲线站台为 1540~1550mm),站台门至线路中心线为 1570mm(曲线站台为 1610~1620mm)。有效站台范围外的站台边缘至线路中心线的距离不小于1700mm(曲线站台为1750mm)。

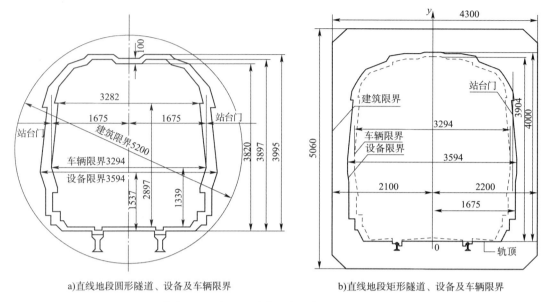

a)直线地段圆形隧道、设备及车辆限界　　b)直线地段矩形隧道、设备及车辆限界

图1-1　直线地段圆形/矩形隧道、设备及车辆限界(尺寸单位:mm)

二、线路与车站

(一)线路

线路是列车运行的基础,主要由路基和轨道(包括钢轨、连接零件、轨枕、道床、防爬设备和道岔等)组成。线路按其所处环境可分为地面线路、地下线路及高架线路,按其功能可分为正线、配线、车场线。

1. 正线

正线为载客列车运营的贯穿全程的线路,分为区间正线和车站正线。正线中车站两端墙内的线路为站内线路,简称站线;两相邻车站相邻端墙间的线路范围称为区间。端墙外与车站站台相连的延伸走廊及其护栏内侧归属站内管理,尽头站、尽头端端墙外轨行区比照区间管理,具体范围由车站在各自的《车站行车工作细则》中作出明确界定。

城市轨道交通线路的正线为全封闭线路,一般按双线设计,遵循右侧行车制,并焊成无缝线路,与其他交通线路相交处,一般采用立体交叉。

2. 配线

城市轨道交通线路中除正线外,在运行过程中为列车提供收发车、折返、联络、安全保障、临时停车等功能服务,通过道岔与正线相互联络的轨道线路为配线。配线包括折返线、渡线、联络线、临时停车线、出入线等。

(1)折返线。折返线是指在线路两端终点站或中间站,为开行折返列车而设置的专供改变列车运行方向的线路,有些也可以作为夜间存车使用。折返线的形式应满足折返能力的要求。常见的折返线形式如图1-2所示。

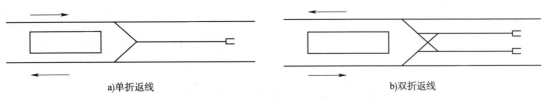

图 1-2　常见的折返线形式

（2）渡线。渡线是指在上下行正线之间设置的连接线,通过一组联动道岔达到转线的目的。渡线有交叉渡线和单渡线之分,如图1-3所示。

图 1-3　常见的渡线形式

（3）联络线。联络线主要是指两条正线间的连接线（图1-4），主要供调运车辆、设备使用,不载客,所以设置单线联络就可以了。联络线所连接的轨道交通线往往不在一个平面上,因此有较大的坡道与较小的曲线半径,列车运行速度不高。

（4）临时停车线。临时停车线一般设置在终点站或区间车站,专门用于停放列车,并可进行少量检修作业,如图1-5所示。在正线运营过程中,列车运行间隔通常很小,如出现非正常情况,为使故障列车及时退出正线运营而不影响后续列车运行,通常每隔3~5个车站应加设临时停车线和渡线。在车辆基地内,要设有足够的临时停车线以供夜间停止运营后的列车存放。

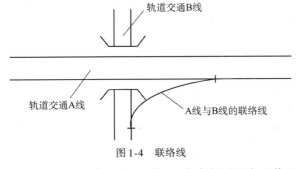

图 1-4　联络线

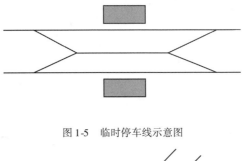

图 1-5　临时停车线示意图

（5）出入线。出入线是从车辆段到运营正线之间的连接线,视为区间,属正线管辖,如图1-6所示。车辆段与出入线以进段信号机的中心线为界,可设计为单线或双线,与城市道路或其他交通方式的交叉处可采用平面或立体交叉形式。

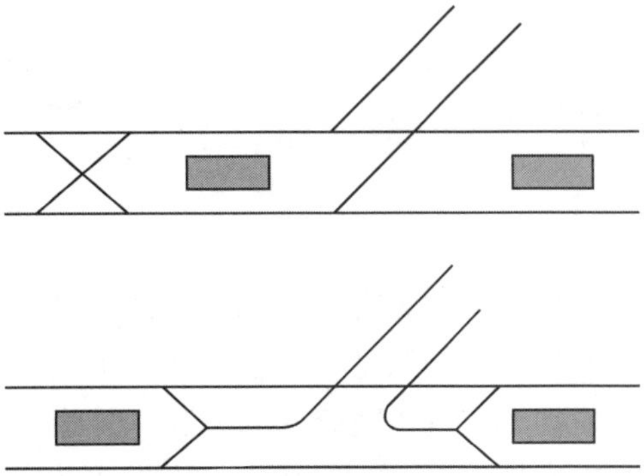

3. 车场线

车场线是停车场内的各种作业线,包括检修线、试车线、洗车线、出入库线等。

图 1-6　出入线布置示意图

4. 道岔

道岔是使列车从一条线路转入或跨越另一条线路的连接及交叉设备,如图1-7所示。

图1-7 道岔

道岔定位是指开通直股或经常开通的位置,如图1-8所示;道岔反位是指道岔开通侧向或不经常开通的位置,如图1-9所示。列车经过道岔时的一般道岔呼唤流程规范:呼唤时机为接近道岔30m内并看清道岔开通方向,呼唤内容为道岔定位(或道岔反位)。

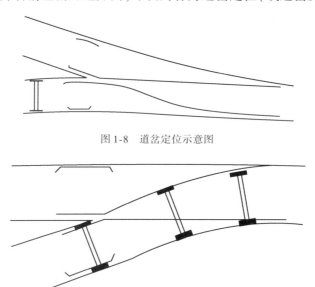

图1-8 道岔定位示意图

图1-9 道岔反位示意图

顺向道岔是指列车先经过岔心,后经过尖轨的道岔;逆向道岔则是指列车先经过尖轨,后经过岔心的道岔。挤岔一般是指列车顺向经过道岔且道岔位置不正确,列车车轮挤过道岔使尖轨与基本轨分开的情况。掉道是指列车逆向经过道岔且道岔处于四开状态,车轮一个在直轨上、一个在曲轨上,轨距加大造成车轮脱离钢轨的情况。

城市轨道交通运营正线最大坡度一般为3‰,最小曲线半径一般为300~400m。正线、配线和车辆段试车线一般采用60kg/m钢轨,其他线路采用50kg/m钢轨,正线采用焊接型长钢轨。隧道内的道床一般采用混凝土整体道床,无须补充石砟或更换轨枕;高架线路可采用整体道床(图1-10),也可采用碎石道床;地面一般采用碎石道床,以减少投资,同时对路基进行强度处理,采用高性能的弹性扣件以减小列车运行时的振动和噪声。整体道床的优点是整体性强、稳定性好,轨道几何尺寸易于保持,可减少维护工作量。其不足之处是工程造价高,施工难度大,道床弹性差,一旦成型无法纠偏,出现病害难以整治。

图1-10 高架桥轨道线路图

城市轨道交通线路的正线、折返线、试车线统一采用9号道岔,其余均采用7号道岔。9号道岔的侧向允许通过速度为30km/h,7号道岔的侧向允许通过速度为25km/h。直线轨距标准尺寸为1435mm,曲线轨距加宽标准见表1-1。

曲线轨距加宽标准　　　　　　　　　　表1-1

序号	曲线半径(m)	加宽值(mm)	轨距(mm)
1	$200 \geqslant R > 150$	5	1440
2	$150 \geqslant R > 100$	10	1445

(二)车站

车站是城市轨道交通的重要组成部分,是客流集散的场所,具有供列车停车、折返、检修、临时待避、存放车辆及乘客候车、乘降、换乘等功能。因此,要求车站能安全、迅速、方便地组织乘客进出,能全面、可靠、机动地满足运营的需求,同时具备良好的通风、除湿、照明、防灾、清洁卫生、减噪减振等条件。下面介绍几种常见的车站分类方法。

1. 按运营功能分

(1)始发(终到)站。始发(终到)站一般设置在线路两端,除具有供乘客乘降的基本功能之外,还可供列车折返、停留、临时检修。

(2)中间站。中间站是线路中数量最多的站型,主要作用是供乘客乘降,但有些中间站还设有折返线、渡线和存车线等,可供列车折返或进行列车运行调整。

(3)换乘站。换乘站设置在两条及两条以上的轨道交通线路交叉点上,除具有供乘客乘降的基本功能之外,其最大的特点是乘客可从一条线路换乘另一条线路。换乘方式有平面换乘和立体换乘之分,换乘站最大限度地节省了乘客出站、进站及排队购票的时间,为乘客换乘提供方便。

2. 按车站客流量分

(1) 大车站。高峰每小时客流量达 3 万人次及以上。

(2) 中等车站。高峰每小时客流量在 2 万～3 万人次。

(3) 小车站。高峰每小时客流量在 2 万人次以下。

3. 按车站设置的位置分

(1) 地下站,设置在地下隧道。由于地面建筑已固定,或是要节省地面空间,地下站位于地下,通过出入口及通道吸引客流,其造价比地面站高很多。其中,按深度地下站又可分为浅埋式车站和深埋式车站两种。

(2) 地面站,设置在地面层。地面站造价比较低,但占用地面空间,其缺点是造成轨道交通线路所经过的地面区域分割,所以,一般在城乡接合部采用此类型的车站。

(3) 高架站,设置在高架桥上。高架站的缺点是占用地面空间较大,对城市景观影响也大。

4. 按车站站台形式分

(1) 侧式站台车站。侧式站台车站是指站台仅单侧有轨道,如图 1-11a) 所示。其优点是站台的横向扩展余地大,上下行线路乘客上车、下车无干扰,不易乘错方向,且对线路设计影响不大,工程造价相对岛式站台车站低;缺点是站厅客流组织难度大。

(2) 岛式站台车站。岛式站台车站是指站台两侧均有轨道,如图 1-11b) 所示。其优点是站台面积可以得到充分利用,便于集中管理,车站结构紧凑,设备使用率高,乘客换乘方便;缺点是对线路设计影响大,设计难度大、造价高。

(3) 混合式站台车站。混合式站台车站是指同时具有侧式站台和岛式站台的车站,如图 1-11c) 所示,如一岛两侧式、两岛一侧式等。混合式站台车站一般多为终点站(始发站),设有道岔和信号联锁等设备,行车组织上增加了灵活度,不同站台同时接发列车,缩短了列车行车间隔、提高了列车运行效率。乘客可以在不同的站台上车、下车,方便车站的客流组织。

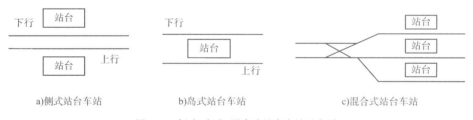

图 1-11 侧式、岛式、混合式站台车站示意图

三、车辆与车辆段

1. 车辆

城市轨道交通车辆有多种形式,一般有带驾驶室的拖车(A 车)、无驾驶室带受电弓的动车(B 车)和无驾驶室不带受电弓的动车(C 车)三种。拖车为不带动力装置,需由具有动力牵引功能的车辆牵引拖带的车辆,仅具有载客功能;动车为自身具有动力装置,具有牵引与载客双重功能的车辆。按照功能车辆可分为客车、工程车、检修车等。客车通常指载客列

车,是由若干车辆单元连挂而成的车列。司机指驾驶列车的专职人员,有列车司机、工程车司机等。本教材面向城市轨道交通车辆驾驶人员,如无特别说明,司机指载客列车司机。

城市轨道交通客车车辆一般以电动车组形式编组,通常为3~10辆,车辆宽度在2.6~3m,最高运行速度可达100km/h,运营速度为35~40km/h。

例如,郑州地铁1号线车辆采用的是中车株洲电力机车有限公司生产的B型车,4动2拖6辆固定编组结构,编组形式为-A*B*C=C*B*A-。A车为带驾驶室的拖车,B车为带受电弓的动车,C为不带受电弓的动车。"-"表示自动车钩,"*"表示半永久性牵引杆,"="表示半自动车钩。

2. 驾驶室

列车在每个带驾驶室的拖车前端设有一个驾驶室,驾驶室内设有操纵台等设备,供司机驾驶列车使用。虽然不同车型的操纵台各不相同,但所遵循的布置原则和实现的功能大致相似,下面以郑州地铁1号线的操纵台为例进行介绍。

郑州地铁1号线车辆的驾驶室及内部设备布置以符合人机工程学为原则,在设计时融入了现代和审美思维,考虑了司机工作时的舒适性、安全性和可靠性。

1.列车驾驶台认知

座椅和控制设备的布置使得司机在就座或站立的情况下均能从事日常工作,所有司机均能获得清晰的车外视野,以满足视觉要求并正常运行。可调司机座椅可保证舒适性。天花板用于放置照明灯、空调出风口和通风单元的控制面板以及列车广播和无线电设备。

(1)驾驶室操纵台总体布置如图1-12、图1-13所示。

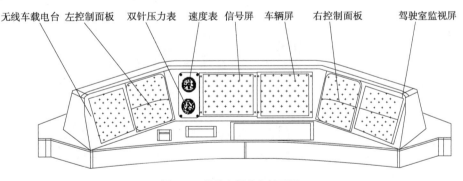

图1-12 驾驶室驾驶台斜面图

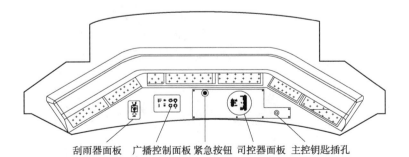

图1-13 驾驶室操纵台平面图

（2）无线车载电台示意图如图1-14所示。

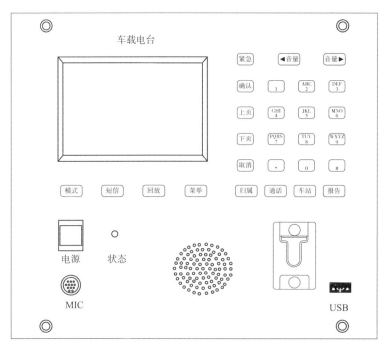

图1-14　无线车载电台示意图

（3）左控制面板示意图如图1-15所示。

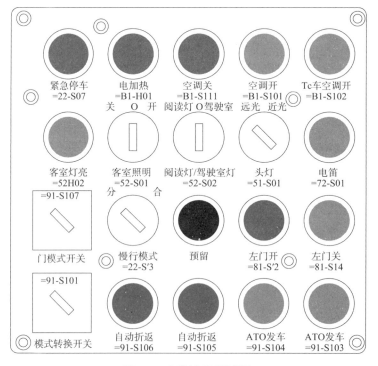

图1-15　左控制面板示意图

(4) 右控制面板示意图如图 1-16 所示。

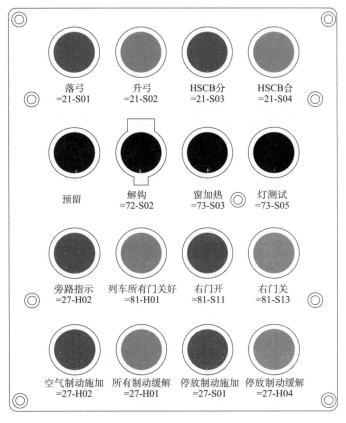

图 1-16　右控制面板示意图

(5) 设备柜布置图如图 1-17 所示。

3. 车辆段

城市轨道交通线路一般按一线一段一场设置。车辆段主要担负一条或几条线路车辆的停放、检修、清洁等任务,有的车辆段还负责乘务人员的组织管理、出乘、换班等业务工作,并相应地配备乘务值班室等设施。车辆段一般设有停车库、检修库、洗车设备、运营管理用房等设施。另外,还有测试列车综合性能的试车线,存放内燃调机、工程车的车库等。

车辆段的主要功能有:

(1) 车辆的停放、日常检查、一般故障处理、清扫洗刷和定期消毒,根据需要进行车辆摘挂、编组、转线等调车作业。

(2) 车辆修理:月修、定修、架修与临修。

(3) 车辆的技术改造或厂修。

(4) 车辆段内通用设施及车辆维修设备的维护管理。

(5) 乘务人员组织管理、出乘计划编制、备乘换班的业务工作。

=21-F101	=22-F101	=27-F101	=28-F101	=28-F103	=31-F103	=31-F104	=41-F101	=41-F102	=41-F103	=41-F104	=41-F105	=42-F101	=44-F101	=45-F101	=45-F102	=45-F103	=32-F05	备用
受电弓控制	列车控制	停放制动	智能阀	网关阀	辅助逆变器1	辅助逆变器2	SKS	Repter A	Repter B	HMI	VCU	火灾报警	无线电	ACSU	PACU	动态地图	永久负载	备用

=46-F101	=46-F102	=46-F103	备用	=46-F105	=46-F106	=46-F107	=51-F101	=52-F101	=52-F102	=52-F103	=61-F101	=61-F102	=72-F101	=73-F101	=73-F102	备用	备用	备用
网络媒体服务器	LCD播放控制器	无线网络	备用	LCD	车载交换机	驾驶室触摸屏	外部照明	驾驶室内部照明	客室左侧照明	客室右侧照明	紧急通风	空调控制	列车连挂	驾驶室辅助设备	玻璃加热	备用	备用	备用

=73-F103	=73-F104	=81-F101	=82-F101	=82-F102	=82-F103	=82-F104	=84-F101	=84-F102	=91-F101	=91-F102	=91-F103	=91-F104	=91-F105	=91-F106	=31-F102
轮缘润滑	刮雨器	车门控制	门控单元1,2	门控单元3,4	门控单元5,6	门控单元7,8	左门状态监控	右门状态监控	ATC BAT1	ATC BAT2	ATC BAT3	ATC BAT4	ATC BAT5	ATC BAT6	方便插座 220V~

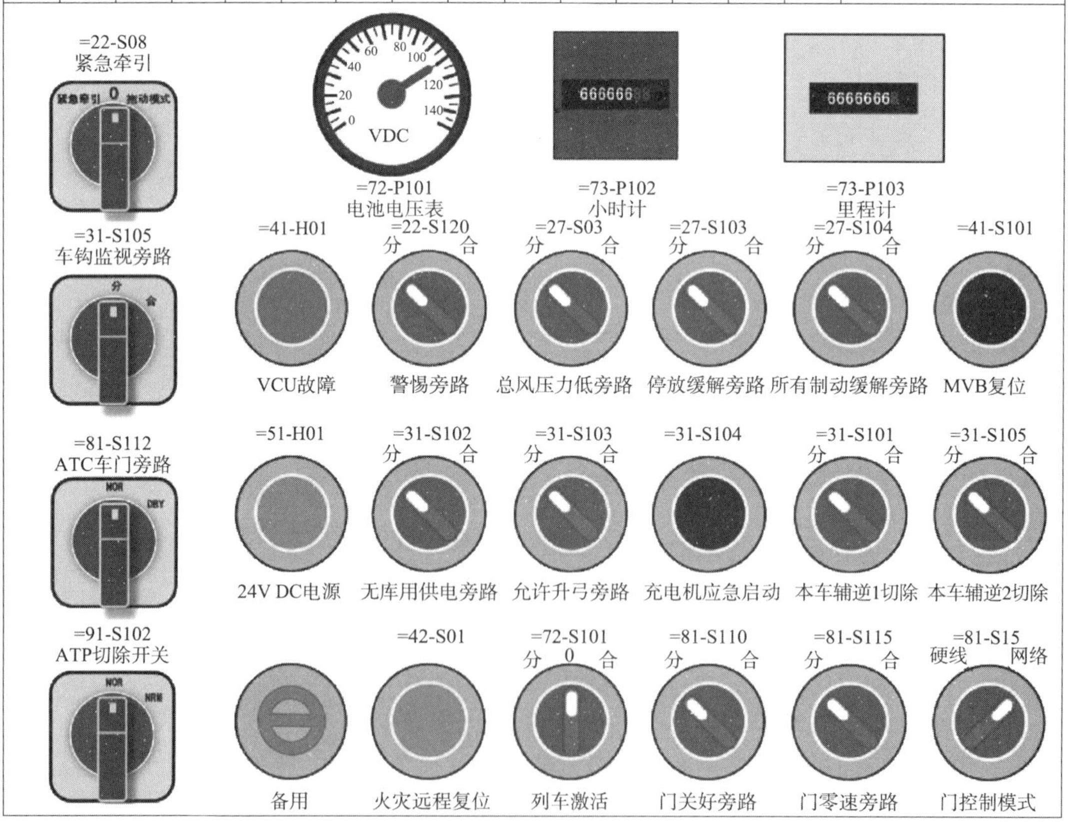

图1-17 设备柜布置图

四、列车运行基本概念

(一)运营时刻表

运营时刻表是一种以表格形式表示各次列车在车站、车辆段出发、到达或通过时刻以及折返时刻的集合,是列车运行图的补充与说明。同时,它规定了线路的首尾班车时间、各峰期时间段、行车间隔、行车周期、出入段方式、列车运行路径、上线列车数量等内容。运营时刻表是列车运营的重要文件,它为列车运行提供了详细的规划和指导,同时为乘客提供了方便的出行参考。运营时刻表分为日常、工作日、周六日、特殊和演练时刻表。

2.列车运行基本概念

正常时刻表的编号为Z××××,特殊时刻表编号为T××××,演练时刻表编号为Y××××。其中,"××××"的千位数代表线别(广州地铁APM线为A,广佛线为F),百位数代表正常情况下的适用时段范围(0代表日常通用,1代表工作日,6代表周六日,9代表通宵),十位至个位数为列车运行计划(运营时刻表)顺序号,用01~09表示。特殊情况下,会在个位数后增加识别码。

(二)列车运行图

列车运行图(详见本项目任务四)是利用坐标原理来表示列车运行的图解形式,是运营方案的直接体现,它规定了列车区间运行时间、停站时间、折返时间以及列车运行交路等,同时是编制运营时刻表的依据。

(三)行车间隔时间

行车间隔时间是指列车更替时间,通俗地说,就是两列同方向载客列车的间隔时间。

缩短行车间隔时间可以减少乘客在站候车时间,有利于提高服务质量,增大对乘客的吸引力,也有利于减少列车编组辆数,节省工程投资。但是,缩小行车间隔时间受多种因素的制约。一般来说,行车间隔时间的极小值取决于信号系统、车辆性能、折返能力、停站时间等诸多因素。在有先进技术设备和足够工程投资作为保证的前提下,停站时间往往成为最重要的制约因素,因为在高峰小时内,线路上个别车站的乘客集散量可能特别大,将导致列车在该站的上下车时间较长。

(四)停站时间

停站时间是指列车停站作业时间,计算方法是从列车对标停妥时刻起至列车从本站发出(不再停下)的时刻止,包括客流上下车时间、开关门时间和车门关闭后的等待开车时间三部分。

停站时间是影响行车间隔的最大因素,也是最难控制的因素。影响列车停站时间的主要因素有:车门、站台门的开关时间,列车满员和乘客拥挤程度,乘客或其物品挡住车门、站台门,司机确认车门、站台门关好的时间等。

列车停站时间一般在编制列车时刻表时根据设备能力和列车停站作业程序计算出最小值,有站台门的车站一般不少于20s,客流较大的车站可放宽至30~50s或更长时间。

(五)列车延误与晚点

列车延误是指运营列车在某一位置(一般指车站)的时刻比照其在时刻表规定的时刻延后的现象。列车晚点是指列车延误发生在本列次终点站时且符合列车晚点范围的现象。

各城市轨道交通企业关于列车晚点的统计方法不尽相同。

例如,广州地铁1号线、2号线、8号线行车组织规定:比照运营时刻表单程每列晚点3min以下为正点,3min及以上为晚点;排队晚点时则按要求进行统计。行车调度员应根据列车晚点情况及时采取措施,调整列车运行方案。

再如,深圳地铁列车晚点统计方法及正、晚点的界定如下:

列车晚点统计方法:比照运营时刻表单程每列晚点 n 秒(n 的取值为行车间隔的1/3,但最小值不低于120s)以下为正常, n 秒及以上为晚点。行车调度员应根据列车晚点情况及时采取措施,调整列车运行方案。因列车调整需要,在两端站晚发的列车不计为晚点,但在单程运行过程中增晚 n 秒及以上为晚点。

列车正、晚点的界定:凡按列车运行图图定车次、时间准点始发及终到的列车全部统计为正点列车数;临时加开列车按正点统计;由于客流变化而抽调部分列车或加开列车,行车调度员采取措施对部分列车调点时,该部分列车按正点统计。

(六)列车到、发、通过时刻的确认

到达时刻:以列车在规定位置对正停稳为准。

出发时刻:以列车由车站(包括车辆段规定发车地点)前进启动(不再停下)为准。

通过时刻:以列车最前部通过站线规定位置时为准。

(七)列车种类及车次的规定

按用途列车可分为图定列车、图外列车、调试列车、专用列车、工程列车和救援列车。不同城市轨道交通系统根据各自运营实际,列车种类及车次的规定各不相同。

1. 郑州地铁列车种类及车次规定

客车车次由5位数组成,前3位为服务号,后2位为序列号。列车服务号见表1-2;序列号由2位数字组成,表示列车运行顺序及方向顺序,上行为偶数,下行为奇数,有效范围为01~99。

客车车次列车服务号　　　　　　　　　　　表1-2

列车类别	服务号	列车类别	服务号
图定列车	101~199	调试列车	801~899
图外列车	701~799	专用列车	901~929

救援列车车次用3位数字表示,车次号为601~619。救援过程中,车次号不根据上下行线改变,使用单一车次。

2. 广州地铁 1 号线、2 号线、8 号线列车种类及车次规定

客车车次由 6 位数组成,前 2 位为目的地码,中间 2 位为服务号,后 2 位为序列号。个位上偶数为上行,奇数为下行,顺序编号。调试车车次比照客车车次,使用服务号区分。工程列车、救援列车车次用 3 位数表示,如 1 号线工程车车次号为 501～509、轨道车车次号为 541～559、救援列车车次号为 601～619。目的地码等具体情况在广州地铁行车组织规则中有所规定。

3. 深圳地铁列车种类及车次规定

客车车次由 4 位数组成,前 2 位代表列车服务号,后 2 位代表行程,单数行程代表下行,双数行程代表上行。普通客车服务号为 01～79,空客车服务号为 80～89,调试车服务号为 90～97,专用列车服务号为 98～99。工程车车次由 3 位数组成,工程车开行车次编号为 501～549,轨道车开行车次编号为 551～599,救援车开行车次编号为 601～629。

(八)行车时间的规定

行车时间以北京时间为准,从零时起计算,实行 24 小时制。行车日期划分以零时为界。零时以前办妥的行车手续,零时以后仍视为有效。

行车专业词汇定义见本书附录。

任务二 行车信号系统

行车信号系统是保证城市轨道交通行车安全的重要设备,是指示列车运行及调车作业进行的命令。为了指挥列车运行及调车作业、指示运行条件、表示相关设备所处的位置和状态,城市轨道交通必须设置信号。同时,信号也可作为城市轨道交通运营线路上划分闭塞分区、站间、区间等的分界标志。

一、信号的类型

(一)按接收效果分类

按照接收效果,信号可以分为视觉信号与听觉信号。

视觉信号是以信号的颜色、形状、显示数目和灯光的显示状态等视觉效果来表现的信号,如地面信号机、信号旗、手信号、火炬信号、信号牌等。其中,火炬信号是一种临时紧急信号,是当列车发生事故而妨碍邻线行车时,在采取其他防护措施之前所使用的一种应急停车信号,其火光表示要求紧急停车。

听觉信号是以不同器具发出的音响的次数、长短、强弱等听觉效果来表现的信号,如电笛、铃声以及车辆的鸣笛声等。

(二)按安装方式分类

按安装方式,信号可分为移动信号、固定信号和手信号。

(1)移动信号。当运行线路在特殊情况下需要施工、救援,禁止列车驶入某地点、区域或须减速运行时应设置移动信号。移动信号根据需要临时设置或撤除,如停车信号牌或信号灯、减速信号牌或信号灯、减速防护地段终端信号牌或信号灯。

(2)固定信号。固定信号是设置在运行线路规定位置的信号装置,用以指示列车运行和调车工作,如地面信号机、行车信号标志牌、信号表示器等。

(3)手信号。手信号是行车人员通过直接采用信号旗或信号灯的方式下达指示列车运行的各种命令。

(三)按使用时间分类

按使用时间,信号可分为昼间信号、夜间信号和昼夜信号。昼间信号,如信号旗、信号牌等;夜间信号,如信号灯等。城市轨道交通信号机采用昼夜通用信号,在隧道内采用夜间信号。地面上在昼间遇雾、风、雨、雪天气以及其他情况,致使调车手信号的显示距离不足100m、引导手信号显示距离不足50m时,应采用夜间信号。

二、信号机的类型

城市轨道交通采用右侧行车制,其地面信号机设于列车运行方向的右侧,与司机的驾驶位置相同,便于瞭望和确认信号。在地下部分一般安装在隧道壁上,特殊情况(如受到设备限界、其他建筑物或线路条件等影响)可设于列车运行方向的左侧或其他位置。

3.地面信号机

(一)正线地面信号机

在采用列车自动控制系统(ATC)的正线上,一般区间不设地面信号机,各站不设进、出站信号机,只在道岔区段设进路防护信号机,线路尽头设阻挡信号机。

1. 防护信号机

防护信号机通常设置在正线道岔前适当地点,向司机提示道岔状态及位置,指示列车运行方向。现在常用的防护信号机采用红、黄、绿三显示机构,具体显示意义为:

(1)红灯——禁止通行,列车必须在该信号机前停车。

(2)黄灯——允许通行,表示前方进路道岔开通侧向位置,允许列车以不超过道岔侧向限速的速度越过该信号机。

(3)绿灯——允许通行,表示前方进路道岔开通直向位置,允许列车按照规定速度越过该信号机。

(4)红色灯光+黄色灯光——引导信号,允许列车以不大于规定的速度(25km/h)越过该信号机并随时准备停车。

2. 阻挡信号机

在线路尽头处应设置阻挡信号机,表示列车停车位置。线路尽头线是指线路一端已经终止,无任何道岔连接,并设置安全车挡,以防车辆溜出的线路。阻挡信号机为单红显示,列车应在距信号机至少10m的安全距离前停下。

项目一　列车运行基础知识

(二)车辆段(停车场)信号机

在车辆段(停车场)转换轨正线一端分别设置进、出段(场)信号机。进段(场)信号机由车辆段(停车场)控制,出段(场)信号机由控制中心和正线车站控制。车辆段(停车场)内另设红、白两个显示调车信号机。

1. 进段(场)信号机

进段(场)信号机采用高柱(高度根据车辆高度确定)黄、绿、红三灯位信号机构,其显示及意义如下:

(1)黄灯——表明进段(场)的进路开通,准许列车按规定的速度越过该架信号机进厂。

(2)红灯——禁止越过,不准列车越过该架信号机。

(3)红色灯光+黄色灯光——引导信号,准许列车以不大于25km/h的速度越过该架信号机并随时准备停车。

2. 出段(场)信号机

出段(场)信号机采用高柱黄、绿、红三灯位信号机构,其显示及意义如下:

(1)黄灯——准许列车按规定的速度越过该架信号机,运行至正线转换轨处一度停车。

(2)红灯——禁止越过,不准列车越过该架信号机。

3. 调车信号机

车辆段(场)内其他地点根据需要设矮型调车信号机,调车信号机采用蓝、白两灯位信号机构,蓝灯为定位,其显示及意义如下:

(1)蓝灯——禁止越过该架信号机。

(2)白灯——允许列车按规定的速度越过该架信号机进行调车作业。

任何信号机的灯光熄灭、显示不明或显示不正确,均视为停车信号。

三、列车手信号显示

手信号是运行系统的重要信号显示,在运行实践中经常要使用手信号来表示或传达相关的行车指示和命令。它与运行以及运行安全有着密切的联系,行车人员应严格遵守手信号的指示。手信号分为徒手信号、信号旗(昼间)及信号灯(夜间)。在昼间遇降大雾、暴风雨雪及其他情况而视野不明朗时,由行车调度员指示,使用信号灯(夜间),任何不明确或不正确的手信号都应视为危险信号,司机必须立即停车。

4.列车手信号

(一)手信号的显示原则

手信号的显示原则是指在进行手信号显示时的规定,也即在显示手信号时要遵循的制度和规范,否则信号显示将失去意义或者说是无效的。

(1)地面车站及基地内,昼间使用信号旗,夜间使用信号灯。

(2)地下车站一律使用信号灯,按夜间规定办理。

17

(3) 显示手信号时左手持红旗,右手持绿旗(扳道员右手持黄旗)。

(二)手信号的显示时机

手信号的显示时机是指正确及时地显示手信号的时间,即什么时候开始显示手信号、什么时候收回所显示的手信号。时机的掌握与安全行车和提高行车效率有着密切的关系。如果过早显示将影响行车工作效率,易产生行车节奏被打乱现象;而太迟显示将不能保证列车运行安全,失去了手信号的作用。

(1)显示通过、停车等信号时,必须在看见列车灯光时开始显示,待列车头部越过显示信号地点后方可收回。

(2)显示发车信号必须在确认列车启动后方可收回。

(3)显示引导信号要待列车越过显示地点后方可收回。

(4)显示调车手信号须待司机回示后方可收回。

(5)显示停车信号和临时停车信号须待列车停车后方可收回。

(三)手信号的显示方式

1. 紧急停车信号(图1-18)

白天:展开红旗下压数次;无红色信号旗时,两臂高举头上,向两侧急剧摇动。

夜晚:红色灯光下压数次;无红色灯光时,用白色灯光上下急剧摇动。

a)有红旗时

b)无红旗时

5.列车手信号显示方式

图1-18 白天紧急停车手信号示意图

2. 减速信号(图1-19)

白天:展开黄色信号旗下压数次;无黄色信号旗时,用绿色信号旗下压数次。

夜晚:用黄色信号灯光下压数次;无黄色灯光时,用白色或绿色灯光下压数次。

3. 停车信号(图1-20)

白天:展开红色信号旗急剧摇动;无红色信号旗时,两臂高举头上,向两侧急剧摇动。

夜晚:用红色灯光上下急剧摇动;无红色灯光时,用白色灯光上下急剧摇动。

4. 发车信号(图1-21)

白天:展开绿色信号旗,以上弧线向列车方向做圆形转动。

夜晚:绿色灯光以上弧线向列车方向做圆形转动。

a)白天

b)夜晚

图 1-19 减速手信号示意图

图 1-20 白天停车手信号示意图

a)白天　　　　　　　　　　　　b)夜晚

图 1-21 发车手信号示意图

5. 通过手信号(图 1-22)

白天:展开绿色信号旗。

夜晚:用绿色灯光。

a)白天　　　　　　　b)夜晚

图 1-22　通过手信号示意图

6. 引导信号(图 1-23)

白天:展开黄色信号旗,高举头上左右摇动。

夜晚:用黄色灯光高举头上左右摇动。

a)白天　　　　　　　b)夜晚

图 1-23　引导手信号示意图

7. 连挂作业(图 1-24)

白天:两臂高举头上,使卷起的两面手信号旗旗杆末端水平相接。

夜晚:用红、绿色灯光(无绿色灯用白色灯光代替)交互显示数次。

8. 道岔开通信号(图 1-25)

图 1-25 所示为进路道岔开通手信号示意图。

白天:地下车站用绿色灯光高举头上左右小动,车辆段(或地上车站)用卷起的黄色信号旗高举头上左右摇动。

夜晚:用绿色灯光(无绿色灯光时用白色灯光)高举头上左右小动。

项目一　列车运行基础知识

a)白天　　　　　　　　　　b)夜晚

图 1-24　连挂作业手信号示意图

a)地下车站　　　　　　　　b)车辆段(或地上车站)

图 1-25　进路道岔开通手信号示意图

四、行车标志牌

城市轨道交通列车运行中,分布在轨旁指示行车的标志分为线路标志和信号标志。它们是行车工作很重要的组成部分。

(一)线路标志

表示建筑物及线路设备位置或状态的标志称为线路标志,包括百米标、曲线标、坡度标、限速标等。

1. 百米标

城市轨道交通线路设有百米标,它是表示正线每百米离该线路起点的长度。将这种长度从起点算起,以百米为单位,用数字标在白色方形板上,固定于右侧边墙的上部。

6.线路标志

2. 曲线标

曲线标是曲线起点和曲线终点标志的简称。曲线标设在曲线线路中点的右侧边墙上,

21

标志上通常标明曲线长、曲线半径、圆曲线及缓和曲线长度、超高、加宽等有关数据。

3. 坡度标

坡度标设在线路纵断面的变坡点处。它的正面与背面分别表示两边的坡度与坡段长度,箭头所指为上坡或下坡,箭尾数字表示坡度千分率,侧面标明变坡点位置,如图 1-26 所示。

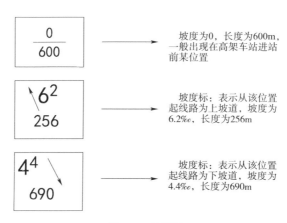

图 1-26 坡度标

4. 限速标

限速标设在列车运行方向右侧,用数字标明限速线路地段的最大速度,如图 1-27 所示。图 1-28 所示为解除限速信号牌。

图 1-27 限速信号牌

图 1-28 解除限速信号牌

(二)信号标志

表示运行线路所在地点的情况和状态,指示行车人员依据标志的要求,及时、正确地进行相关作业与操作的标志称为信号标志,包括停车标、站名标、鸣笛标、一度停车标、车挡表示器、接触网终止标、预告标、警冲标等。

7.信号标志

1. 停车标

停车标为指示列车停车位置的标志。通常,停车标用于车站站台规定乘客上下车的停车地点以及列车折返时指示司机停车的地点,它固定设置在规定位置,如图1-29所示。

2. 站名标

距车站100m处设站名标,如图1-30所示。

图1-29　停车标　　　　　图1-30　站名标

3. 鸣笛标

鸣笛标是要求司机鸣笛的标志,一般设在道口、桥梁、隧道口以及线路状况复杂地段的外方规定位置。

4. 一度停车标

一度停车标是要求列车在该地点停车后确认线路、道岔以及进行相关操作后继续行驶的指示标志,如图1-31所示。

5. 车挡表示器

车挡表示器是设在线路尽头线车挡上的表示器,便于司机确认车挡位置。车挡显示器在隧道内显示红色灯光,地面线路昼间使用红色方牌,夜间使用红色灯光,如图1-32所示。

6. 接触网终止标

接触网终止标是表示接触网已终止的标志,设在接触网终端,警告司机不准越过该标,防止脱弓。

7. 预告标

预告标通常设于非自动闭塞区段进站信号机外,用于预告进站信号机位置距离。在城市轨道交通车辆段的试车线设置了类似的预告标(警告牌),用于预告试车线尽头端距离。预告标(警告牌)为直立白色长方形牌,三个为一组,牌上分别涂有三条、两条、一条黑色斜线,表示距车站或尽头止挡300m、200m、100m距离,如图1-33所示。

8. 警冲标

在两条线路汇合处，为了防止停留在一条线路的车辆与邻线上的车辆发生侧面冲撞，将警冲标设在两汇合线路之间间隔4m处中间的标志。股道之间间距不足4m时警冲标应设在两线路中心线最大间距的起点处，如图1-34所示。

图1-31 一度停车标

图1-32 车挡表示器

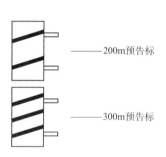

图1-33 200m、300m预告标

图1-34 警冲标

任务三 行车闭塞法

为了确保列车在区间的运行安全，列车由车站向区间发车时，必须确认区间有没有列车，并需遵循一定的规律组织行车，以免发生列车正面冲突或追尾等事故。这种为保证列车运行安全，在组织列车运行时，通过设备或人工控制，使连续发出的列车保持一定间隔距离安全行车的办法，称为行车闭塞法，简称闭塞。

从不同角度划分，闭塞可以有不同的分类，总的来说可分为基本闭塞法和代用闭塞法两种类型。在同一线路上同一时间内应采用同一类型的闭塞方式。

一、基本闭塞法

城市轨道交通的基本闭塞法主要是自动闭塞。自动闭塞就是根据列车运行及有关闭塞区间的状态自动变换信号,而司机凭信号行车的闭塞方法。其特征为:把站间区间划分为若干个闭塞分区,分区占用检查设备,可以凭通过信号机的显示行车,也可凭列车运行控制的车载信号行车;站间能实现列车追踪;办理发车进路时自动办理闭塞手续,自动变换信号。

从保证列车安全运行而采取的技术手段来看,自动闭塞可分为两大类:传统的自动闭塞和装备 ATC 的自动闭塞。

(一)传统的自动闭塞

传统的自动闭塞通常称为自动闭塞,因为要与装备 ATC 的自动闭塞区分,故冠以传统的自动闭塞之称,属于固定闭塞的范畴。

传统自动闭塞是用信号机将线路划分为若干个固定的闭塞区间,列车以闭塞区间为间隔,按追踪方式运行。由于闭塞区间都设有轨道电路,信号机能根据列车占用或离去自动变换信号,指示列车运行。它是由运行的列车自动完成闭塞的一种行车闭塞方法。

(二)装备 ATC 的自动闭塞

ATC 是将先进的控制技术、通信技术、计算机技术与轨道交通信号融为一体的具有行车指挥、控制、管理功能的自动化系统。它是保障轨道交通行车安全、提高运输效率的核心,也是一个国家轨道交通技术装备现代化的重要组成部分。

ATC 由列车自动保护系统(ATP)、列车自动运行系统(ATO)以及列车自动监控系统(ATS)三个子系统组成。ATP 的主要作用是根据安全-故障原则(故障导向安全),通过列车 ATP 系统和地面 ATP 系统间的信息传输,来实现列车间安全间距的监控、速度控制、列车的超速防护、安全开关门的监督和进路的安全监控等功能,确保列车和乘客的安全。

8.列车自动闭塞

ATO 主要通过车载 ATO 系统完成站间自动运行、列车速度调节和进站定点停车,并接受运营控制中心(OCC)的运行调度命令,实现列车运行的自动调整。ATS 的主要功能是监控列车状态、产生列车时刻表、自动调整列车运行时刻、保证列车按时刻表正点运行、生成运行报告和统计报告、向乘客导向系统提供信息等。ATP、ATO、ATS 三个子系统既相互独立又相互联系,组成完整的 ATC 系统,确保列车安全、快速、短间隔时间、有序运行。

运行列车间必须保持的空间间隔首先要满足制动距离的需要,当然还要考虑适当的安全余量和确认信号时间内的运行距离。所以根据 ATC 采取的不同控制模式会产生不同的闭塞制式。

城市轨道交通信号系统按闭塞方式分为固定闭塞、准移动闭塞和移动闭塞三种制式。

1. 固定闭塞

固定闭塞的速度控制模式是分级的。运行列车间的空间间隔是若干个闭塞分区,闭塞分区数依划分的速度级别而定。一般情况下,闭塞分区是用轨道电路或计轴装置来划分的,它具有列车定位和占用轨道检查功能。固定闭塞的追踪目标点为前行列车所占用闭塞分区的始端,后行列车从最高速度开始制动的计算点为要求开始减速的闭塞分区的始端。这两个点都是固定的,空间间隔的长度也是固定的,所以称为固定闭塞,如图1-35所示。

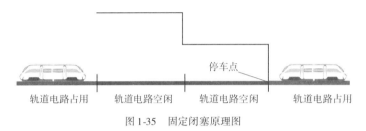

图1-35 固定闭塞原理图

固定闭塞的闭塞长度较大,并且一个分区只能被一辆列车占用,所以不利于缩短行车时间间隔。除此之外,固定闭塞模式下前后列车的位置、间距都是由固定的地面设备检测和表示的,系统只知道列车在哪个区段,而不知道在区段中的具体位置,因此需要在两辆列车之间增加一个防护区段,这使得列车间的安全间隔较大,影响了线路的使用效率。

2. 准移动闭塞

准移动闭塞的ATC采取目标距离控制模式(又称连续式一次速度控制)。目标距离控制模式根据目标距离、目标速度及列车本身的性能确定列车制动曲线,不设定每个闭塞分区速度等级,采用一次制动方式。如图1-36所示,准移动闭塞的追踪目标点是前行列车所占用闭塞分区的始端,当然会留有一定的安全距离,而后行列车从最高速开始制动的计算点是根据目标距离、目标速度及列车本身的性能计算决定的。目标点相对固定,在同一闭塞分区内不因前行列车的走行而变化,而制动的起始点是随线路参数和列车本身性能而变化的。空间间隔的长度是不固定的,由于要与移动闭塞相区别,所以称为准移动闭塞(也可称为半固定闭塞)。

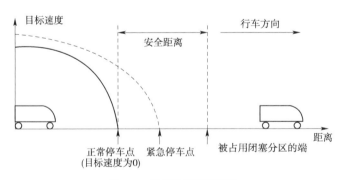

图1-36 准移动闭塞原理图

准移动闭塞对前后列车的定位方式是不同的,前行列车的定位仍沿用固定闭塞的方式,而后续列车的定位则采用连续的或称为移动的方式。

准移动闭塞在控制列车安全间隔方面比固定闭塞更进一步,可以告知后续列车继续前行的距离,后续列车也可以通过这一距离合理地采取减速或制动措施,从而改善列车控制,缩小时间间隔,提高线路使用效率。但准移动闭塞中后续列车的最大目标制动点仍必须在先行列车占用分区的外方,因此它没有完全突破轨道电路的限制。

3. 移动闭塞

在城市轨道交通中,移动闭塞是一种将先进的通信、计算机、控制技术相结合的列车控制技术,所以国际上习惯称之为基于通信的列车控制系统(Communication Based Train Control,CBTC)。它是目前轨道交通界公认的最先进的列车控制技术,代表当今世界范围内信号技术的发展趋势。

移动闭塞的 ATC 也采取目标距离控制模式。移动闭塞的追踪目标点是前行列车的尾部,不需要将线路划分成固定的闭塞区间,而是在前后两个列车之间自动地调整运行间隔,使之经常保持一定的距离。这种空间间隔的长度是不固定的,是由列车按前后两列车的运行速度及线路状况自动调整的,所以称为移动闭塞。

移动闭塞与固定闭塞相比,最显著的特点是取消了信号机分隔的固定闭塞分区,取消了轨道电路。列车间的最小运行间隔距离由列车在线路上的实际运行位置和运行状态确定,闭塞分区随着列车的行驶,不断地向前移动和调整。

移动闭塞一般采用无线通信和无线定位技术,可以实现车载设备和轨旁设备不间断的信息双向传输,使列车定位更加精确、控制更加灵活,可以有效地缩短列车间隔,提高列车运行的安全性与可靠性,降低列车的运营和维护成本。

在移动闭塞技术中,闭塞分区仅仅是保证列车安全运行的逻辑间隔,与实际线路并无物理上的对应关系,因此,移动闭塞在设计和实现上与固定闭塞有比较大的区别。其中列车定位、安全距离和目标点是移动闭塞技术中最重要的三个概念,可以称为移动闭塞的三个基本要素。

1)列车定位

列车定位是移动闭塞技术的基础,要实现闭塞分区的动态移动,首先必须实时、准确地掌握列车的位置信息,确定列车间的相对距离。系统不断地将该距离与所要求的运行间隔距离相比较,确定列车的安全运行速度。所以,没有准确的列车定位,就没有移动闭塞。

目前,在 ATC 中得到应用的列车定位技术主要有测速定位法、查询-应答器法、交叉感应线圈法、卫星定位法。另外,还有多普勒雷达法、无线扩频列车定位、惯性列车定位、航位推算系统定位、漏泄波导法、漏泄电缆法等。

2)安全距离

安全距离是后续追踪列车的命令停车点与其前方障碍物之间的一个固定距离。障碍物可以是确认了的前行列车尾部的位置或者无道岔表示(道岔故障)的道岔位置。安全距离是移动闭塞系统中的关键,是整个系统设计的理论基础和安全依据。

如图 1-37 所示,安全距离是基于列车安全制动模型计算得到的一个附加距离,列车行驶过程中,追踪列车和前行列车始终保持一个常用制动距离再加上一个安全距离的移动闭塞间隔,确保追踪列车在最不利条件下能够安全地停在前行列车的后方不发生冲撞。

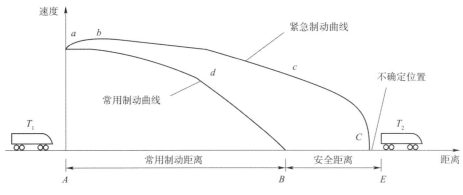

图1-37 安全距离示意图

3)目标点

目标点是列车运行的行车凭证,如同固定闭塞系统中的允许信号,列车只有获得了目标点,才能够向前移动。目标点通常是设在列车前方一定距离的某个位置点,一旦设定,即表明列车可以安全运行至该点,但不能超过该点。移动闭塞系统就是通过不断前移列车的目标点,引导列车在线路上安全运行的。

二、代用闭塞法——电话闭塞

当基本闭塞设备发生故障或由于其他原因不能使用时,为维持列车运行,应采用代用闭塞法——电话闭塞。电话闭塞是由闭塞区间两端车站值班员利用站间行车电话以发出电话记录号码的方式办理闭塞的一种方法。

电话闭塞不论单线还是双线,均按站间区间办理。由于没有机械、电气设备控制,全凭制度约束来保证行车安全,办理手续必须严格。为保证同一区间在同一时间内不会用两种闭塞法,在停用基本闭塞法改按电话闭塞法或恢复基本闭塞法时,均须行车调度员下达调度命令后方准采用。遇行车调度电话不通时,行车闭塞法的变更或恢复应由该区间两端站的车站值班员确认区间空闲后,直接以电话记录办理。

(一)电话闭塞的使用时机

当遇到下列情况时,须改用电话闭塞法行车。

1. 基本闭塞设备发生故障时

(1)自动闭塞设备发生故障或停电,包括区间内两架及两架以上信号机故障或灯光熄灭。

(2)移动闭塞采用全人工后退模式。

2. 无双向闭塞设备的双线区间反方向发车或改按单线行车时

无双向闭塞设备的双线区间反方向发车只能按电话闭塞进行。

当无双向闭塞设备的双线区间的一条正线因施工或其他原因封锁,另一条正线改按单线行车时,虽然该正线正方向闭塞设备能使用,但由于该正线的反方向无闭塞设备,如果对该线路正方向与反方向运行的列车采用不同的闭塞方法,不但增加了行车调度员发布变更或恢复基本闭塞法命令的次数,而且车站办理时容易发生错误。因此,双线改按单线行车时,上下行列车均须改用电话闭塞。

(二)电话闭塞占用区间的行车凭证

使用电话闭塞法行车时,列车占用区间的行车凭证不论单线还是双线均为路票,如图 1-38 所示。

有的城市轨道交通企业,如深圳地铁使用的行车凭证叫行车许可证,名称不同但作用相同。

(三)电话闭塞办理作业的程序和要求

1. 电话记录

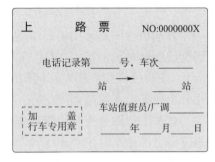

图 1-38　路票(规格:74mm×88mm)

电话记录是采用电话闭塞法行车时,区间两端站办理行车闭塞事项的记录。车站在发出电话记录的同时还要编写电话记录号码,以明确办理的事项和责任。承认闭塞、列车到达、取消闭塞等行车事项应发出电话记录,电话记录应登记在"行车日志"上,以防遗漏。

电话记录号码自每日 0:00 起至 24:00 止,按日循环编号,编号方法由运营部门规定。例如,深圳地铁规定电话记录号码上行为自 2 开始的连续偶数,下行为自 1 开始的连续奇数,一个运营日内不得重复。

2. 路票的填写

(1)发车时发车站须查明区间空闲,取得接车站承认,在发车进路准备妥当后,方可填写路票。

(2)路票应由车站值班员或值班站长亲自填写。填写后的路票,车站值班员应根据"行车日志"的记录认真检查,确认无误并加盖行车专用章后,方可送交司机。

(3)路票上的项目必须填写齐全、正确。否则,会导致司机凭路票动车时由于进路不对发生挤岔事故,或错办凭证发生事故。列车反向运行时车站需在路票左上角加盖"反方向运行"专用章,非固定股道接车、折返或列车进出基地时应写明接车股道。

(4)路票不得在未得到电话记录号码前预先填写,也不能在进路准备妥当之前填写。路票已交司机,因特殊原因停止发车时,应及时收回路票。填写的路票,字迹应清楚,不得涂改;当填写后发现错误时,应在路票上画"×"注销,重新填写。

3. 路票的交接

路票的交接地点为司机所在驾驶室旁的站台上,路票的交接必须由车站值班员指定的行车人员负责。

4. 车站报点

接车站在列车到达并由车站出发后,应向相邻车站和行车调度员通报发车车次和时分。

任务四　列车运行图

列车运行图是运用坐标原理图解列车运行的时空过程，是列车在区间运行及在车站的到发或通过时刻的技术文件。它规定各次列车占用区间的顺序、列车在每个车站的到达和出发(或通过)时刻、列车在区间的运行时分、列车在车站的停站时分、折返站列车折返作业时分及列车出入段时刻等内容。

列车运行图是行车组织的基础，是协调城市轨道交通系统各部门、各单位进行生产活动的重要文件。车站按列车运行图安排接发列车、组织客运工作；行车调度部门按列车运行图指挥列车运行；车辆段根据列车运行图确定每天需要的车组数和运行时刻，制定车组的检修和乘务司机的值乘制度；供电、通信信号、机电、工务等部门根据列车运行图的规定时刻安排施工计划和检修计划。列车运行图在保证城市轨道交通运营各部门的相互配合和协调上起到了重要的组织作用。

一、列车运行图的格式

列车运行图是利用坐标原理来表示列车运行的图解形式，如图 1-39 所示，一般由下列线条组成。目前，我国城市轨道交通系统所采用的列车运行图都是以横轴表示时间，纵轴表示距离。

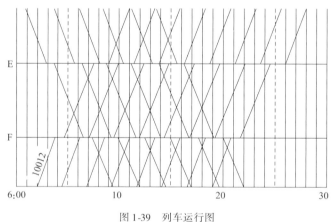

图 1-39　列车运行图

9.列车运行图

(一)横坐标

横坐标表示时间变量，按要求用不定的比例进行时间划分，一般城市轨道交通列车运行图采用一分格或二分格，即每一等份表示 1min 或 2min。

(二)纵坐标

纵坐标表示距离分割，根据区间实际里程，采用规定的比例，以车站中心线所在位置进行距离定点。

（三）垂直线

垂直线是一簇平行的等分线,表示时间等分段,一般整小时和整 10min 用粗线表示,半小时用虚线表示,一分线或二分线用细线表示。

（四）水平线

水平线是一族簇平行的不等分线,表示各个车站中心线所在的位置,各水平线间距离的远近基本表示各站之间的距离远近。中间车站中心线用细线表示,换乘站、折返站和终点站中心线用粗线表示。

（五）斜线

列车运行轨迹（径路）线即列车运行线,一般用上斜线表示上行列车,用下斜线表示下行列车。

（六）运行线与车站交点

在列车运行图上,列车运行线与车站的交点即表示该列车到达、出发或通过的时刻。城市轨道交通列车由于停站时间较短,一般不标明到、发不同时刻。

（七）表示时刻的数字填记

所有表示时刻的数字都填写在列车运行线与横线相交的钝角内,列车通过车站的时刻一般填写在出站一端的钝角内。

（八）车次的规定

上行列车车次为双数,下行列车车次为单数,车次标在区段的首末两端区间相应列车运行线的上方。

二、列车运行图的分类

在列车运行图的实际编制中,根据城市轨道交通各线路的技术设备、列车运行速度、上下行列车开行数量和闭塞方式的不同,列车运行图可分为各种类型。

（一）按时间轴的刻度划分

按时间轴的刻度,列车运行图可分为一分格运行图、二分格运行图、十分格运行图和小时格运行图。

1. 一分格运行图（图 1-40）

它的横轴以 1min 为单位用细竖线加以划分,10min 格和小时格用较粗的竖线表示。这种一分格运行图主要在编制新运行图和调度指挥时使用。

2. 二分格运行图（图 1-41）

它的横轴以 2min 为单位用细竖线加以划分,城市轨道交通常用这种格式。

3. 十分格运行图（图 1-42）

它的横轴以 10min 为单位用细竖线加以划分,半小时格用虚线表示,小时格用较粗的竖线表示,并且在运行图上需标注 10min 以下的数字。十分格运行图常用于铁路运输企业,主要供调度员在日常指挥工作中绘制实际运行图时使用。

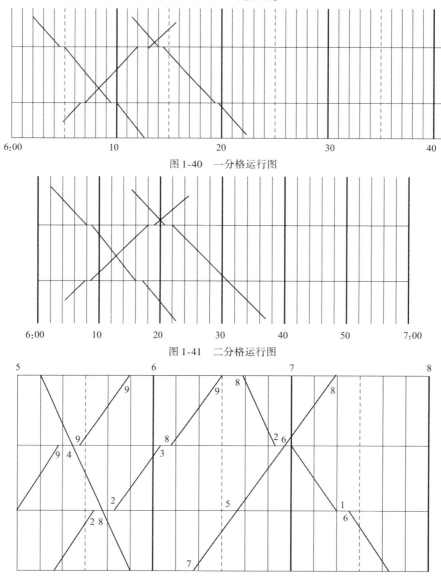

图1-40 一分格运行图

图1-41 二分格运行图

图1-42 十分格运行图

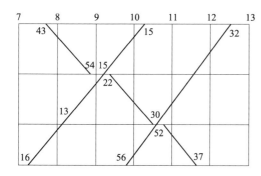

图1-43 小时格运行图

4. 小时格运行图（图1-43）

它的横轴以1h为单位用竖线加以划分，并且在运行图上标注60min以下的数字。小时格运行图主要用于编制铁路旅客列车方案图和机车周转图。

（二）按区间正线数划分

1. 单线运行图

在单线区段，上下行方向的列车都在同一

正线上运行,因此,两个方向的列车必须在车站交会。在城市轨道交通系统中,单线运行图(图1-44)很少采用,只有在非正常情况下的运行调整期间或在运量不大的市郊铁路中使用。

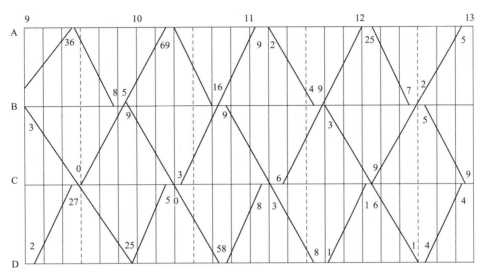

图1-44　单线平行运行图

2. 双线运行图

在双线区段,上下行列车在各自的正线上运行,因此上下行方向列车的运行互不干扰,可以在区间内或车站交会,但列车的越行必须在车站进行。大多数地铁、轻轨都采用双线运行图,如图1-45所示。

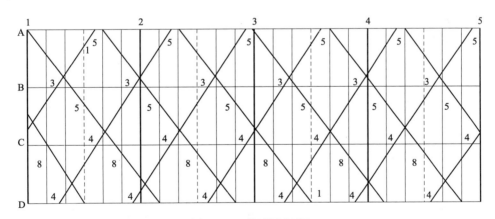

图1-45　双线平行运行图

3. 单双线运行图

在有部分双线的区段,单线区间和双线区间各按单线运行图和双线运行图的特点铺画运行线,如图1-46所示。在城市轨道交通线网中只在非正常情况下列车运行调整期间使用单双线运行图。

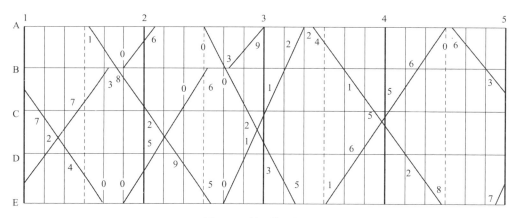

图 1-46 单双线运行图

(三)按照列车运行速度的不同划分

1. 平行运行图

在平行运行图中,在同一区间内,同一方向列车的运行速度相同,且列车在区间两端站的到、发或通过的运行方式也相同,因而运行线相互平行,并且在区段内没有列车越行,如图 1-44 和图 1-45 所示。

2. 非平行运行图

在非平行运行图上铺有各种不同速度和不同种类的列车,且列车在区间两端站的到、发或通过的运行方式不同,因而列车运行线不相平行。

(四)按照上下行方向列车数目的不同划分

1. 成对运行图

在成对运行图中,上下行方向的列车数目是相等的,如图 1-44 和图 1-45 所示。

2. 不成对运行图

在不成对运行图中,上下行方向的列车数目是不相等的。大部分区段的上下行列车数是相等的,因此一般多采用成对运行图。只有在上下行方向运量不等的个别区段,行车量较大方向的能力不足时,才采用不成对运行图。

(五)按照同方向列车运行方式的不同划分

1. 连发运行图

在连发运行图上,同方向列车的运行以站间区间为间隔。在单线区段采用连发运行图时,在连发的一组列车之间不能铺画对向列车。城市轨道交通系统基本都采用双线自动闭塞,因此,连发运行图很少采用,只有在非正常行车和运行调整时才使用。

2. 追踪运行图

在追踪运行图上,同方向列车的运行以闭塞分区为间隔,一个站间区间内允许几列同向列车同时运行。

(六)按使用情况划分

按使用情况列车运行图可分为基本运行图、节假日运行图和其他运行图。

(七)按使用范围划分

1. 城市轨道交通运营企业内部使用的列车运行图

城市轨道交通运营企业内部使用的列车运行图通常以列车运行图形式提供。

2. 供社会使用的列车运行图

供社会使用的列车运行图通常以旅客列车时刻表形式供社会使用,旅客列车时刻表应在新运行图实施之前向社会公布。

以上所列举的分类方法都是根据运行图的某一特点加以区别的,实际上,每张运行图都具有多方面的特点。例如,某一运行图可能既是双线的、成对的,又是追踪的。一般情况下,城市轨道交通使用的运行图为双线成对追踪运行图,同时根据客流的变化,有多套运行图来满足不同的需要。

三、列车运行图的要素

列车运行图虽有各种不同的类型,但是其基本组成要素是相同的,在编制列车运行图之前,必须首先确定这些基本要素。列车运行图的组成要素从内容上可分为三大类,即时间要素、数量要素和其他相关要素。

(一)时间要素

1. 列车区间运行时分

列车区间运行时分是指列车在两个相邻车站之间运行的时间标准,即列车由某站启动不再停车,按规定速度运行至另一站完全停稳这一系列作业所需要的时间。列车区间运行时分按车站中心线或通过信号机之间的距离计算。

因为不同列车的运行速度不同,上下行方向的线路平面、纵断面条件不同,所以列车区间运行时分应按各种列车和上下行方向分别查定。对于城市轨道交通,一般在所有的车站均办理客运作业,因此不需要分别查定停车与不停车的情况。

2. 列车停站时间

列车停站时间指列车在中间站办理乘客乘降作业所需要的停车时间总和。列车停站时间应在满足客运组织的前提下,尽可能地压缩,以提高线路通过能力和运行速度。影响列车停站时间的因素主要有车站上下车人数、平均上(下)一个乘客所需时间、开关门时间、车门和站台门的不同步时间、确认车门关妥与信号显示时间、司机反应时间等。

在列车停站时间的实际确定过程中,除个别客流量较大的车站外,一般车站的列车停站时间应控制在 20~30s。停站时间过长不仅会降低列车旅行速度,而且在高密度行车情况下,还会影响后续列车的运行。

列车在中间站的停站时间标准由每一车站用分析计算和实际查标相结合的方法分别确定。列车在中间站的各项作业,应尽可能平行进行。在满足实际需要的条件下,应最大限度地缩短列车停站时间,提高列车旅行速度。

3. 列车折返作业时分

列车折返作业时分是指列车到达终点站或在区间站进行折返作业的时间总和,包括确认信号的时间、出入折返线的时间、办理进路时间、司机走行或换岗时间等。列车折返作业时分受折返线折返方式、列车长度、列车制动能力、信号设备水平、司机操作水平等因素的影响。

列车折返作业时分不仅是列车运行图中的一个重要因素,而且其确定是实际行车组织工作中非常重要的一环。列车折返作业能力直接决定一条线路的通过能力,列车折返作业时分的确定也要根据折返线设置的不同、折返方式的不同分别进行计算。目前,列车折返方式主要有站前折返和站后折返两种。站前折返是利用站前渡线进行折返,站后折返是利用站后尽端的折返线进行折返,站前折返比站后折返用时要少。不同折返方式所进行的作业不同,导致列车折返作业时分不同。一般来说,提高列车的通过能力,加速车底周转的一个很重要的措施是压缩列车在线路两端站的折返时分。

4. 列车出入段的作业时间

列车出入段的作业时间是指列车从车辆段到达与其衔接的车站正线或返回的作业时间,可以采用超标的方式确定。

5. 追踪列车间隔时间

在自动闭塞区段,同方向有两列或两列以上列车以闭塞分区为间隔运行的,称为追踪运行。追踪运行列车之间的最小间隔时间称为追踪列车间隔时间。

追踪列车间隔时间的长短与信号类型、车辆性能、接近车站的线路平纵断面情况、列车停站时间和行车组织方法等因素有关。目前,我国采用德国西门子计算机联锁设备的城市轨道交通运营企业最小追踪列车间隔时间可低至 2min。确定最小追踪列车间隔时间时应留有一定的余量,当列车运行偏离运行图时,便于行车调度员采取必要的调整措施,使整个系统的列车运行秩序尽快恢复正常。

在自动闭塞区段,追踪列车间隔时间的长短决定了列车密度和运能的大小。为缩短追踪列车间隔时间,应在保证行车安全的基础上,缩短闭塞分区的长度,提高列车的运行速度。

6. 车站间隔时间

车站间隔时间是指车站办理两列车的到、发或通过作业所需要的最短间隔时间。车站间隔时间在市郊铁路、城际铁路等轨道交通系统中使用,在地铁、轻轨等系统中,只有在列车运行调整或者线路信号设备不完善的情况下使用。

常见的车站间隔时间包括不同时到达间隔时间、会车间隔时间、同方向列车连发间隔时间等。车站间隔时间与车站邻接区间的行车闭塞方法、车站信号和道岔的操纵方法、车站类型、接近车站线路的平纵断面情况、车辆类型、列车质量和长度等因素有关。编制新列车运行图之前,每个车站都要根据具体条件,查定各车站间隔时间。

7. 调车时分

调车时分指办理调车作业所需要的时间。这里所讲的调车时分主要是指列车从车辆段运行至正线车站的时间,主要包括列车在车辆段与正线防护信号机间的运行时间、列车在正线防护信号机与列车始发站间的运行时间。

8. 运营时间

运营时间是指城市轨道交通运营线路运送乘客的时间,它一般与该城市的工作时间及人们的生活习惯有关。一般来说,各国城市轨道交通系统均有一定的夜间时间(2～6h 不等)用作设备、设施的维护。

9. 停送电时间

停送电时间指每天运营开始前送电和运营结束后停电所需的操作和确认时间。

(二)数量要素

数量要素是城市轨道交通列车运行图的重要条件因素,是客观存在的一些数量指标,它直接影响列车运行图的全部内容。数量要素包括客流、全天客流分布、断面客流量、最大断面客流量、高峰小时最大断面客流量、线路断面满载率、平均满载率、平均运用车组数、运用列车回段组数及库停时间、列车连续运用圈数、车站吞吐能力等。

(三)其他相关要素

其他相关要素所含的内容较为广泛,涉及面较大,对编制列车运行图有直接影响。而且很多问题都是管理方面的问题,所以编制列车运行图时必须给予充分考虑。当然这种考虑必须是在满足时间及数量两大要素的前提下。其他相关要素主要包括与路面公共交通的衔接、车辆检修作业的要求、调试车开行、乘务制度、行车组织办法、存车线存车能力、区间及车站通过能力、通勤车的开行、轧道车的开行、换乘站的均衡换乘、其他要素(如线路设计、车辆段设置、设备等方面的因素)。

四、列车运行图的计算指标

(一)列车列数和折返列车数

各种编组的列车在运营线上行驶一个单程,不论是全程运行还是小交路折返,均按一列计算,图定回空列车计入开行的乘客列车列数。专运列车和调试列车等另行统计,乘客列车分别按全日、上行和下行开行列数计算,折返列车数按各折返站分别计算。

(二)乘客输送能力

$$乘客输送能力 = 乘客列车数 \times 列车定员$$

(三)高峰小时运用列车数

高峰小时运用列车数按不同的高峰时期分别计算,如按早高峰和晚高峰分别计算。

(四)全日车辆总走行公里

全日车辆总走行公里是轨道交通车辆为运送乘客在运营线路上所走行的里程,包括图

定的车辆空驶里程和出于某种原因列车在中途清客或列车在少数车站通过后仍继续载客的车辆空驶里程。其计算公式为

$$全日车辆总走行公里 = \sum(乘客列车数 \times 列车编成辆数 \times 列车运行距离)$$

(五)车辆日均走行公里

车辆日均走行公里又称日车公里,即每一辆运用车每日平均走行公里数,计算公式为

$$车辆日均走行公里 = \frac{全日车辆总走行公里}{全日运用车辆数}$$

其中,全日运用车辆数可近似地取早高峰小时的运用车辆数。

(六)车辆全周转时间

车辆全周转时间是指车辆在运营线路上完成一次周转所消耗的时间,计算公式为

$$车辆全周转时间 = \frac{全日营业时间 \times 运用车组数}{全日开行列车对数}$$

(七)车辆周转时间

车辆周转时间与车辆全周转时间指标的区别在于:车辆周转时间指车辆在运营线路上完成一次周转所消耗的时间,不包括回库检修等与运送乘客无关的时间。

$$车辆周转时间 = \frac{全日营业时间 \times 运用车组数 - \sum 回段检修时间}{全日开行列车对数}$$

(八)列车平均技术速度

列车平均技术速度指列车在区段内运行,不包括列车在各中间站停车时间在内的平均速度,计算公式为

$$v_{技} = \frac{\sum nl}{\sum nt_{运}}$$

式中:$\sum nl$——列车总的走行长度,km;

$\sum nt_{运}$——列车运行时分的总和(包括起停车附加时分)。

(九)旅行速度

列车平均旅行速度又称运送速度,指列车在区段内运行,包括列车在各中间站停车时间在内的平均速度,计算公式为

$$v_{旅} = \frac{\sum nl}{\sum nt_{运} + \sum nt_{停}}$$

式中:$\sum nt_{停}$——列车在各中间站停留时间的总和。

(十)列车满载率

列车满载率指实际载客量与列车定员数之比。编制列车运行图时,既要保证一定的列车满载率,使运输能力得到充分利用,又要留有一定余地,以应对某些不可测因素带来的客流量波动,同时要考虑乘客的舒适感。

(十一)线路断面满载率

线路断面满载率反映特定时间、特定断面上车辆运能的利用程度,计算公式为

$$线路断面满载率 = \frac{断面客流量}{断面输送能力} \times 100\%$$

实际工作中,线路断面满载率通常指高峰小时、单向最大客流断面的车辆满载情况。

(十二)列车最大载客量

列车最大载客量即一个编组列车按车厢定员计算允许乘坐的最大乘客数,分为定员载客量和超载载客量。列车最大载客量主要与采用的车辆类型及编组辆数有关。

(十三)列车正点率

列车正点率是指按列车运行图图定车次、时间准点运行计算的列车数(包括根据调度命令临时加开或停运列车)与全部开行列车数之比,单位为%。列车正点率可分为始发正点率和到达正点率。

国内部分城市轨道交通系统列车正点统计标准是:凡按客流变化而抽线或加开列车、准点始发、准点到达终点的列车都统计为正点列车数。早点或晚点不超过 3min 的也按正点统计。

(十四)平均运距

平均运距指每个乘客平均乘车距离,单位为 km/人,它能由全面客流调查或抽样客流调查得到。

(十五)出入库能力

单位时间内通过出入库线进入正线运营的最大列车数,称为出入库能力。由于车辆基地与接入车站之间的出入库线有限,加上出入库列车进入正线受正线通过能力的影响,出入库能力大小是编制列车运行图的一个重要因素。

任务五　行车指挥机构及其作用

行车组织工作必须坚持安全生产的方针,贯彻高度集中、统一指挥、逐级负责的原则,发扬协作精神,各单位、各部门主动配合,紧密联系,协同动作,不断提高效率,安全、准时、高效地完成客运服务工作。

一、行车指挥层次

城市轨道交通行车指挥层次如图 1-47 所示。

城市轨道交通行车指挥分为一级、二级两个指挥层级,二级服从一级指挥。

一级指挥包括环控调度员、行车调度员、电力调度员、值班主任助理(其中,电力调度员兼任供电部门调度员,环控调度员兼任机电部门调度员),二级指挥包括车站值班站长、派班员、车辆段调度员、车辆段控制中心(DCC)检修调度员、部门调度员。各级指挥要根据各自的职责、任务独立开展工作,并服从运营控制中心(OCC)值班主任的总体协调和指挥。

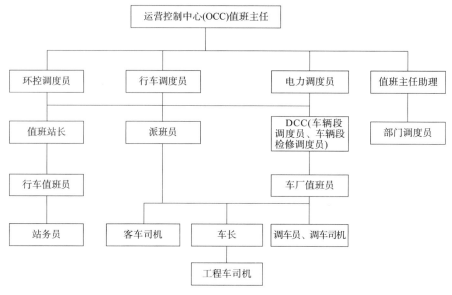

图 1-47 城市轨道交通行车指挥层次

值班主任是 OCC 当值调度班组长,各调度员由值班主任协调统一指挥。在处理突发事件、事故时,各调度员有责任向值班主任提供本岗位的协助处理方案,并及时报告相关信息。

供电设备运作及其维修、抢险组织由电力调度员统一指挥。环控和防灾报警设备及其维修、抢险组织由环控调度员统一指挥。通号维修部、自动售检票系统维修部、工建部的抢险组织由值班主任助理统一指挥,涉及车辆专业外的跨专业、跨部门的抢险组织由值班主任助理统一指挥。

二、行车指挥机构的作用

(一)OCC

OCC 是城市轨道交通系统日常运营管理、设备维修、行车组织的指挥中心,设有主任调度员、行车调度员、电力调度员、环控调度员,通过各调度员,对全线列车运营和设备运行情况进行总的监视、控制、协调、指挥和调度。OCC 也是城市轨道交通系统运营信息收发中心,所有与行车有关的信息必须通过 OCC 集散。

OCC 代表公司总经理指挥运营工作,代表公司与外界协调联络运营支援工作。

(二)维修组织(部门调度员)

各维修部门设置部门调度员。部门调度员是除车辆设备以外的设备计划性维修和故障维(抢)修的组织中心,主要负责本部门检修作业计划的审核、协调及作业的实施监控等工作。跨部门间设备抢修配合工作由值班主任助理协调。

(三)DCC

DCC 是车辆段运作管理、车辆维修组织和作业的控制中心,设有车辆检修调度员、车辆段调度员,负责车辆段范围内的行车组织、维修施工管理以及车辆日常检修、清洁、定修和临修工作控制,为轨道交通系统运营及设备维修施工提供数量足够和工况良好的客车和工程车。

(四)车辆段信号控制室

车辆段信号控制室是车辆段内所有轨道线路的信号联锁设备的集中控制点,集中控制车辆段范围内的进路、道岔和信号机,由车辆段调度员管理。车辆段信号控制室与其邻接车站通过进路照查电路,共同组织与监控列车进出车辆段。

车辆段信号控制室设车辆段值班员,负责排列车辆段内的调车作业和列车进出车辆段的进路。

(五)车站

车站设有车控室,主要任务是接发列车,并做好乘客服务工作,遇突发情况进行应急处理,确保行车安全和乘客的人身安全。

(六)OCC、DCC及车站的指挥工作关系

车站由值班站长指挥,车辆段由车辆段调度员统一指挥。

列车在区间时,客车由司机负责指挥,工程车由车长负责指挥;列车在车站时,由车站值班站长负责指挥,或由行车调度员用无线电话直接指挥列车司机。

发生行车设备故障,车站值班站长(值班员)应及时报告该设备所属的分部生产调度员和行车调度员,行车调度员需跟进值班主任助理或DCC派人组织抢修处理的情况。

三、主要行车人员的任务

(一)行车调度员

行车调度员负责城市轨道交通的日常行车组织、指挥工作,按照运营时刻表的要求组织行车,实现安全、准点和优质的运营服务;负责监督控制全线客流变化情况,调集人力、物力和备用车辆,疏导突发大客流;负责组织实施正线、配线范围内的行车设备检修以及各种施工、工程车运输作业;负责组织、处理在运营过程中发生的各种故障、事件、事故;负责监督、协调供电系统的运作。

总之,作为实现列车时刻表的实际组织者,行车调度员肩负着控制整体系统、指挥列车运行、处理突发事件的重大责任。在值班主任的监督下,行车调度员须指挥有度,发令明确,处事果断,遇变不惊,充分发挥调度指挥作用,防止行车事故,保持列车高水平运营。当发生重大故障影响正常行车时,行车调度员要及时向值班主任汇报,并在值班主任的领导下进行工作。

(二)司机

身为行车组织的最前线执行人员,司机肩负着安全驾驶列车、快捷运送乘客、保证乘客人身安全的重大职责。因此,司机要时刻牢记安全第一的方针,严格遵守各种规章制度,正确执行各种作业程序,确保列车运行安全;严格按照运营时刻表行车,工作时严守岗位,不得擅自离岗,班前做好行车预想,班后做好总结;服从行车调度员指挥,精心操纵列车,发现问

题及时向行车调度员汇报,及时处理危机,为广大乘客提供优质的旅程服务。

(三)车站行车值班员和站务员

车站行车值班员和站务员负责车站行车工作,要确保自动化设备和所提供的服务能满足乘客的需求,也要保障在车站管辖范围内乘客的安全;车站的运输服务工作需要与控制中心紧密合作,车站行车值班员和站务员要随时准备执行行车调度员命令,协助行车调度员完成行车组织工作,根据客流状况作出适当的安排;控制车站广播,密切关注监视屏,掌握站台乘客动态,并视情况及时广播;非运营时间做好巡道、设备维修的登记和注销,保管、使用行车设备备品,正确填写各种行车日志。

(四)车辆检修调度员

车辆检修调度员全面负责车辆的计划维修、故障抢修、事故处理、调试、改造作业安排及组织实施,监视所有车辆技术状态,提供列车运行图所规定的列车数上线服务,并确保其状态良好,符合有关规定;负责车辆检修内务管理及协调、调配车辆部各中心的生产任务。

(五)车辆段调度员

车辆段调度员统一指挥车辆段内的行车组织工作,全面负责组织实施列车转轨、取送、检查作业,组织实施调试作业、列车出入车辆段等工作,合理科学地调配人员,协调列车,安排车辆段内行车设备、消防设备及库房设备等的检修维护。向行车调度员通报列车运用情况,负责与车辆检修调度员交接检修及运用列车、与出/退勤司机交接运营列车。协调车辆段内部与外部的工作接口问题,组织相关部门及时处理设备故障问题。

(六)车辆段(信号楼)值班员

信号楼微机联锁设备控制室设置信号楼值班员,负责接收车辆段信号楼调度员的接发列车、调车作业计划等,操作微机设备,实现微机联锁设备的用途及功能。

课后习题

1. 城市轨道交通线路就其在运营中的作用分类,不包括( )。
   A. 正线   B. 折返线   C. 停车线   D. 配线
2. 城市轨道交通车辆段出入场线及试车线一般采用( )钢轨。
   A. 50kg/m   B. 60kg/m   C. 70kg/m   D. 80kg/m
3. 道岔开通位置的确认:面对尖轨,尖轨密贴右边基本轨的道岔开通( );面对尖轨,尖轨密贴左边基本轨的道岔开通( )。
   A. 左位、右位   B. 右位、左位   C. 左位、左位   D. 右位、右位
4. 下列关于城市轨道交通岛式站台描述正确的是( )。
   A. 上下行线路设置在站台两侧   B. 上下行线路设置在站台中间
   C. 上下行线路与站台平行   D. 上下行线路在站台一侧
5. 城市轨道交通列车停站时间与( )无关。

A. 站台门开关时间　B. 上下车人数　　　C. 车站出入口数量　D. 车门数量

6. 原则上城市轨道交通信号应设置在( )。
   A. 列车运行方向的右侧　　　　　　B. 列车运行方向的左侧
   C. 右侧墙壁的靠下位置　　　　　　D. 左侧墙壁的靠下位置

7. 防护信号机设置的地点是( )。
   A. 道岔前方　　　　　　　　　　　B. 车站正线出口处
   C. 站间距较大的站间区间内　　　　D. 车站入口处

8. ( )用以指示列车的停车位置,阻挡列车(车辆)运行越过,确保安全。
   A. 防护信号机　B. 阻挡信号机　C. 调车信号机　D. 出站信号机

9. 下列关于城市轨道交通紧急停车手信号描述正确的是( )。
   A. 紧握两拳头高举头上,拳心向里,两拳相碰数次
   B. 两手臂高举头上,小臂左右摇动
   C. 两手臂高举头上,向两侧急剧摇动
   D. 单臂向列车运行方向上弧圈做圆形转动

10. 下列关于坡度标的说法不正确的是( )。
    A. 设在线路坡度和变坡点处　　　　B. 设在线路道心处
    C. 标明其所向方向的上下坡坡度值　D. 标明坡道长度

11. 自动调整列车运行间隔的闭塞系统就是( )。
    A. 自动闭塞　　B. 半自动闭塞　　C. 移动闭塞　　D. 人工闭塞

12. 自动闭塞分区的最小长度应满足列车( )。
    A. 自身长度与相邻列车长度的总和
    B. 自身长度与制动距离的总和
    C. 自动驾驶时的制动距离与相邻列车长度之和
    D. 最高速度运行时的最大制动距离

13. 列车运行图是用( )方法表示列车运行状态的一种图解形式。
    A. 曲线原理　　B. 直线原理　　C. 定位原理　　D. 坐标原理

14. ( )是一簇平行的等分线,表示时间等分段。
    A. 纵坐标　　　B. 垂直线　　　C. 水平线　　　D. 斜线

15. 在列车运行图上,列车运行线与车站的交点即表示该列车到达、出发或通过的( )。
    A. 时刻　　　　B. 范围　　　　C. 比例　　　　D. 区间

16. 下列说法不正确的是( )。
    A. 运营指挥分为一级、二级两个指挥层级,二级服从一级指挥
    B. 各级指挥要根据各自职责任务独立开展工作,并服从 OCC 值班主任总体协调和指挥
    C. 一级指挥包括行车调度、电力调度、环控调度、维修调度、信息调度
    D. 二级指挥包括环控调度、车站值班站长、车辆基地调度、DCC 检修调度、维修分部调度

拓展思考

1. 何为限界？城市轨道交通限界有哪些？
2. 简述城市轨道交通正线的特点。
3. 城市轨道交通车站按照站台形式可分为哪些类型？各有什么特点？
4. 车辆段的主要功能有哪些？
5. 如何界定列车的延误与晚点？
6. 信号有哪些类型？
7. 常见的线路标志有哪些？
8. 常见的信号标志有哪些？
9. 移动闭塞具有哪些特点？
10. 移动闭塞的基本要素是什么？各有什么作用？
11. 哪些情况需停用基本闭塞法改用电话闭塞法？
12. 填写路票时应注意哪些问题？
13. 简述列车运行图中线条所表示的含义。
14. 列车运行图的组成要素有哪些？
15. 简述城市轨道交通的行车指挥层次。

项目二

司机的职责与要求

项目说明

司机是城市轨道交通运营企业的一线重要工种,是关系到公共安全和乘客人身安全的重要职业。"手柄轻四两,责任重千斤",身为一名司机,不仅仅需要拥有安全责任意识,更要牢记城市轨道交通运营准则,熟悉驾驶操作流程,在车辆运行中严格按照操作守则进行操作,按照司机行为规范执行,确保城市轨道交通安全准时运行。

本项目要求学生对司机的岗位职责、安全作业守则、企业对司机的要求等内容有一个整体的认知。

项目目标

▶ **知识目标**

1. 掌握司机岗位相关概念;
2. 熟悉司机的岗位职责;
3. 熟悉对司机的要求;
4. 掌握司机的安全作业守则;
5. 了解司机的心理状态与疏导方法。

▶ **能力目标**

1. 能够区别与司机岗位相关的各种专业术语的定义;
2. 深度领悟司机的岗位职责;
3. 严于律己,终身学习,符合企业对司机的要求;
4. 坚守安全红线,牢记司机的安全作业守则;
5. 具备司机心理自我调节与疏导的能力。

▶ **素质目标**

1. 工匠精神浸润,形成敬业、爱业、乐业的职业理想和职业素养;
2. 树立"乘客至上,服务为本"的意识,守护城市轨道交通安全;
3. 增强职业自豪感,增强对城市轨道交通生产运营高度负责的责任心。

建议学时

4 学时。

任务一　术语定义

一、列车司机

列车司机指持有司机驾驶证,具备独立操纵城市轨道交通列车资格的驾驶人员。2020年1月,交通运输部、人力资源和社会保障部共同颁布《轨道列车司机国家职业技能标准》(以下简称《标准》)。《标准》将城市轨道交通列车司机定义为从事地铁、轻轨等城市轨道交通列车驾驶的人员(不含有轨电车司机),并设五个等级,分别为五级/初级工、四级/中级工、三级/高级工、二级/技师、一级/高级技师。

二、引导员

引导员指列车故障需要司机在尾部驾驶室驾驶时,在列车前端瞭望,监控列车运行速度及运行安全,与司机随时保持联系,控制列车的运行及停车等事项的人员。引导员一般由车站值班员或值班站长担任。

三、URM 监控员

URM(非限制人工驾驶)监控员指在列车因车载信号设备故障而采用非限制性模式驾驶时,登乘驾驶室,协助司机瞭望进路,并监控列车运行速度及运行安全的列车驾驶辅助人员。URM 监控员一般由车站值班员及以上人员担任。

四、站台门操作员

站台门操作员指在车站站台门与列车车门联动功能尚未实现时,通过随车或驻守方式,协助司机开关站台门的操作人员。

五、行车凭证

行车凭证是列车占用前方进路的凭据。根据行车条件和列车驾驶模式的不同,行车凭证分为信号机显示的开放信号、ATC 车载信号、调度命令(图 2-1)、路票等。

六、登乘证

登乘证指在运营时间内登乘列车驾驶室的凭证。登乘证按使用时效分为永久登乘证、三年期登乘证和一年期登乘证,按使用属性分为个人登乘证和公共登乘证。当相关人员因工作需要登乘列车驾驶室时必须确认其登乘证,包括司机在内的人员不得超过5人。

调 度 命 令

表号：　　　　　　　　　　　　　　　___年___月___日___时___分

受令处所		命令号码	行调姓名
命令内容			

　　　　　　　　　　　　　　行车专用章_____　　车站值班站长_____

注：规格110mm×160mm。

图2-1　调度命令

任务二　司机岗位职责

司机负责值乘期间列车的驾驶，凭有效的行车凭证（信号机显示的通过信号、车载ATP推荐的速度信号、调度命令、路票等）动车，保障列车运行安全。同时，对于运营列车，司机必须按运营时刻表的要求驾驶列车，确保列车安全、高效、优质、精益地投入服务。司机的工作需严谨、守时、有条不紊，具体岗位职责如下：

10.司机岗位职责

（1）严格执行各项规章制度，按作业要求驾驶，负责列车运行期间的行车和人身安全。

（2）负责确认行车凭证，监控列车的运行状态和相关行车设备，瞭望前方线路，发现危及行车及人身安全的事项时，立即采取紧急措施，并进行有效处理。

（3）发生突发事件时，报行车调度员，冷静、果断、及时地处理，尽快恢复列车运行。

（4）行车组织在正线时听从行车调度员统一指挥，在段/场时听从车辆段调度员统一指挥。

（5）任何情况下都要确保有车必有人，服从当班队长/副队长及负责派班室的副队长的安排，确保行车任务的顺利完成。

（6）掌握站台作业时关门的时机与技巧，加强站台与站台门之间空隙情况的确认，确保乘客上下车的安全。

（7）在列车广播自动报站系统故障时，及时进行人工广播，为乘客提供正确的到站信息。

（8）在车辆或信号系统发生故障导致列车不能正常行驶时，准确报告故障信息，并依据故障处理、指引，及时对故障作出正确判断和处理，减小故障可能造成的影响。

（9）在发生紧急行车事务时，保持镇静，沉着应对，最大限度地保障乘客的人身安全。在需要就地紧急疏散乘客时,及时、正确地引导乘客有序疏散。

(10)发现或发生行车事件或事故时,及时、如实地向班组长及以上管理人员或相关负责人反映或报告,不隐瞒、不谎报。

(11)负责新司机学员的带教培训,通过言传身教的方式,将丰富的行车知识和经验传授给新司机学员。

段/场备用司机职责如下:

负责完成段/场内除运营时刻表中出入段/场列车外所有列车的整备、转线、调试、洗车、救援以及配合检修人员在库内动车等作业;严格执行车辆调试、试验的有关规定,安全、及时地完成列车在试车线上的调试、试验工作;负责段/场备用车或加开车的开行。

任务三 司机职业要求

一名合格的司机,不仅要规范驾驶列车,而且要在运营线路或非运营线路上独立从事列车的检查、试验、故障及突发事件处置等作业。因此,要想成为一名称职的司机,必须注重培养综合素质和能力。

11.司机职业要求

一、健康要求

司机作为一线行车岗位,涉及行车安全,须保持良好的身体状态,避免人的因素影响行车安全,严禁班前10h及班中饮酒或服用影响精神状态的药物。在班前或工作中突感身体不适,应及时告知当值队长或者副队长,不可带病上岗。城市轨道交通行车环境较特殊(大多数线路为地下隧道,光线比地面暗),司机须保证矫正视力达5.0及以上(无色盲、色弱等视力问题),及时参加每年度的公司体检,并跟进体检结果,切实掌握自身身体状况,身体有异常情况及时报备车队队长或副队长。

二、知识技能要求

司机必须充分掌握列车构造、行车设备、信号系统等各方面的基础知识,只有这样才能更好地驾驶列车,实现高标准操作。

(一)基础知识

1. 电工电子

要求掌握电路的基本概念、基本定律和分析方法,三相电路、三相交流电源与负载的连接,晶体管与基本放大电路,半导体基础知识,安全用电常识,等等。

2. 机械基础

要求掌握机械制图、识图的技能,公差的概念,常见机械结构,机构的原理,机械传动原理,以及常见部件、材料基础等。

3. 常用工具和灭火器

要求掌握万用表的使用方法,各类机械钳工和电工工具(钳、锤、扳手等)的使用方法,常见量具的使用方法,泡沫、气体、干粉灭火器的使用方法和注意事项,了解消防相关知识,学会扑灭初期火灾的方法。

(二)专业知识

1. 车辆构造

车辆构造是关于城市轨道交通车辆的基础知识,包括车辆基本组成、列车编组、车体结构、车门系统、车钩缓冲装置、转向架、制动系统、车辆主要电气设备、车辆主电路和气路原理等相关知识。

司机必须掌握列车的基本构造和性能,对列车有较完整的了解,主要表现为对操作列车技能的掌握和对主要部件构造、性能的知晓。只有在掌握和了解列车各系统性能、作用的基础上,才能够具备处理故障的能力。

2. 信号系统

信号系统与列车驾驶息息相关,要求司机必须掌握:信号机的种类和显示,基础信号设备(转辙机、轨道电路、应答器、计轴器等)及其工作原理,ATC、ATO、ATP、ATS基本作用和工作原理,各种闭塞形式、工作原理及相关技术,CBTC系统相关知识等。

3. 行车组织

行车组织是关于列车运行组织的知识,要求司机必须掌握:轨道线路的相关基础知识(如轨道组成、道岔、线路特点等),各线路标志、信号标志的作用,手信号的显示方式和现实意义,相关行车凭证与行车命令,列车运行图和轮乘表、列车开行车次的规定,段、场、正线的线路布局、股道特点,正线站台门的种类和分布,站台门在正常和非正常情况下的操作方法。

司机必须熟悉运行线路和停车场等基本设施的情况,掌握驾驶区段、停车场线路纵断面情况,并在驾驶技术上得到体现。司机经过学习和积累经验,较好地掌握线路纵断面状况后就能得心应手地驾驶列车投入运行,应对运行过程中的各种事件。对一名司机来说,特殊情况下的处置方法同样是基本常识和必须明确的业务。

(三)规章制度

1. 列车操作规程

列车操作规程是车辆系统各有关工种和车辆技术管理人员、乘务管理人员及司机在工作中或作业中的工作标准,对司机出退勤、列车检查作业、出入库作业、列车操纵和运行、特殊情况下的处理与操作等进行了规定。一般各地城市轨道交通根据列车技术特点、信号系统、线路设备、站场设施、环境条件特点等制定各自的规程。

2. 技术管理规程

技术管理规程类似城市轨道交通技术管理的纲领性文件,规定了城市轨道交通各部门、各单位、各专业在进行运营生产时必须遵循的基本原则、基本要求、责任范围、工作模式和相互关系等。城市轨道交通运营具有高度集中、统一指挥、紧密联系和协同动作的特点,在技术管理规程的指导和规范下,能规范运营管理活动,提升技术管理水平,确保轨道交通路网运营安全、正点,服务优质。

3. 行车组织规定

行车组织规定是各城市轨道交通线路针对信号系统设备及运营模式的特点而制定的,规定了行车人员在行车组织工作中必须遵循的基本原则、工作模式、作业程序和相互关系等。

4. 运营事故处理规程

运营事故处理规程制定的目的是及时、正确地处理城市轨道交通运营事故,使处理工作科学、规范、有据可依。

5. 其他

《中华人民共和国劳动法》《中华人民共和国安全生产法》《中华人民共和国环境保护法》相关知识。

从目前各城市轨道交通运营企业对列车司机的培训周期和项目来看,司机除了必须学习和掌握城市轨道交通安全规程、事故处理规程、列车操作规程、技术管理规程外,还应注重培养如心理素质、抗压能力、反应能力、表达和语言能力等综合素质,而这些综合素质无法靠理论知识来弥补,需要司机在日常生活中有意识地进行针对性培养。

例如,郑州地铁司机岗位培训标准见表2-1。

郑州地铁司机岗位培训标准 表2-1

分类	编号	课程内容	掌握程度	时数	培训方式	备注
部室职责、岗位工作内容	1.1	部室组织架构、职责、对外接口关系	了解	3	理论	
	1.2	司机岗位职责、工作内容	熟知	1	理论	
	1.3	部室相关规章制度	熟知	1	理论	
岗位基础知识、专业知识	2.1	正线线路图和车辆段线路图	精通	2	理论	
	2.2	正线弯道(具体位置、限速要求及信号降级下的注意事项)	精通	2	理论	
	2.3	行车组织原则、列车运行、非正常情况下的行车组织、信号显示	精通	30	理论	
	2.4	运营事故(事件)调查处理规则、安全关键点	精通	18	理论	
	2.5	车辆总体描述、车门、牵引和电制动、空气制动系统、辅助系统、自动开关及旁路的名称和功能	精通	30	理论	

续上表

分类	编号	课程内容	掌握程度	时数	培训方式	备注
岗位基础知识、专业知识	2.6	司机服务规范及基本作业标准,作业安全基本原则,司机出勤、退勤、整备作业,列车出段、正线运行规定、站台作业、折返作业、列车回段、洗车作业及注意事项,调车作业、调试作业、正常情况下的行车组织、非正常情况下的行车组织	精通	30	理论	
	2.7	信号系统基本概念、CBTC信号系统、正线信号控制系统、司机驾驶台信号类开关、常见信号故障及处理程序、计算机联锁控制的作用及原理	精通	24	理论	
	2.8	信号降级下的行车组织办法	精通	6	理论	
	2.9	车辆段线路布置、车辆段信号显示及意义	精通	12	理论	
	2.10	列车故障应急处理	精通	12	理论	
	2.11	信号设备故障处理指南	精通	12	理论	
	2.12	调车、调试管理办法	精通	12	理论	
	2.13	应急处理汇编	精通	12	理论	
岗位操作技能	3.1	检车程序培训	精通	16	实操	
	3.2	试车线(非限制/人工)驾驶培训、模拟驾驶器驾驶练习	精通	48	实操	
	3.3	车辆故障处理培训	精通	98	实操	
	3.4	救援连挂培训	精通	18	实操	
	3.5	模拟驾驶器应急培训	精通	18	实操	
工作流程及作业程序	4.1	出退勤作业程序	精通	6	理论	
	4.2	检车作业程序	精通	6	理论	
	4.3	一次性标准化作业程序	精通	6	理论	
	4.4	洗车作业程序	精通	6	理论	
	4.5	出入段作业程序	精通	6	理论	
安全生产及风险源、危险源防范	5.1	作业关键点、人为失误点	精通	9	理论	
	5.2	安全学习材料	精通	6	理论	
	5.3	部室安全教育	熟知	12	理论	
师徒带教	6.1	司机师徒带教	精通		跟岗	6个月
学习时数总计				462		

三、仪容仪表要求

上岗期间,按规定统一着职业工装,佩戴肩章、工号牌、工帽,男司机佩戴领带,女司机佩戴领结(工号牌佩戴于衣服左口袋上方,工号牌的下边沿与衣服左口袋的口袋盖上沿齐平,工号牌的左边沿与口袋纽扣的左边沿齐平),衣着整洁、大方、自然、得体,不缺扣、不立领、不挽袖挽裤。

非上岗期间,穿着工作制服的员工,着装标准与上班时一致。男员工不准染发,不准留长发、大包头、大鬓角和胡须。女员工发型整齐利落,刘海儿以不遮住眉毛为限;不准染发,发长过肩的女性宜佩戴有发网的头饰,将头发挽于头饰发网内。

四、举止行为要求

在岗时,精神饱满、举止大方、行为端正,严禁聊天、说笑、追逐打闹、玩游戏等。

接车时应提早1min到达接车地点立岗接车。站台立岗时,应站在站台红线外侧保持立正姿势,两手自然下垂,眼睛平视前方,观看乘客上下车情况,其间不得背手、手插口袋或把手搭在相关设备上,不应有打哈欠或伸懒腰行为。在站台、站厅等公共区域待乘期间,应注意言行举止,不准大声说笑、不准追逐打闹、不准吃零食等。

如因列车故障,司机需进入车厢处理时,不得冲撞乘客,如受到乘客影响或需要乘客协助时,应礼貌地请乘客予以配合。任何时候,不准与乘客发生言语或肢体上的冲突。

工作期间遇乘客上前咨询或投诉时,应礼貌予以回应;如对情况不清楚或不方便回答,应建议乘客向站台寻求帮助。着工装乘车期间,应主动给乘客让座,不准有与乘客抢座位或不让座的行为。

五、文明用语要求

工作期间,统一使用普通话。应根据乘客的身份使用恰当的称呼,如先生、女士、小朋友、叔叔、阿姨等。在对列车车厢进行人工广播时,应首先使用普通话,广播过程中应保持语调平稳、圆润,语速适中,音量适宜,吐字清晰,避免声音刺耳或使乘客惊慌。接待乘客的投诉时,态度要和蔼、得理让人,不得讲斗气、训斥、顶撞、过头及不在理的话。

六、岗位纪律

必须严格遵守劳动纪律,按规定的时间和指定的地点出乘,不迟到、不擅自离岗,不能按规定时间到达指定地点出乘时,应及时电话通知当值派班员,并听从安排。出乘前临时需要请假的,须提前2h以上电话通知当值派班员。严格遵守各种规章制度,正确执行各种作业程序,确保列车运行安全。严格按照运营时刻表及信号显示行车,工作时严守岗位,不得擅自离岗。动车前认真确认行车五要素:信号、道岔、进路、车门、制动。

班前注意休息,班中保持注意力集中,在列车运行过程中保持坐姿端正,不间断地对前方进路进行瞭望,严禁在列车运行期间打瞌睡、打盹、闭目养神、看书、聊天等。正线值乘司机当班可携带通信工具,但在出勤前确保关机或处于飞行模式,遇通信故障无法与行车调度员联系时,可以用该通信工具与行车调度员联系。

七、服从指挥

服从指挥是城市轨道交通乘务人员最基本的职业准则。司机在值乘期间必须服从相关负责人的指挥,按其命令行车(相关负责人违章指挥或执行相关负责人的指示可能导致行车事件、事故发生的情况除外)。

在正线上,司机必须服从行车调度员的统一指挥;在车辆段,司机必须服从车辆段调度员的统一指挥;在列车调试、演练或发生紧急事务时,司机必须服从现场总指挥或事故救援主任的指挥。

八、服从管理

服从管理是城市轨道交通乘务人员的首要责任。作为一名司机,首先应服从班组长(含轮值员、派班员等,以下同)及以上人员的管理,对班组作出的工作安排或指示予以执行;值乘期间,应主动接受班组长及以上人员的检查和监督,对班组长及以上人员发现的问题及作出的批评指正或考核虚心接受并改正。

对班组长及以上人员的工作安排、指示或检查、批评有不同意见或不满的,应通过向上级领导反映来寻求对问题的解决,不能因此带着情绪上线开车,更不能开"斗气车"、开"闷车"。

值乘运营列车过程中,感到身体不适时,应及时报告行车调度员,并通知正线轮值或派班员,请求协助。在没有具有相关操作资格的人员到位接替的情况下,应听从派班员或正线轮值的安排,并尽可能地维持列车的正常运行。严禁在未通知任何相关人员的情况下擅自离岗或拒绝开车。

遇终点站无人接乘时,到达司机应主动继续值乘该趟列车,保证列车按点开出,然后将相关情况报告正线轮值员或派班员,并听从其安排,不能以任何理由拒绝继续值乘,保证有车必有人。

九、八严禁

(1)严禁副司机在没有司机的监督下擅自操作列车。
(2)列车运行严格按照规章中规定的速度,严禁超速运行。
(3)受电弓升起后,严禁进行地沟检查、触摸电器带电部分及攀登车顶,严禁跨越地沟。
(4)当班时严禁带私人通信工具、娱乐工具及其他与工作无关的物品上车。
(5)严禁擅自修改目的地码、车次号。
(6)非正常情况下行车组织,服从行车调度员指挥,严禁无凭证开车,人工驾驶模式动车时要得到行车调度员的同意。

(7)封锁及原路折返时严禁在未得到车辆段值班员或行车调度员的同意并确认好道岔位置的情况下盲目动车。

(8)严禁擅自带无关人员进入驾驶室,因工作需要登乘列车驾驶室时必须确认其登乘证,包括司机在内的人员不得超过5人。

十、九必须

(1)进行行车工作联系时,必须采用行车标准用语,统一使用普通话。行车联系内容涉及阿拉伯数字时,按表2-2数字对应的汉字拼音发音。

行车联系时数字发音标准　　　　　　　　　　表2-2

数字	1	2	3	4	5	6	7	8	9	0
拼音	yao	liang	san	si	wu	liu	guai	ba	jiu	dong
发音	幺	两	三	四	五	六	拐	八	九	洞

(2)司机必须严格执行有关安全规章制度,服从行车调度员指挥,按照列车时刻表的时刻要求,安全、正点地为乘客提供快捷、舒适的优质服务。

(3)遇行车组织规则中规定的鸣笛时机时必须鸣笛。

(4)升弓前,必须确认接触网有电、所有人员均在安全区域,方可鸣笛升弓。

(5)发生交路错乱时必须确保有车必有人,必要时服从正线轮值员及派班员的安排。

(6)使用旁路开关时必须到现场确认安全,经行车调度员同意方可使用旁路开关动车,还必须密切留意列车的运行状态,发现异常情况立即采取紧急停车措施。

(7)行车调度员发布的口头命令,司机必须认真逐句复诵,领会命令内容,记录在"司机日志"上,向同一机班人员传达,并做好交班。

(8)班前做好行车预想,班后做好总结。对于行车工作中发生的车辆故障或行车事故/事件,做到准确判断、及时处理、准确汇报,并按规定按压事件记录仪,退勤时必须全面、如实反映,便于有关人员调查。如实在事故/事件、好人好事登记表上进行填写。

(9)列车在车站发生故障需要在车站推进运行时,司机必须等车站有引导员资格证的人员上车,交接清楚、具备动车条件后方可开车。

十一、遵守公寓候班制度

凡次日8:30前出乘的早班人员必须在当日21:30前到车辆段公寓培训室参加培训点名,培训完毕后到公寓值班室签名登记,并听从公寓值班人员的安排候班。21:30后不准外出(特殊情况须经当值车辆段派班员或正线队长/轮值员同意)。

所有公寓候班人员必须在22:30前关灯休息,公寓内不得喧闹,要保持安静;必须爱惜房间内所有用品,使用完毕后应放回原处;公寓内严禁吸烟、饮酒、玩牌或打麻将等;叫班后要立即到公寓值班室签名,按时出勤。

任务四 司机安全作业守则

城市轨道交通是一个现代化程度很高的实体,必须由具有良好职业素养的人完成各种行车任务。司机作为行车工作第一线的操作者,必须有高尚的职业道德、强烈的责任感、较强的安全意识,确保列车运行、调试和段/场内调车作业安全。列车操作应确保安全、准确、紧凑,严禁司机无故延误操作时间。

司机必须牢记"安全第一,便民第一"的宗旨,遵守和学习有关的安全规定及运行规则,严格按照安全制度、行车规则执行乘务驾驶任务。富有纪律性、严格执行规章制度的司机是保证安全行车的基本因素之一,在人与技术设备的有机联系中,人是最重要的方面。国内外一些事故的分析与调查表明:人为失误造成事故的比例大于技术缺陷造成事故的比例,因此,司机树立安全意识、学习和遵守安全作业守则是十分重要的。

一、列车运行安全基本原则

(一)持证上岗

相关司机必须经过系统培训,取得司机驾驶证,并在所属线路上通过上岗鉴定后,方可独立驾驶列车。严禁在无证且未通过上岗鉴定的情况下独立驾驶。列车司机离开驾驶岗位连续6个月以上,应经过学习考试,合格后方可继续上岗。

(二)学员须有监督

学员获得实习司机驾驶证后,必须在司机监督和指导下进行列车驾驶操作,严禁未经司机同意,擅自操作列车上的按钮、开关或站台相关行车设备按钮及开关。司机上岗前应在经验丰富的司机指导和监督下驾驶,里程不少于5000km。

(三)动车须确认

严格按运营时刻表时刻,凭有效的行车凭证(信号机显示允许通过信号、车载信号、调度命令、路票等)动车。特殊情况下,需接受行车调度员口头命令动车时,必须领会调度命令内容并复诵,严禁臆测行车。

把控行车三要素(天、地、人)、动车三确认(灯、岔、路),以确保行车安全。
(1)天是指列车上方的接触网、隧道及附属设施和天气等情况。
(2)地是指地面轨道及附属设施。
(3)人是指本班及其他作业人员。
(4)灯是指信号机显示。
(5)岔是指道岔位置。
(6)路是指进路状态。

(四)转换驾驶模式需报告

运营列车需要转换驾驶模式,特别是转换为非限制性驾驶模式前,必须报告行车调度员,征得其同意后方可转换。

(五)速度控制

手动驾驶模式下,严格按照相关限制速度运行,严禁超速运行。雨天地面驾驶时,注意控制速度,列车需停车或减速时,司机应尽量做到"早拉少拉"。

(六)旁路开关操作需请求

操作相关旁路开关前,必须确认对应的安全条件已经满足,并征得行车调度员同意后,方可操作相关旁路开关动车。

(七)库内动车需确认

停车库内动车前,必须确认相关辅助制动设施(如铁鞋)已撤除、地沟无人、两侧无物体和人侵限后方可动车。

(八)发生事故不得擅自前进或后退

列车发生冲突、挤岔、脱轨或其他意外事故/事件停车后,在未接到事故处理主任或相关负责人的指示前,司机不得擅自启动列车前行或后退。

(九)行进过程中严禁开侧门

列车行进过程中(包括进行洗车作业时),严禁打开司机侧门或侧门车窗,严禁将身体探出驾驶室或把头探出窗外。

(十)不能乱摸电气设备

任何情况下,不得触摸或通过导体接触列车电气触头或触点。列车受电弓升起之后或降弓后的一定时间内(一般不少于3min)严禁开启车底高压设备箱盖。

(十一)其他安全作业

连挂列车或单元车时,必须确认连挂区域无人站立或停留。开启疏散门前,必须确认疏散门开启区域无人站立或停留(适用于有疏散门的车型);区间疏散开启客室车门前,必须确认疏散平台所在的侧方向无人站立或停留(适用于无疏散门的车型)。站台作业跨出、跨入驾驶室时,必须注意站台与列车之间的空隙,防止踏空。

二、人身安全基本原则

(1)进出驾驶室注意站台与驾驶室侧门之间的间隙,谨防摔伤。

(2)严禁未经行车调度员同意擅自进入正线轨行区。当需要进入时,须穿着荧光衣,携带手电筒、800M电台、400M电台。

(3)司机上下备用车须得到行车调度员同意,并穿着荧光衣。

(4)列车因故需要在区间清客时,司机须做好防溜措施,原则上需等待车站工作人员到来后,才能向隧道疏散乘客,遇特殊情况听从行车调度员指示。

（5）严禁擅自带无关人员进入驾驶室，因工作需要登乘列车驾驶室时，司机须确认其登乘证，其规定如下：

①客运部乘务相关行车管理人员（副队长、队长、技术岗及以上管理人员）凭工作证可登乘驾驶室。

②分公司内无登乘证人员，因工作需要临时登乘驾驶室时，须先与行车调度员联系，经行车调度员同意并通知车站及司机登乘人员的身份、上车地点、人数，方可登乘。

③登乘前，登乘人员不得饮酒。

④登乘人员登乘时简单向司机说明此次登乘的目的，得到司机允许后方可登乘。

⑤登乘人员进入驾驶室后，不得影响司机作业（如与值乘人员聊天、说笑、打闹、擅自触动车上设备等）。

⑥为保证服务形象，登乘人员应着装整齐。

⑦非客运部人员如需登乘驾驶室，需提前到车控室进行登记，登记完毕后由车站工作人员负责打开端门放行，待列车停稳，当值司机核对身份准许后登乘。登乘人员下车时，须等站台门、车门打开后方可下车，并与司机共同确认站台门、端墙门关好。

⑧特殊情况下，司机可根据行车调度员口头指令确认人员身份，直接打开端门，允许相关人员登乘。

⑨登乘人员若携带抢险用长大工具，须放置在客室并安排专人看管，避免影响司机作业。

⑩登乘人员发现危及行车或人身安全的情况时，应立即提醒司机采取紧急措施或其他安全措施，确保运营安全。遇故障或紧急情况时，登乘人员须积极、主动配合司机处理。

⑪登乘人员须服从司机的指挥，如不服从司机指挥或影响司机作业，司机有权要求登乘人员下车，终止其登乘。

⑫按规定申请登乘的人员，司机应当给予安排，确实因故不能安排应当说明情况。

⑬运营时间内特殊情况的施工需要登乘驾驶室进入隧道泵房或轨行区时，登乘人员应提前告知司机具体停车地点，下车后应尽快到达安全区域并向司机显示"好了"信号。

⑭运营时间内隧道泵房或轨行区内的特殊施工结束后，登乘人员应告知行车调度员具体位置并在安全区域等待，待列车停稳后听从司机指挥。

⑮严禁无关人员进入驾驶室，如违反这一规定，一经查实按公司有关考核办法严肃处理。

（6）车辆段整备作业时，严禁跨越地沟。需要进入地沟检查时，必须穿荧光衣、戴安全帽。在段/场内有地沟的股道动车前，须确认地沟无人后方可动车。

（7）严禁"飞乘飞降"。在有登车梯股道上下车时，须从登车梯处上下。

任务五 司机心理分析与疏导

一、乘务工作的性质与环境

(一)乘务工作的性质

城市轨道交通具有线多、面广、每日运营时间长等特点,而司机乘务工作对国家和人民生命财产安全产生直接影响。乘务工作一般具有以下特性:

(1)责任性。司机在值乘过程中对工作中所涉及的相关行车设备和乘客安全负责。

(2)固定性。司机在值乘过程中只对值乘的当次列车安全负责。

(3)独立操作性。每次列车只配备一名司机,因此,司机在值乘过程中具有独立操作性。

(二)乘务工作的环境

乘务工作的环境可以分为周围环境和驾驶环境,两种环境对司机乘务工作都有一定的影响。

(1)司机每天驾驶列车穿梭于城市地下、地面或高架沿线,从周围环境来看,司机每天面对的是漆黑的隧道、固定的线路以及来往的乘客等,相对而言是一种固定的环境。

(2)从驾驶环境来看,每趟列车司机都重复着开车、停车、开门、关门、开车的循环劳动,看似机械,但在驾驶过程中,司机必须时刻保持高度的警惕心、责任心。

二、司机心理状态与工作的关系

由于乘务工作的单调性、重复性、独立性等特征,司机在值乘过程中容易出现情绪低落、懈怠、焦虑、恐惧等负面情绪。心理情绪的不稳定极易产生生理、心理疲劳,思想不集中、思维混乱、反应能力迟钝、动作差错增多、工作效率下滑等情况。这样的工作状态将严重威胁列车运行安全,容易引发行车事故、有责投诉事件或客伤事故。

三、心理疏导与乘务基础管理

(一)心理疏导的重要性

心理疏导能有效地解决司机的心理问题,帮助司机树立正确的人生观、价值观,加深对自身及社会的认识,对预防行车安全事故起着重要作用。

(二)心理疏导对基础管理的作用

在基础管理中,对于司机的管理至关重要,作为一名在运营一线工作的员工,其个体行为将直接影响行车安全。一旦司机的心理出现问题,如果处理不当,后果将非常严重,甚至会蔓延到其他成员。因此,开展心理疏导,能有效地缓解或解除司机的心理压力或病症,有利于做好运行安全工作,从而有利于基础管理工作顺利有序地进行。

(三)改善心理状态的有效途径

心理疏导是应用心理学知识改变司机的认知、情绪、行为、意志,来达到消除症状的一种方法。心理疏导通过解释、说明、支持、同情、相互理解、运用语言和非语言的交流方式影响司机的心理状态,以改变司机的认知、信念、情感、态度和行为等,达到排忧解难、减轻心理痛苦的目的。其途径有:

(1) 开展有针对性的思想教育工作,增强司机对各种境遇的适应能力和承受能力。
(2) 创建良好的工作生活环境,使司机置身于优良的工作氛围中。
(3) 明确行车工作的重要意义,树立高度的责任感和使命感。
(4) 热爱行车岗位,消除自卑感,自觉培养对工作的兴趣。

(四)心理疏导在乘务基础管理中的应用

心理疏导通常以沟通交流作为重要手段,通过谈心、网聊、家访等形式,了解司机的思想动态和心理状态,然后对症下药,通过交流讨论,消除司机的心理障碍,使其正确面对未来。

心理疏导还可以以"行为"作为手段,在进行思想沟通后,对司机的正确行为作出判断,在思想与行为上进行支持或鼓励,使其重新建立面对工作和生活的信心。

课后习题

1. 对于司机的岗位职责,下列描述不正确的是(　　)。
   A. 安全、正点完成驾驶任务
   B. 严格执行行车调度员命令,按信号显示行车
   C. 运行中加强瞭望,发现异物尽可能通过,避免在区间停车影响乘客服务
   D. 按规定着装,班中严禁做与工作无关的事情

2. 城市轨道交通运营企业的工作职能中,最重要的两个方面是(　　)。
   A. 安全、服务   B. 高效、快捷
   C. 利益、名誉   D. 创新、形象

3. 行车凭证不包括(　　)。
   A. 信号机显示的开放信号   B. ATC车载信号
   C. 调度命令   D. 列车运行图

4. 在乘务安全管理中,最重要的是(　　)。
   A. 控制人的不安全行为
   B. 监控在线列车的运行状态
   C. 排查设备的危险源
   D. 完善乘务的派班计划

5. 关于司机在正线驾驶列车时的要求,以下描述错误的是(　　)。
   A. 集中精力,加强瞭望

B. 有人添乘时,司机应无条件做好配合
C. 发生故障时,按要求果断处理
D. 接到行车调度员命令时,逐句复诵,确认无误再执行

6. 着工装乘车期间,下列行为错误的是( )。
   A. 主动给乘客让行
   B. 主动给乘客让座
   C. 对乘客询问不理
   D. 主动帮助有困难的乘客

7. 乘务管理工作的基础是( )。
   A. 企业文化   B. 法律体系
   C. 行业规范   D. 规章制度

8. 司机在驾驶列车时,有其他人员需要登乘列车驾驶室,应认真查验( ),并做好记录。
   A. 登乘凭证   B. 施工许可
   C. 调度命令   D. 上级通知

9. 列车司机负责( )列车驾驶,应安全、正点完成驾驶作业任务。
   A. 正线和配线   B. 配线和车辆基地内
   C. 正线和车辆基地内   D. 正线、配线和车辆基地内

10. 列车司机应接受的培训中一般不包括( )。
    A. 行车设施设备
    B. 行车组织规程
    C. 供电设备检修规程
    D. 一般故障处理和应急处理

11. 司机离开驾驶岗位连续( )个月以上,应经过学习考试,合格后方可继续上岗。
    A. 3   B. 6
    C. 9   D. 12

12. 司机上岗前应在经验丰富的司机指导和监督下驾驶,里程不少于( )km。
    A. 1000   B. 3000
    C. 5000   D. 6000

13. 因工作需要登乘列车驾驶室时必须确认其登乘证,包括司机在内的人员不得超过( )人。
    A. 2   B. 3
    C. 4   D. 5

拓展思考

1. 简述司机的定义和职责。

2. 何为行车凭证？正线上司机的行车凭证有哪些？
3. 司机应掌握哪些专业知识和技能？
4. 司机行车过程中的"八严禁"是什么？
5. 对司机岗位要求的"九必须"有哪些内容？
6. 简述司机应遵守的运行安全基本原则。
7. 登乘驾驶室有哪些规定？

项目三 司机作业标准

项目说明

轨道列车司机是《国家职业资格目录(2021年版)》中准入类职业资格,为了规范轨道列车司机的作业程序,提高乘务员整体素质,城市轨道交通运营企业一般制定司机一次出乘作业标准。城市轨道交通的自动化程度越高,对运营安全的要求就越高,这其中,人的因素占了很大的比重,司机的标准化作业在运营安全中起着至关重要的作用。

标准化作业就是遵照预先设定好的程序、步骤进行的周期性的作业。司机标准化作业就是在城市轨道交通运行的程序、步骤内,司机遵照规程进行操作,维持城市轨道交通周期性运营的工作程序。本项目讲述了司机的出勤、退勤、交接班、整备、出入段、正线驾驶及站台作业、折返作业等标准,要求学生熟练掌握司机一次出乘作业标准。

项目目标

▶ **知识目标**

1. 了解司机出勤、退勤及交接班程序;
2. 掌握列车整备作业的程序、内容与标准;
3. 掌握列车的常用驾驶模式并熟练应用;
4. 掌握列车出段、入段及洗车作业程序;
5. 掌握列车正线运行及站台作业的程序及注意事项;
6. 了解列车广播作业的内容及注意事项;
7. 掌握列车折返作业程序与方法;
8. 掌握调车作业内容与规定;
9. 了解列车调试作业内容与规定;
10. 了解司机操作过程中薄弱环节的控制措施。

▶ **能力目标**

1. 贴合岗位职责,规范操作,能严格执行标准化作业程序;
2. 具备独立完成司机一次出乘作业的能力;
3. 按章作业,强化安全作业意识,能有效规避列车运行中的潜在风险;
4. 能有效控制司机操作中的薄弱环节,确保列车安全运行。

▶ **素质目标**

1. 培养科学严谨、一丝不苟、求真务实的职业行为习惯;
2. 养成服从指挥、服从管理,动车必须有凭证的工作作风;
3. 强化安全作业意识,有效规避潜在风险,形成"安全第一、乘客至上"的职业理念。

建议学时

24学时。

任务一 出勤、退勤、备班及交接班

出勤作业是司机交路工作的第一项内容，从出勤作业开始，司机就应进入严谨守时、有条不紊的工作状态；退勤作业是司机交路工作的最后一项内容，主要任务是汇报车辆状况、运行情况，上交列车钥匙、行车备品等；交接班作业是指司机在工作中与其他司机完成任务交接，主要交接车次、车号、列车状态、行车备品、继续有效的调度命令、行车注意事项等。

一、出勤

(一)司机班前及出勤规定

班前10h内严禁饮酒或服用影响精神状态的药物，确保充分休息。需到行车公寓候班的司机，应严格执行公寓备班管理制度。

值乘早班交路(指出勤时间在8:30之前的交路)的司机，应在公司公寓候班。候班时司机须在每日规定的时间内到达乘务员公寓并在"行车公寓备班登记台账"上签到，严格按照公寓管理员安排的房间借宿，不得私自更换房间，因特殊原因需更换房间须经段/场派班员同意。公寓候班或借宿期间，禁止饮酒及进行任何娱乐活动或影响他人休息的活动。21:30后不准外出，特殊情况须经段/场派班员同意，22:30准时关灯休息。

晚班司机在车辆段派班室退勤后，将个人手机关机后按照次日早班交路号放置在相应的手机存放柜中，待次日出勤时取回。退勤后50min内关灯睡觉，严禁做影响他人休息的事情。

早上听到电话叫班，拿起电话确认后，迅速起床，尽快洗漱，将公共物品摆放整齐，断开用电器电源，关好门窗后方可离开。离开公寓时须在"行车公寓备班登记台账"上签名。离开公寓后要立即到公寓值班室签名，严格执行叫班签认制度，确保准时出勤。

在正线出勤的司机须按规定时间提前6min到位，并做好出勤准备。

(二)出勤作业标准

1. 出勤地点

车辆段出发的司机在车辆段派班室出勤，正线接车的司机在相应线路的派班室出勤。出勤时，司机左手托帽，帽顶向上，帽徽向前，手握帽檐，端正站立，如图3-1所示。

2. 出勤所带证件与行车备品

司机出乘应按规定着装，携带驾驶证、司机手账、行车备品(荧光衣、手电筒、笔、螺丝刀及相关规章文本等)，按规定的出勤地点与时间，准时到副队长处办理出勤手续。

司机手账人手一本，且每本手账都有所属乘务中心颁发的唯一编号，用于记录司机当天的工作任务、当日有效的调度命令及通知的注意事项等，必须放置在值乘端。北京地铁××

线的手账抄写范本如图 3-2 所示。

12.司机出勤　　13.出勤标准化作业

图 3-1　出勤

图 3-2　手账抄写范本

3. 出勤程序

（1）司机须提前到达派班室学习注意事项及新文件等，抄写行车揭示，填写乘务员出勤状况询问表、钥匙借还登记本等。

出勤前按照图 3-2 所示的手账抄写范本的格式完成"身体状况"及"当班记事"的填写。其中，当班记事除了要填写本次值乘任务的详细信息外，还要认真阅读并抄录行车注意事项及重要通知。对于长期有效的调度命令或紧急要求，要抄录在手账的后两页，作为长期参考。填写完成后，由乘务中心值班员盖章生效。运行过程中需详细记录本班次内列车安全运行情况。

（2）派班员确认司机的精神状态，审核司机手账上抄写的行车注意事项，符合安全行车要求后签章交还司机，并再次口头转达有关安全注意事项；发放秒表、工作钥匙、司机报单、运营时刻表、对讲机和临时调度手机等行车用品。

司机报单重点记录乘务人员工作日的列车运行情况和运行公里，包括班组、车号、车次、始发站和到达站、始发到达时间、运行情况等。某城市轨道交通运营企业的司机报单见表3-1。填写司机报单时应将实际始发、到达时刻及晚点原因记录清楚。

司机报单　　　　　　　　　　　　　　　　表3-1

职名	姓名	代码	出勤时间		出勤副队长	
司机						
学员			退勤时间		退勤副队长	
添乘人员						
序号	车组号	车次	始发站	时间	终到站	时间
1						
2						
3						
4						
5						
6						
7						
运行公里						
行车记事						

（3）司机应认真听取派班员的行车指示，做好行车备品的清点、确认及领取手续，做好行车安全预想。司机（学员）将手机调成飞行模式或关机，将司机日志、司机报单等放于派班台面上，向（副）队长申请出勤——××交路司机申请出勤，（副）队长确认无误后回复"××交路司机可以出勤"。

（4）段/场出勤的司机须到派班室听取副队长传达注意事项，与（副）队长核对发车计划，并将股道号和车底号抄写在司机日志上，了解列车停留位置及技术状态。在派班室领取列车状态卡，到指定股道整备列车，将列车状态卡放置在相应端驾驶室状态卡槽内，并使用1A端驾驶室列车状态卡记录列车走行公里数。

（5）正线出勤的司机应于所接列车进站前6min到轮乘值班室轮乘组唱诵"××组，接上（下）行，××次"。值班人员认真核对后回答"可以接车，注意安全"。轮乘人员应于列车到达时刻前1min到达接车位置。

中班/晚班司机在两端终点站、中间站出勤时，在相应站台接早班/中班司机的全部备品。值乘作业过程中，在中间站换乘接车时，注意行车钥匙及随车备品的交接。

（6）段/场备班司机认真抄写当天段/场作业计划、行车揭示及安全注意事项后出勤，出勤后与交班司机对口交接。

（7）司机对于副队长或者车辆段调度员的指示及要求有疑问时须询问清楚。

某城市轨道交通运营企业司机出勤流程如图3-3所示。

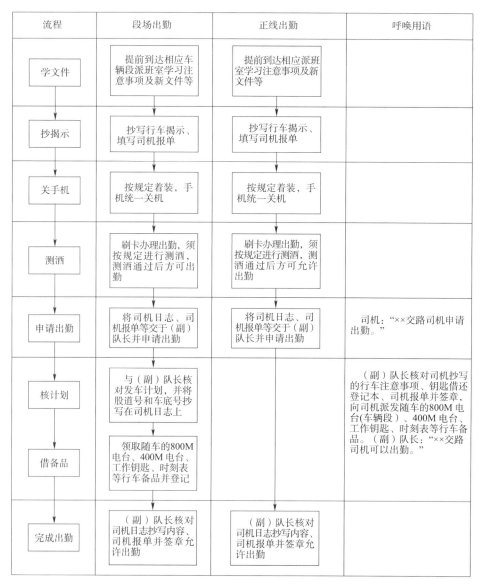

图 3-3　出勤流程示意图

(三)漏乘的定义

漏乘指乘务员在列车开车时,未按规定人数出乘。若有同等职务的人员或能胜任现行职务的高职人员顶替出乘将列车正点开出,不按事故论。

二、退勤

(一)车辆段退勤

列车进段停稳后,同一机班人员到车辆段调度员处归还列车状态卡,做好记录,并向车辆段调度员说明列车的状态、防护情况及停车位置。到派班

14.司机退勤及备班

室后需核对行车备品(司机报单、手持台、工作钥匙等出勤时领取的备品)齐全、状态良好后在备品借用/归还登记本登记。

司机在本次值乘任务退勤时填写下一个值乘任务,在司机手账上填写本次值乘任务的退勤时间,下个任务的值乘日期、时间、地点、运行图表号、位置图号等内容。

退勤时司机须着装整齐,将司机手账和司机报单放于派班台面上,向队长或副队长申请退勤,标准用语为"××交路司机申请退勤"。队长或副队长核对无误后回复"××交路司机可以退勤"。

退勤时,司机向当值副队长小结列车的运行情况,当值期间发生事件/事故时需填写行车事件单,见表3-2。填写行车事件单时要字迹工整,语言简洁,叙述事件清楚、翔实、准确。

行车事件单　　　　　　表3-2

标题			
姓名		运营时刻表	
发生时间		发生地点	
车次		车底号	
事件经过		值班人员	

队长或副队长应确认司机交还的备品齐全、状态良好;事件描述清晰、下一次交路的出勤时间及地点无误;司机报单和事件单填写无误后在司机手账上签章,允许司机退勤。

(二)正线退勤

正线退勤时,同一机班人员到外勤派班室办理退勤手续,唱诵"××组值乘××车××次,列车运行正常,下次出勤时间××时××分"。值班员确认后答"注意接车时间"。

(三)电话退勤

电话退勤方式仅在列车正线调试或调试完毕直接投入运营服务和列车过线等情况下采用。

退勤司机到扣车站车控室使用内线电话向车辆段派班员办理退勤(汇报内容:列车车次、车组号、接车司机姓名、备品交接情况),传真事件单(如有事件单)。

列车过线或其他作业计划暂不需要接车司机时,经行车调度员及其他线车辆段的车辆段调度员同意,司机做好防护后,在扣车的车站/车辆段电话退勤,将司机报单及事故/事件、好人好事登记表传真到车辆段派班室。

某城市轨道交通运营企业司机退勤流程如图3-4所示。

(四)填写行车事件单

1. 填写事由

在当班过程中原则上遇下列情况,司机退勤时须填写行车事件单,将信息反馈到段/场派班室处,由副队长统一反映在乘务日报上,再反馈到乘务室。

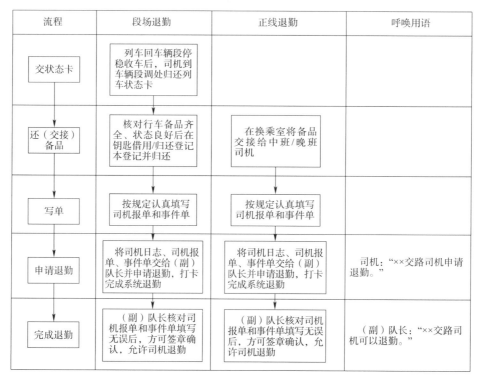

图 3-4　退勤流程

(1)段/场加开或晚开列车。

(2)正线列车延误 2min 及以上时(包括故障或其他原因造成的)。

(3)列车发生故障并处理时(不影响行车、乘务服务的故障,如车次牌故障、司机座椅损坏等,司机可不必填写行车事件单,但须及时报行车调度员并在列车状态卡上记录)。

(4)正线/段/场信号故障(包括车载、轨旁、联锁系统或信号机故障等)。

(5)洗车过程中发现洗车信号显示不正常、洗车设备异常、洗车机不能或非正常工作时。

(6)正线出现无折返或折返失败等非正常折返的情况时。

(7)正线非正常行车、换车、转备用、退出服务、清客、救援等现象时。

(8)列车自动前(后)溜、正线列车进站过程中运营停车点取消、列车在车站自动停车无开门信号时。

(9)正线运营列车产生紧急制动时。

(10)行车调度员发布调度命令时(包括口头和书面命令),由当班队长或副队长下班前总结填写。

(11)正线/段/场发现危及行车及人身或设备安全时。

(12)列车过线、换车或正线列车调试时。

(13)正线/段/场信号机不能正常开放信号时。

(14)站台门故障不能打开/关闭、自动关闭/打开等。
(15)正线/段/场出现好人好事时。
(16)其他影响正常作业程序的,副队长认为有必要填写时。

2. 填写原则及要求

(1)行车事件单(表3-2)内注明内容的填写:
①标题栏为简单总结所遇事件情况(如填写"备用车加开、行车调度员××站扣车、××站站台门故障"等)。
②姓名栏为值乘机班人员姓名。
③运营时刻表栏为当日执行的时刻表版本。
④发生时间栏为事件发生的具体时间(年、月、日、时、分、秒)。
⑤发生地点栏为事件发生的地点(段、场、车站、上/下行线、区间/站、千米、米)。
⑥车次栏为事件发生的车次或当事人所驾驶的车次(未涉及列车时,可不填写车次)。
⑦车底号栏为相应车次的车底号。
⑧值班人员栏为当值队长或副队长签名或签章。

(2)行车事件单中事件经过栏的填写:
①事件发生的时间。
②相关车次(车号)。
③列车的驾驶模式。
④发生情况的具体地点。
⑤列车产生的现象或当事人发现的现象。
⑥相关人员的处理过程、处理结果。
⑦列车的晚点情况或事件的影响。

副队长接到行车事件单后,认真检查,核实当事人填写的内容,发现填写内容有漏、有错或不明确时,应向当事人指出,要求当事人重新补充或修改相关内容。当事人重新补充或修改相关的内容由副队长确认无误后盖章。

三、备班

晚班司机在车辆段退勤后,需要在车辆段司机公寓休息,准备次日的早班任务。司机备班时需要遵守公司的相关规定。

(1)晚班司机在车辆段派班室退勤后,将个人手机关机后按照次日早班交路号放置在相应手机存放柜中,待次日出勤时取回。

15.备班标准化作业

(2)备班时司机须在规定的时间内到达乘务员公寓,并在行车公寓备班登记本上签到(乘务管理系统启用后打卡即可)。

司机应严格按照公寓管理员安排的房间借宿,不得私自更换房间,因特殊原因需更换房间须经段/场派班员同意。

(3)公寓候班或借宿期间,司机在公寓内不得大声喧哗,不得在公寓房间内和走廊上抽烟、酗酒、赌博等。司机须在退勤后50min内关灯睡觉,严禁做影响他人休息的事情。

（4）早上听到电话叫班,拿起电话确认后,迅速起床,尽快洗漱,将公共物品摆放整齐,断开用电器电源,关好门窗后方可离开。

（5）离寓时须在行车公寓备班登记台账上签名(乘务管理系统启用后打卡即可)。

某城市轨道交通运营企业司机备班流程如图3-5所示。

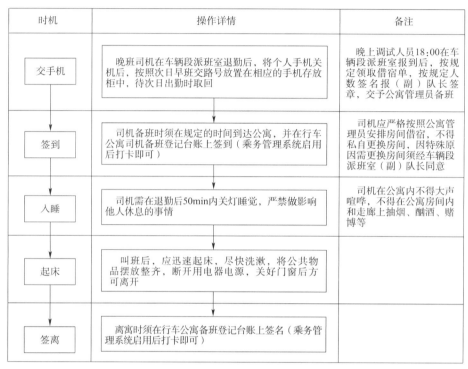

图3-5 备班流程

四、交接班

（一）车辆段内交接班

司机在车辆段内交接班时,接班司机应与交班司机进行对口交接,交接内容包括列车钥匙、驾驶专用物品、司机报单以及当日正线运行注意事项,并对电动列车进行检查和试验,了解备用列车的技术状况,一旦发现列车故障或车辆状况不符合出库要求,应及时向运转值班员报告。

16.司机交接班

（二）正线交接班

1. 车站交接班

接班人员须提前1～3min到达指定地点,待列车进站前在头端墙位置面对轨道方向站立,监护列车进站;交班人员确认车门及安全门开启后,与接班人员进行列车的交接。交接内容包括车次、列车状态、运行模式、行车调度命令(必要时进行复诵)及行车备品。

17.车站交接班

接班人员进行站台关门作业并确认发车条件,驾驶列车继续运行;交班人员需站立目送列车驶离车站,在列车正常发车后方可离开。

以郑州地铁1号线××站交接班作业为例,车站交接班程序如下。

1)到达司机作业程序

列车运行至××站上/下行站线停稳,带好400M电台,携带司机包下车,正常站台作业确认站台门、车门开启后,手指PSL盘(就地控制盘)确认主控钥匙有,呼"主控钥匙有",在站台与接车司机交接(主要交接车次、大小交路、行车调度命令、列车状况、主控钥匙),标准用语:"站台门/车门开启,主控钥匙有,××次,终点站××站,车况良好,运行正常。"若有行车调度命令及其他故障信息一并交接。

交接完毕,到达司机站在站台安全位置,待列车离开站台后方可进入换乘室待令。

2)接车司机作业程序

提前1min到相应站台头端立岗接车,将主控钥匙取下悬挂在站台PSL盘右侧挂钩上,待列车停稳,车门、站台门打开后,在站台与到达司机进行对口交接(主要交接车次、大小交路、行车调度命令、列车状况、主控钥匙)。

交接完毕,接车司机跨半步执行关门作业程序。

列车动车后检查800M电台情况(检查内容:是否有电、频道、声音大小等)。

备注:早班/中班××站交接班时,早班/中班到达司机须跟随接车司机运行至下一站下车,再坐车返回××站退勤。

某城市轨道交通运营企业司机轮乘站交接班流程如图3-6所示。

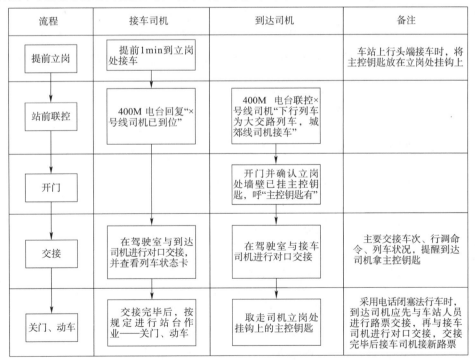

图3-6 轮乘站交接班流程

2. 终点站交接班

接车司机应提前1min到达指定地点立岗接车。立岗接车时，须认真监视列车进站状态，如发现异常情况，应立即通知到达司机采取措施，报行车调度员，并协助处理。列车折返进站台时，到达司机须密切留意站台状态，发现危及行车和人身安全的情况时立即采取紧急措施。

接车司机在交接时要注意观察列车指示灯、仪表、显示屏状态，确认列车状态卡内容与交班司机交接内容是否一致。调度命令交接要准确、细致，并认真进行复诵，防止漏交、错交调度命令。

正线两端终点站交接班做到"三不交，一不接"，即接车司机未上车不交班、接车司机未复诵交接内容不交班、未明确接车司机代码(姓名)不交班、到达司机没有交班不接班。交路错乱或列车调整造成列车运行图错乱时，各机班应加强互控，确保列车正常折返。

(三)存车线备用列车的交接班

在存车线备用列车交接班时，交接班司机应跟车进出存车线路。必须步行进入的，交接班司机应向行车调度员申请，按照面向来车方向通行路径，说明进出路线，得到其同意后，方能下线路与备车司机交接班。进入线路行走时，加强对线路的瞭望，尽量靠线路限界外侧行走，确保自身安全。

不论在何处交接班，接班司机与交班司机交接完毕后都必须在司机报单上签字确认。

任务二　列车整备作业

列车整备作业是列车运行前的各项技术准备工作，使司机能充分了解列车的技术状态，最大限度地保证列车投入运营后的服务质量。

一、整备作业安全基本原则

(1)整备作业前须了解列车停放位置及列车状态，遇挂有"严禁动车"标志时，严禁检车，立即报告车辆段调度员，待"严禁动车"牌撤除后继续检车。

(2)检查列车走行部时，严禁侵入黄线，不得触摸任何设备，如发现异常，立即报车辆段调度员。

(3)任何情况下都严禁跨越地沟。进行车底检查时，严禁侵入车辆限界，避免碰伤。

(4)检查列车时须携带手持电台、手电筒，并严格按要求整备列车，列车未经过整备严禁动车。

(5)升弓前，须确认所有人员均在安全区域内，方可鸣笛升弓。

(6)受电弓升起后，严禁触摸列车任何带电部位，严禁进行地沟检查及攀登车顶。

二、整备作业程序

(1)到达指定的股道后,确认股道、车组号符合列车状态记录卡,列车两端无警示标志,列车两侧以及上、下无异物侵限或者可能侵限的异物。否则,立即报车辆段调度员,并按照车辆段调度员指示执行。

(2)司机整备列车前须报信号楼值班员,在非出段端使用车载电台报信号楼。标准用语如下:"车辆段或停车场信号楼,××车×道×段整备作业!"

18.整备作业程序
——静态检查

(3)司机须严格按照列车检查走行线路图和整备作业程序,采用目视、手动、耳听的方式,检查两端驾驶室、两侧走行部和客室内部,并在两端驾驶室进行列车操作的功能试验。

不同城市轨道交通运营企业的司机手册规定的列车检查走行线路图可能会因列车的不同而略有差别,但总的原则是在最短的时间内以最科学的路径完成整备作业规定的检查或测试项目。郑州地铁的列车检查走行线路如图3-7所示。

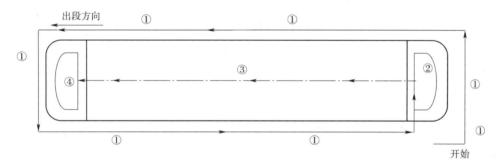

图3-7 列车检查走行线路

注:①从非出段方向端开始检查列车两侧的走行部;
②到非出段方向端驾驶室检查;
③检查客室;
④到出段方向端驾驶室检查。

(4)整备作业时做到"眼到、手指(使用手电筒即可)、口呼"。作业过程中发现异常须及时报车辆段调度员,直至检修人员到位后交其处理或按车辆段调度员的指示执行。存在表3-3所列情况之一时,严禁出库(特殊情况,在不影响行车安全和乘客服务的情况下,由车辆检修调度员决定是否出库,并在列车状态卡上做好记录,注明故障情况,同时派技术人员跟车)。

不能出库的列车故障   表3-3

序号	列车故障现象
1	受电弓(集电靴)、车间电源等高压设备故障,致使列车无DC 1500V电源
2	VVVF(变频调速系统)、DCU(门机控制单元)等牵引系统故障
3	ECU(电子控制单元)、BCU(制动控制单元)等制动系统故障
4	客室门、安全疏散门故障

续上表

序号	列车故障现象
5	安全回路电路故障
6	列车诊断系统故障
7	空气压缩机、DC/DC、DC/AC等辅助系统故障
8	车辆消防设备故障
9	其他影响列车运行的故障

(5)整备完毕后,报信号楼值班员,得到同意且确认信号、道岔正确开通后,方可鸣笛动车出段。

三、各整备作业项目时间安排

各整备作业项目及其时间安排见表3-4。

整备作业项目及其时间安排　　　　　　　　　　表3-4

序号	整备项目	时间标准(min)
1	作业前的准备(包括联系信号楼)	5
2	走行部检查(包括两侧走行部和出段端的紧急制动试验)	10
3	非出段端驾驶室的检查和驾驶室内所有功能试验	5
4	客室检查	3
5	出段端驾驶室检查和驾驶室内的所有功能试验	5

四、整备作业检查内容与标准

(一)走行部检查

检查走行部时要用手电筒辅助照看,从非出段方向端开始检查列车两侧的走行部,走行部检查标准按表3-5规定执行。

走行部检查标准　　　　　　　　　　表3-5

序号	主要检查项目	内容及要求
1	车体外观(包括受电弓)	无损坏,无变形,列车标志(徽记、目的地号、列车服务号及标志灯)完整清晰,车门上的盖板无打开且锁闭良好
2	运行灯、头灯/尾灯	显示齐全,外观无破损
3	车钩及缓冲装置	无明显损坏变形,电气盖板锁闭良好,电缆软管无脱落,各塞门位置正确,车钩监控装置位置正确,车钩连接处无异物
4	转向架	空气弹簧外观无明显破损漏气

续上表

序号	主要检查项目	内容及要求
5	车底电气设备箱	外观无变形,箱盖锁闭良好
6	车间电源	锁闭良好,位置正确
7	风缸(包括主风缸、空气弹簧风缸)及气路塞门	各塞门位置正确,无漏风
8	空气压缩机	阀门位置正确

检查过程中严格执行"手指(使用手电筒即可)、口呼"制度,"口呼"标准用语如下:

(1)××道××段××车,无异物侵限!

(2)标志灯、头灯、运行灯良好!

(3)刮雨器良好,挡风玻璃良好!

(4)钩腔无异物!

(5)阀门位置正确!

(6)扶手、脚蹬良好!

(7)轮缘润滑装置良好!

(8)TIA信标天线良好!

(9)转向架良好!(包括速度传感器、接地装置、1系2系悬挂装置、高度调整阀、抗侧滚扭杆、垂向液压减震器、停放制动缓解拉环等)

(10)轨面无异物!

(11)风缸良好!

(12)箱盖锁闭良好!

(13)折篷良好!(确认连接状态)

(14)半永久牵引杆良好!(确认连接状态)

(15)半自动车钩良好!(确认连接状态)

(16)网关阀良好!

(17)智能阀良好!

(18)车间电源盖锁闭良好!三位闸刀开关位置正确!

(19)空压机良好!

19.列车整备作业(静检)程序

20.走行部检查

21.驾驶室检查

(二)驾驶室检查

走行部检查完毕后到非出段端驾驶室进行静态检查。驾驶室检查标准按表3-6规定执行。出段端驾驶室静态检查项目与非出段端驾驶室相同。

驾驶室检查标准　　　　表3-6

序号	主要检查项目	内容及要求
1	司控器(方向手柄、主控手柄)	均在"零"位,完整无缺,动作灵活无卡滞现象,警惕按钮作用良好
2	列车无线电	作用良好

续上表

序号	主要检查项目	内容及要求
3	各显示屏	无明显损坏,信息显示正确
4	驾驶室侧门、通道门	锁闭良好,动作灵活无明显卡滞现象,驾驶室侧门玻璃无破裂
5	各种仪表、指示灯、开关	外罩完整、显示正确、位置正确
6	疏散门	锁闭良好
7	前窗玻璃	清洁、无损坏,刮雨器完整无缺
8	设备柜	旁路开关铅封完整,开关位置正确
9	副驾驶台备品柜	红闪灯、安全帽、铁锤、铁锹、灭火器齐全,功能良好
10	天花板风扇	通风良好

驾驶室检查过程中,"口呼"标准用语如下:

(1)驾驶室侧门良好!(锁闭良好,动作灵活,无明显卡滞现象)

(2)遮阳布良好!(动作灵活,无明显卡滞现象)

(3)各显示屏良好!(包括监视器、车辆显示屏发车指示器)

(4)各指示灯、按钮、开关良好!(包括开关门按钮面板、紧急停车按钮、主控手柄、警惕按钮和司机操纵台左右侧控制面板)

(5)无异物!(左侧储物柜)

(6)灭火器良好!(安装牢固、喷嘴无丢失、压力在绿区)

(7)防毒面具有!

(8)照明、空调格栅、安防良好!

(9)柜门、盖板锁闭良好!

(10)驾驶室通道门良好!(门锁闭、客室车窗玻璃良好、动作灵活无明显卡滞现象)

(三)客室检查

客室检查要求从非出段端向出段端方向检查,确认无异常。客室检查标准按表3-7规定执行。

22.客室检查

客室检查标准 表3-7

序号	主要检查内容	要求
1	客室内观(地板、车窗玻璃等)	清洁、无明显损坏
2	照明	照明良好无损
3	车门	门页无损,锁闭良好,指示灯显示正常,各盖板安装良好,开关位置正确,乘客报警按钮完整无缺
4	车顶通风	通风隔栅完好
5	座椅、设备盖板、灭火器	盖板锁闭良好,灭火器齐全完整、捆绑牢固

续上表

序号	主要检查内容	要求
6	设备柜、电子柜、通道侧墙板	无明显变形,锁闭良好
7	各显示屏	无异常

客室检查过程中,"口呼"标准用语如下:
(1)通道门锁闭良好,柜门锁闭良好!
(2)天花板、通风格栅、照明格栅、安防、扶手、立柱、座椅、地板良好!
(3)LED 显示器、车门、紧急拉手、紧急通话装置良好!
(4)灭火器、取暖器良好!
(5)B05 盖板锁闭良好!
(6)贯通道良好!

五、整备作业试验项目与程序

整备作业的试验项目包括两端驾驶室的所有功能试验,按照检车顺序先在非出段端驾驶室进行动态试验,然后在出段端驾驶室试验,两端驾驶室的试验项目与程序完全一样。

(一)激活列车

将"列车总控"开关置于"合"位,打开驾驶室灯,确认蓄电池电压正常,确认微动开关及旁路开关位置正确,确认主风气压正常、空调"分"红色指示灯亮。

合"主控制器钥匙"开关,确认受电弓"降"灯、停车制动"施加"灯、气制动"施加"灯、主断"分"灯、左右门"关"灯亮,彩色显示屏工作。

23.动车试验程序

(二)试灯

按"试灯"按钮,确认主、副操纵台除 RM 灯外其他指示灯亮。

(三)车载台试验

按车载台"电源"按钮开机,开机后和信号楼进行通话测试,标准用语如下:"车辆段或停车场信号楼,××道××段××车通话测试,完毕!"

(四)紧急停车按钮试验

按"升弓"按钮,确认升弓灯亮、车辆显示屏上受电弓图标显示升起,待主风缸压力为 9bar①,空压机不工作后;按"降弓"按钮,确认车辆显示屏上受电弓图标显示降下,将方向手柄打向"前",确认制动气压降至 2.6bar 左右;按下"紧急停车"按钮,确认制动气压升至 3bar 左右;按受电弓"升弓"按钮,受电弓无法升起,另一紧急停车按钮试验同上。试验

---

① 1bar = 10^5Pa。

完毕后恢复紧急停车按钮,将受电弓升起,确认升弓灯亮。人机界面(HMI)上显示受电弓升起。

(五)升弓程序

确认总风缸风压大于 3bar,鸣笛,按受电弓"升弓"按钮,探身驾驶室外检查该端受电弓正常升弓,确认受电弓升指示绿灯亮,受电弓降指示红灯灭。

(六)高速断路器试验

分别通过按高速断路器"合"、高速断路器"分"按钮进行高速断路器试验。标准用语如下:"高速断路器合灯亮,高速断路器合(在车辆显示屏上手指确认);高速断路器分灯亮,高速断路器分(在车辆显示屏上手指确认)。"

(七)开关门试验

先将 ATC 车门旁路打至"合"位,按左侧驾驶室侧门旁边的"左门开"按钮,驾驶室"左门关"指示绿灯灭,所有车门随即打开,相应车门指示黄灯亮,并在 HMI 上确认列车左侧车门打开;按左侧驾驶室侧门旁边的"左门关"按钮,客室车门报警声连续响,车门指示灯闪烁,延时 7~8s 后车门关闭。车门延时关闭前,按车门"重开门"按钮,未关闭车门即打开;松开"重开门"按钮,相应车门关闭,相应车门指示灯灭,驾驶室"左门关"指示灯绿灯亮,并在 HMI 上确认列车左侧车门关闭。

右侧客室门试验按上述程序进行,开关门试验做完将 ATC 车门旁路转至"NOR"位。

(八)列车广播系统试验

通过广播面板上的 PTT 键测试驾驶室对讲是否正常;通过广播面板的 PA、PTT 键测试客室广播是否正常;通过 HMI 屏的"设置"→"广播设置"测试客室报站广播是否正常,设置紧急广播看是否能正常广播。

(九)停放制动试验

按"停放制动缓解"按钮,"停放制动缓解"绿色指示灯亮,"停放制动施加"红色指示灯灭,列车停放制动缓解。

按"停放制动施加"按钮,"停放制动施加"红色指示灯亮,"停放制动缓解"绿色指示灯灭,并伴有排气声,列车停放制动施加。

停放制动试验完毕后,按"停放制动缓解"按钮,保持停放制动缓解状态。

注意:主风缸压力不低于 5bar。

(十)常用制动试验

试验条件:列车所在线路为平道,列车主风缸压力不低于 7bar,所有高速断路器断开,停放制动缓解,车门和安全疏散门关闭良好。

方向手柄置于"前"位,按主控手柄"警惕"按钮("警惕"按钮反弹力应适宜且作用良好)由"零"位推向"牵引"区,制动缸压力下降至零,伴有排气声,"空气制动缓解"绿色指示灯亮,"空气制动施加"红色指示灯灭,列车空气制动缓解。

松开主控手柄"警惕"按钮,气制动压力上升至约 1.5bar,"空气制动施加"红色指示灯亮,"空气制动缓解"绿色指示灯灭。再次按"警惕"按钮,空气制动缓解,"空气制动缓解"绿色指示灯亮,"空气制动施加"红色指示灯灭。

主控手柄自"牵引"区拉至"零"位,气制动压力上升至约1.5bar,空气制动施加;主控手柄自"零"位拉向"全制动"区,制动缸压力随手柄的位移逐渐上升,最高约2.2bar;主控手柄自"全制动"区推至"零"位,制动缸压力下降至约1.5bar,伴有排气声。

方向手柄置于"后"位,重复上述试验。

(十一)快速制动试验

主控手柄自"零"位快速拉至"快制"位,制动缸压力上升至约2.6bar;主控手柄置于"制动"区,气制动不能缓解,气压保持2.6bar,推至"零"位后制动缸压力下降至约1.5bar。

方向手柄置于"后"位,重复上述试验。

(十二)牵引动态试验

合高速断路器,确认主断"分"红色指示灯灭,主断"合"绿色指示灯亮,网压显示在1000~1800V;方向手柄置于"前"位,主控手柄推向"牵引"区,但不得超过20%;待列车刚移动时,立即将主控手柄拉回"制动"区100%处,列车停车;列车显示屏应无故障显示。动车试验前,应确认本班全体乘务员处于安全区域及列车车体下部无人作业。

24.动车试验

由于采用的车型不同,整备作业的试验项目与程序略有区别。郑州地铁的整备作业试验程序见表3-8。

郑州地铁的整备作业试验程序　　　　表3-8

序号	项目	试验程序	备注
1	激活列车	将"列车激活"开关置于"合"位,确认: ①蓄电池电压不低于96V,主风缸压力大于4bar。 ②激活列车后指示灯状态:"降弓"灯亮,高速断路器"分"灯亮,其他指示灯不亮	
2	激活驾驶台	合"主控制器钥匙"开关,确认显示屏正常显示,无故障信息显示,并确认以下红色指示灯亮: ①受电弓"降"灯、高速断路器"分"灯亮。 ②停放制动"施加"灯、气制动"施加"灯亮。 ③左、右门"关"灯亮	
3	"紧急停车"按钮试验	①升弓,待空压机停止工作,降弓。 ②方向手柄置于"前"位,车辆显示屏显示常用制动,按主操纵台"紧急停车"按钮,确认制动缸压力由约2.6bar上升至约3bar。 ③按受电弓"升弓"按钮,受电弓不能升起。 ④左、右侧紧急制动按钮试验相同	①此项试验在升弓前完成。 ②另一端驾驶室"紧急停车"按钮试验按照检查走行部路线顺序按上述程序进行

续上表

序号	项目	试验程序	备注
4	升弓程序	①确认主风缸风压大于4bar,地沟及走行部无人。 ②按受电弓"升弓"按钮。 ③到驾驶室外检查该端受电弓正常升弓,确认受电弓"升"指示绿灯亮,受电弓降指示红灯灭,车辆显示屏上的受电弓图标显示升起,网压数值正常	接触网供电范围:DC 1000～1800V,持续高于DC 1980V(暂定)时高速断路器会自动断开
5	列车牵引自检程序	受电弓升起后,高速断路器"合"灯亮、停放制动缓解,确认主风缸大于7.0bar,将方向手柄推向前,列车会自动进行牵引自检,HMI牵引界面ICU图标由蓝色"T"变为绿色"M",即完成列车牵引自检	牵引自检时间约60s,若破坏牵引自检后,只要重新满足自检条件后即可重新进行自检
6	试灯	按"试灯"按钮,确认操纵台指示灯全亮	
7	无线电台设置	①按车载无线电台"开机"开关超过2s至车载电台显示屏有显示为止,电台进入自检状态,自检完毕后电台指示灯电源及车辆段指示灯亮。 ②确认无线电控制面板上的"OK"指示灯闪烁一次,并按话筒上的PTT键呼叫信号楼试验电台	到达另一驾驶室重复上述试验
8	列车客室门试验	①驾驶模式在"RM"位,将车门模式打到"MM"位,合ATC车门旁路给出车门使能信号。 ②确认开关门指示灯均亮,按"左门开"按钮,所有车门随即打开,车辆显示屏左侧车门黑色图标全亮;按"左门关"按钮,客室车门报警声连续响,车门指示灯亮,延时3s后车门关闭,驾驶室"关门"指示绿灯亮,车辆显示屏显示左侧车门灰色图标亮。 ③右侧车门试验与左侧车门试验程序相同	进行车门试验时,严禁在车门未完全打开时按"关门"按钮,严禁左右车门同时打开做试验。段/场内调车不需要进行该项试验
9	列车广播系统试验	①将广播模式设置为TCMS(列车控制和管理系统),在车辆显示屏上选择车站后,按"预报站"按钮或"到站"按钮,报站正确、系统工作正常(须选择2个车站试播)。 ②按PA键,报站播音中断,进入人工广播模式,持续按PTT键进行人工广播,人工广播正确。 ③在车辆显示屏上单击"紧急广播"后,按上下箭头选择相应内容,按"确定"按钮,确认内容正确、系统工作正常,按"主页"按钮中止	到达另一端驾驶室重复上述试验。段/场内调车不需要进行该项试验

续上表

序号	项目	试验程序	备注
10	停放制动试验	①按"停放制动"按钮,驾驶室"停放制动缓解"绿色指示灯亮,"停放制动施加"红色指示灯灭,列车车辆显示屏停放制动图标底色变为黑色,列车停放制动缓解。 ②按"停放制动缓解/施加"按钮,"停放制动缓解/施加"红色指示灯亮,"停放制动缓解"绿色指示灯灭,列车车辆显示屏停放制动图标变为P,并伴有排气声,列车停放制动施加。 ③保持停放制动缓解状态	到达另一端驾驶室重复上述试验
11	制动试验	①确认高速断路器在分位,停放制动在缓解位。 ②将方向打向前,确认制动气压降至2.6bar左右,主控手柄拉至全常制位,确认制动气压升至2.8bar左右;主控手柄拉至快制位,确认制动气压升至3bar左右,主控手柄回"零",确认制动气降升至2.6bar左右;将方向手柄回"零",确认制动气升升至3bar左右;将方向手柄打向后,确认制动气降至2.6bar左右,主控手柄拉至全常制位,确认制动气压升至2.8bar左右;主控手柄拉至快制位,确认制动气压升至3bar左右,主控手柄回"零",确认制动气降升至2.6bar左右;将方向手柄回"零",确认制动气压升至3bar左右	到达另一端驾驶室重复上述试验
12	门模式开关、空调、客室灯、车头灯及客室状态的确认	①确认驾驶台门模式开关旋钮在"MM"位。 ②司机上车后按列车"空调开"按钮,确认显示屏上无空调故障。 ③把客室灯打到合位,确认客室内照明正常。 ④司机试验完非出段/场端驾驶室,关闭驾驶室照明,进入客室时将通道门关好并反推确认,确认车门及盖板、设备柜门、座椅下盖板锁闭良好,灭火器材齐全。客室照明亮、空调有新风输出	
13	整备完毕	在出段前报告信号楼联系出段,动车前确认列车两侧无人员物品侵限	

任务三 车辆段作业

车辆段作业是在车辆段、停车场范围内进行的作业项目,包括列车出段、入段、洗车等作业。车辆段调度员应根据运营时刻表、施工行车通告和调度命令的要求,组织足够数量、状态良好的列车和工程车上线运行。

一、列车驾驶模式

不同厂家生产的列车在驾驶模式的定义上略有差异,本任务以庞巴迪列车为例,介绍目前常用的列车驾驶模式及其特点。

庞巴迪列车的常用驾驶模式有以下五种:ATO 模式(列车自动驾驶模式)、SM 模式(ATP 速度监控下的人工驾驶模式)、RM 模式(ATP 固定限速下的人工驾驶模式)、AR(列车自动折返模式)、URM 模式(非限制人工驾驶模式)。

(一)ATO 模式

ATO 模式是最优先级的驾驶模式,在一定程度上降低了人为失误导致的事故发生率,目前有条件使用列车自动驾驶的线路都规定只在客流较小(如晚间)时使用人工驾驶。

ATO 运行中,列车的启动、加速、惰行、制动、精确停车、开关门及折返等所有运行指令都由车载信号设备控制发出,通过信号系统与列车网络通信提供给列车牵引和制动系统,无须司机操作。

(二)SM 模式

SM 模式是次优先级的驾驶模式,正常情况下培训时采用,或当 ATO 设备故障,但车载和轨旁的 ATP 设备良好时采用。该种模式下,列车的速度、监控、运行及制动等所有运行指令在车载信号设备的限制下,由司机人工操作,ATP 根据给定的速度曲线监督列车的运行。当列车运行速度接近 ATP 限制速度时,系统向司机发出声、光报警信号,提醒司机注意。如果司机未采取措施,列车的运行速度超过了限制速度,并达到了列车"紧急制动曲线"确定的速度,ATP 系统将对列车实施紧急制动。一旦发生紧急制动,不能进行人工缓解,必须待列车停稳并经特殊操作后才能重新启动列车。

(三)RM 模式

RM 模式是较低级的驾驶模式,仅在轨旁 ATP 发生故障或列车发生紧急制动后或不满足 ATO 模式条件的线路(如车辆段范围内线路)内使用。与 SM 模式一样,RM 模式下,列车的运行由司机通过主控制器控制,受车载 ATP 的监控和保护,但限速为 25km/h。RM 模式下运行的列车不响应车站控制室或站台"紧急停车"按钮触发的紧急停车制动指令。

(四)AR 模式

AR 模式仅在某些具备自动折返条件的特殊轨道区段使用。AR 模式下,既可利用原轨道,也可利用折返轨道实现无人自动折返。

(五)URM 模式

URM 模式是故障级驾驶模式,只在车载 ATP 发生故障时使用。URM 模式下,列车的运行由司机控制,司机完全负责列车的运行安全。列车运行速度受牵引控制单元的限制。部分列车采用 URM 模式时,列车前进最高速度可达 80km/h,后退最高速度可达 10km/h。

在 URM 模式下,ATP 系统将不起任何作用,列车运行的安全完全由调度员、车站值班员和司机人为保证。转换到这种模式将被记录并须报告给行车调度员,司机必须使用特殊的钥匙开关才能进入该模式。

一般来说,列车经正线、折返线、出入段线及联络线按正方向运行及折返作业时,均以 ATO 模式为常用模式;当 ATO 设备故障或因某种需要时,可改为 SM 模式。ATO 模式和 SM 模式均为正常运营驾驶模式,而 RM 模式和 URM 模式均为非正常运营驾驶模式。各种驾驶模式的特性和运用见表 3-9。

各种驾驶模式的特性和运用　　表 3-9

模式	定义	基本特性	运用
ATO	列车自动驾驶模式	自动控制两站间的列车运行,司机负责监督 ATP/ATO 的显示,列车运行状态,通过的轨道、道岔和信号的状态,在必要时加以人工干预	正线的正常运营方式
SM	ATP 速度监控下的人工驾驶模式	列车由司机驾驶,列车的运行速度受 ATP 监控,如果列车的极限速度超过了 ATP 允许的速度,则列车产生紧急制动而停车。司机负监督 ATP 的显示	ATO 故障(但车载和轨旁的 ATP 设备良好)时降级运营
RM	ATP 固定限速下的人工驾驶模式	列车由司机驾驶,列车运行速度不能大于 25km/h,如果超过,则列车发生紧急制动而停车。司机负责列车运行安全	列车在车辆段范围内运行(试车线例外),或联锁、轨道电路、ATP 轨旁设备、ATP 列车天线发生故障及列车紧急制动后运行
AR	列车自动折返模式	自动控制列车折返,司机可以不在列车上及不加干预地进行列车折返作业。司机负责检查自动折返前乘客已经下车,车门已经关闭,操作位于站台端墙处的"自动折返"按钮	在设有自动折返功能的折返站计划采用的方式
URM	非限制人工驾驶模式	用 ATP 钥匙开关后才起作用,使用时必须经过批准和登记。列车运行由司机控制,没有限制速度监督	车载 ATP 设备故障或联锁故障后采用降级的行车组织办法时

注:除 URM 模式外的其他模式有 5m 的退行限制,如果超过这个限制,ATP 将发生紧急制动。

二、出段作业

出段是在库内整备作业完成后,一切正常,符合投入运营标准,将列车驾驶出段的过程。列车出段是列车投入运营的关键操作之一,途经平交道

25.出段作业

口、停车场道岔区段以及小站台等重要区域时,其操作是否得当对车辆段内人身安全以及列车是否能够投入运营起着至关重要的作用。

(一)列车出段的时机

出库前司机应通过运行时刻表确认出库时刻,距出库时刻前 10min 打开库门,并确认库门开启到位(图 3-8),在驾驶室等候出库调车信号机开放。

当出库调车信号机开放,由红灯变为白灯(图 3-9)时,司机手指确认并呼唤出库调车信号及库门开启到位后,使用车载电台与信号楼值班员联系,得到准许后出库。出库时司机与信号楼的联控用语见表 3-10。

26.列车出段的时机

图 3-8　车库大门开启到位

图 3-9　出库信号机白灯

出库时司机与信号楼的联控用语　　　　表 3-10

序号	呼叫时机	司机	车辆段/停车场信号楼值班员/车辆段调度员
1	列车/调车整备作业前	①车辆段/停车场信号楼,××车×道×段整备作业	②××车×道×段整备作业,车辆段/停车场信号楼明白
2	列车整备完毕后出库前(要求出库时)或列车请求开车时	①车辆段/停车场信号楼,××次×车×道×段整备作业完毕。②××次××车,××道至 CD1/CD2 信号好,司机确认安全后凭地面信号显示动车,司机明白	②××次××车×道×段整备作业完毕,车辆段/停车场信号楼明白或×道×段至 CD1/CD2 信号好,××次××车司机确认安全后凭地面信号显示动车

(二)列车出段的凭证

正常情况下与信号楼值班员联系互控后,凭出库信号机显示及信号楼动车指令驾驶列车至出段信号机,凭出段信号机显示进入转换轨接收行车信息,凭车载信号及转换轨信号机显示进入正线。

当始发站联锁区出现联锁设备故障,需要使用电话闭塞法组织行车时,列车凭路票及车辆段调度员指令动车至相应站台。

(三)列车出段操作流程

(1)司机得到车辆段信号楼值班员出库的准许后,凭地面信号显示及信号楼动车指令以

RM 模式驾驶列车出库(特殊情况下采用 URM 模式)。

（2）列车出库时需要手指口呼门模式在"手动开关"位,确认出库信号机时开驾驶室灯,动车前确认列车两侧无人、无物侵限后,司机站在座椅左边手指口呼确认"出库信号白灯好""道口安全",然后坐在司机座椅上再次手指口呼确认"出库信号白灯好""道口安全"。

27.列车出段作业程序

（3）动车前鸣笛一长声(2s 以上),使用牵引一位以 RM 模式动车,限速 5km/h 通过库门后关驾驶室照明,列车尾部未出清库内线路时严禁提速。

（4）列车运行至平交道前一度停车,确认信号显示及道岔位置正确后,再次动车出发。段内运行时严格控制速度,按照规定速度运行,运行中加强瞭望,发现异常应立即采取紧急措施。

（5）司机确认调车信号及道岔位置时必须手指口呼,凭地面信号黄灯按规定速度运行至出段信号机(图 3-10)前一度停车,停稳后司机将车载无线电台调至正线组,800M 电台调至行车组。

出段至第一个车站即投入服务的列车,在出段信号机前打开全列车的空调和照明,司机在列车监控显示屏上操作开启空调系统,如图 3-11 所示。其他列车在投入服务前 5min 打开全列车空调和照明。正线不载客列车,严禁打开客室照明与全列车空调(允许打开 A 车空调)。

图 3-10　出段信号机

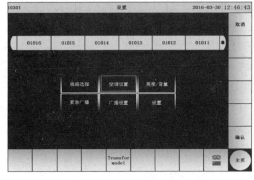

图 3-11　空调系统设置

列车出段运行至正线投入服务时,司机最早在投入服务前 5min 打开客室照明、全列车空调。例如出段至第一个车站载客的列车,司机应在出段信号机前打开客室照明、空调。

（6）运营时刻表中出段的第一列车及其他非运营时刻表计划列车须联系行车调度员出段;其他列车无须与行车调度员联系,凭信号机显示自行采用 RM 模式运行至转换轨"一度停车"标处一度停车;在转换轨停稳后,与行车调度员联系,并确认车载电台状态、显示屏收到速度码、"ATO"灯亮、入车站的信号机开放。若收不到速度码或转换轨至车站间的信号机没开放,均须停车报告行车调度员,并按行车调度员的命令执行。

某城市轨道交通运营企业出段作业流程如图 3-12 所示。

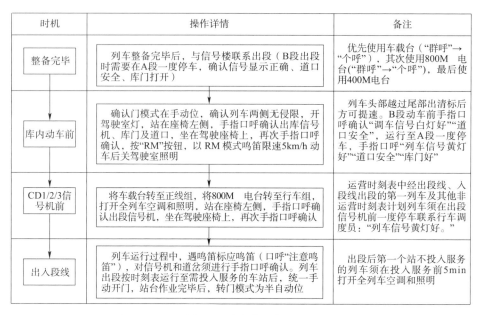

图 3-12 出段作业流程

(四)列车出段的安全关键点

(1)司机驾驶列车出段时,认真确认信号显示及道岔开通位置是否正确,运行线路是否存在侵限或者侵限的风险,发现异常及时停车汇报。

(2)司机在地面线路驾驶时,须密切留意线路供电系统情况,包括接触网及隔离开关位置,注意观察显示屏网压以及受电弓状态,发现异动、异响立即停车,报车辆段调度员,并按其指示执行。

(3)列车在进入隧道前须鸣笛,并严格控制速度,有人在线路附近或侵入行车限界时须鸣笛警示,遇紧急情况时立即采取紧急措施停车,确保行车安全。

(4)司机须熟记出段线路状况,掌握好列车牵引与制动的时机,时刻保持警觉状态,防止安全事件的发生。

(五)列车在车辆段内的速度要求

列车在车辆段内的速度要求见表3-11。

列车在车辆段内的速度要求　　　　表3-11

序号	项目	速度(km/h)	说明
1	空线牵引运行	25	
2	空线推进运行	15	
3	调动装载超限货物的车辆时	10	
4	调动载有乘客的车辆时	10	
5	在尽头线调车时	10	

续上表

序号	项目	速度（km/h）	说明
6	在库内线路运行时	5	
7	对位时	5	
8	接近被连挂车辆三、二、一车时	8、5、3	
9	接近被连挂车辆时	3	
10	接近车挡时	3	
11	洗车线洗车时	3	
12	试车线运行	80	进行60km/h以上试验时，需要安排副队长以上人员添乘
13	试车线运行接近300m标时	60	
14	试车线运行接近200m标时	40	
15	试车线运行接近100m标时	20	
16	压信号调车时	10	含越过关闭的信号机时
17	在车辆段咽喉区调车时	10	指出入段线、转换轨道岔区

三、入段作业

列车入段表示列车完成运营任务或因故无法继续投入运营从而运行回段，在此仅介绍列车完成运营任务后的入段作业标准。

（一）列车入段操作流程

完成运营任务需要回段的列车在终点站清客，确认客室无人员遗留后关门，关客室照明及空调，动车前将门模式转至"手动开关"位并手指口呼，左手手指口呼确认出站信号机开放、道岔位置正确后经出入段线回段，按速度运行至转换轨处一度停车，通过车载电台与信号楼联控，联控标准用语见表3-12。

28.列车入段作业过程

29.列车入段作业

入段时司机与各岗位联控用语　　　　表3-12

序号	呼叫时机	司机	车辆段/停车场信号楼值班员/车辆段调度员
1	列车回段在转换轨停车后	①车辆段/停车场信号楼，××车在转换轨×道停稳。③转换轨×道至×道×段入段信号好，司机确认安全后凭地面信号显示动车，××车司机明白	②××车在转换×道停稳，车辆段/停车场信号楼明白/转换轨×道至×道×段入段信号好，××车司机确认安全后凭地面信号显示动车
2	列车回段到达指定位置停车并做好防护后	①车辆段/停车场信号楼，××车在×道×段停稳	②××车在×道×段停稳，车辆段/停车场信号楼明白

列车运行至入段信号机前一度停车,将主控手柄拉至全常用制动并打开驾驶室灯,自行转 RM 模式,将 800M 电台调至车辆段/停车场组。

确认入段信号机开放后,司机站在座椅左侧,左手手指口呼"列车信号黄灯好,回××道××段",坐下后再次左手手指口呼"列车信号黄灯好,回××道××段"。鸣笛动车后,关闭驾驶室灯,以 RM 模式按规定速度运行至平交道口一度停车,如图 3-13 所示。确认线路、平交道无危及行车安全的人或物,手指口呼"道口安全""库门好"后,动车入库并执行"三、二、一车"停车制度。

30.列车入段作业程序

列车驶入库内,应按规定位置按标停车,如图 3-14 所示。列车停稳后施加停放制动、分高速断路器报信号楼,并在列车状态卡上抄写 1A 端公里数,携带好行车备品,下车后锁好驾驶室侧门。

图 3-13　入库一度停车　　　　图 3-14　库内停车位置标

某城市轨道交通运营企业入段作业流程如图 3-15 所示。

(二)列车入段注意事项

(1)如信号机显示绿灯,禁止通过,须与行车调度员确认进路。

(2)回段列车在转换轨信号机前一度停车时,列车必须迅速拉全常用制动位(避免拉快速制动,常用制动向快速制动转换有一定时间延迟),防止列车制动施加不及时,导致列车后溜产生紧急制动或定位丢失。

(3)在上坡道转换驾驶模式启动时,须推 70%~90% 的牵引力,防止列车产生后溜。

(4)库内停车位置距离信号机太近,对位停车时控制好速度。

四、洗车作业

正线列车回段洗车首先按列车方式办理进入洗车线洗车,车辆段列车洗车作业按调车方式办理进入洗车线洗车。

(一)洗车作业基本原则

(1)在列车进入洗车线前,司机联系洗车机工作人员,明确洗车方式(有端洗或无端洗)。

(2)洗车线运行时限速 3km/h(须打慢行位),严禁赶点及超速驾驶。

(3)严格按洗车线洗车信号机、调车信号机的显示及行车标志行车。

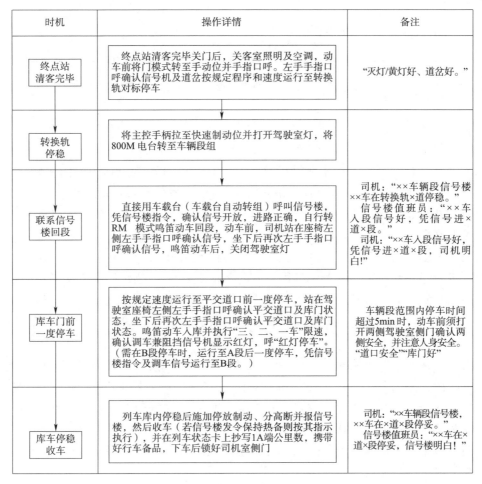

图 3-15 入段作业流程

(4)洗车过程中司机须保持精力集中,不间断瞭望,密切留意洗车线路及设备状态,发现异常立即停车,报告信号楼值班员,再次动车前须得到信号楼值班员的同意并确认安全后方可动车。如取消洗车作业,须联系信号楼值班员,按信号楼值班员指令执行。

(5)洗车作业过程中严禁后退,严禁反向运行。

(6)在洗车作业的全过程中严禁打开侧门或车窗,严禁探身车外,确保人身及行车安全。

(7)洗车过程中严禁使用刮雨器。

(二)洗车作业流程

下面以广州地铁××车辆段为例,介绍洗车线洗车作业程序。××车辆段洗车机/洗车线如图 3-16 所示。

(1)由信号楼组织列车进入洗车线,在××洗车线 E53 道 D84 信号机前一度停车,锁好门窗,将"三位开关"打至"慢行"位,向信号楼汇报。

(2)确认调车信号机 D84 白灯及洗车信号机 P1 开放,限速 3km/h 动车进入洗车机洗车范围。途中洗车机毛刷会进行喷水洗车作业,列车运行至洗车信号机 P2"前端洗停车标"前停车对标。

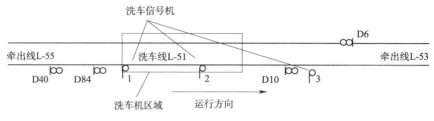

图 3-16 ××车辆段洗车机/洗车线

（3）若需要洗车头作业，洗车信号机 P2 显示红色，在洗车头过程中方向手柄须在"零"位，刮雨器处于关闭状态。洗车过程中留意洗车机状态，发现异常立即汇报。确认洗车头完毕，洗车头毛刷无动作与侵限，待洗车信号机 P2 开放绿色后，继续以 3km/h 的速度动车，途中洗车机毛刷会进行喷水洗车作业。

（4）列车运行至洗车信号机 P3"尾端洗停车标"前停车对标。若需要进行洗车尾作业，洗车信号机 P3 显示红色，在洗车尾过程中方向手柄须在"零"位。待洗车尾完毕，洗车信号机 P3 显示绿色后，以 3km/h 的速度继续运行至"洗车结束表示标"前对标停车后，将"三位开关"旋转至"手动"位，与信号楼联系，根据计划及进路信号机的显示，驾驶列车到指定地点停放。

以上为有端洗的作业流程，如洗车方式为无端洗，司机驾驶列车以慢行 3km/h 的速度进入洗车机区域，凭 P1、P2、P3 洗车信号机绿灯进行洗车作业。列车以 3km/h 的速度运行至"洗车结束表示标"前对标停车后，将"三位开关"旋转至"手动"位，与信号楼联系，并根据信号楼指令及调车信号，驾驶列车到指定地点停放。

不同的城市轨道交通运营企业，车辆段洗车作业规定稍有区别，但大体流程类似。某地铁××车辆段洗车作业流程如图 3-17 所示。

（三）洗车作业注意事项

（1）洗车作业时司机应集中精力，严格执行呼唤应答制度，确保洗车作业安全。

（2）如进行无端洗，正常情况下洗车信号机均显示绿灯，司机在 1、2、3 洗车信号机前应一度停车，确认洗车信号机开放和设备无异常后，方可继续动车；若发现前方洗车机信号机突变（绿灯变为红灯），应立即停车待令，并报信号楼，按照信号楼值班员的指示行车。

（3）列车从进入洗车机区域至离开洗车机始终将"三位开关"保持在"慢行"位，通过洗车区域限速 3km/h。

（4）在洗车过程中，如不能按规定完成洗车作业（含车头或车尾清洗失败），司机必须立即停车，马上联系信号楼，在得到信号楼的同意，并确认洗车机无设备侵限后方可动车。

（5）列车在进入洗车线后，原则上不得后退，特殊情况需后退时须经信号楼的同意。若需后退，司机必须换端操作列车。

（6）利用洗车线调车转线作业时，机车车辆原则上不准进入"禁止进入"防护标志牌防护区域。特殊情况需进入时应经洗车机工作人员同意后，限速 3km/h 进入。

项目三 司机作业标准

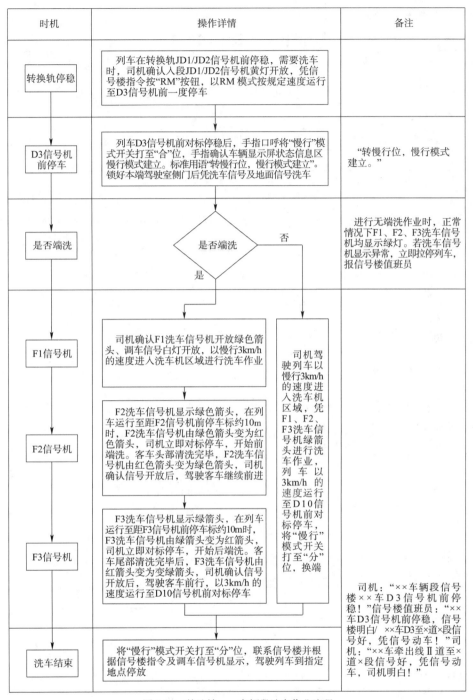

图 3-17 某地铁××车辆段洗车作业流程

五、车辆段呼唤应答用语

车辆段范围内作业时,各城市轨道交通运营企业根据自己的企业制度和企业文化要求,呼唤应答用语内容不太一样。郑州地铁车辆段呼唤应答用语见表 3-13,供参考,表中涉及的调车作业内容将在后续章节详述。

郑州地铁车辆段呼唤应答用语　　　　表 3-13

项目	呼唤时机	司机	备注
调车	调车信号机开放后	"调车信号白灯好"	信号开放,与信号楼联控完毕,动车前再次确认信号后呼
调车	有道岔时,确认道岔位置正确后	"道岔好"	
调车	经过平交道及库门前	"一度停车"	
调车	确认平交道安全后	"道口好"	
调车	调车作业遇蓝/红灯信号机时	"蓝灯/红灯停车"	
列车出段	出库/段信号黄灯开放后	"列车信号黄灯好"	信号开放,与信号楼联控完毕,动车前再次确认信号后呼;按列车办理时,至转换轨的进路上的蓝灯视为无效
列车出段	列车运行至转换轨,X2101/X2102/S5919/S5920 信号机开放灭/绿灯,并收到速度码后	"灭灯/绿灯好"	转换轨动车前呼
列车入段	入段信号黄灯开放后	"列车信号黄灯好"	信号开放,与信号楼联控完毕,动车前再次确认信号呼。至停车股道末端进路信号机前的进路上的蓝灯视为无效
列车入段	列车运行至离停车股道末端进路信号机 100m 时	"红灯停车"	
洗车作业	列车进段(场)在 JD1/JD2（JC1/JC2）信号机前一度停车联系信号楼,确认 JD1/JD2（JC1/JC2）信号机开放黄灯后	"列车信号黄灯好,回××道×段"	
洗车作业	列车在段 D27(场 Z2)信号机前对标停车时	"对标停车"	信号已开放,与信号楼联控完毕,动车前再次确认信号后呼
洗车作业	段确认 D15、D7 信号机(场 D12、D5)白灯好、前方道岔开通正确并得到信号楼值班员允许洗车后	"调车信号白灯好、道岔好"	
洗车作业	确认一号洗车信号机亮绿灯(指示牌显示前进)后(慢行模式至"合"位)	"洗车信号绿灯好,限速 3km/h"	
洗车作业	一号洗车信号机绿灯	"洗车信号绿灯好"	
洗车作业	二号洗车信号机亮红灯,指示牌显示停车时	"红灯停车"	
洗车作业	二号洗车信号机亮绿灯,指示牌显示前进时	"洗车信号绿灯好"	
洗车作业	三号洗车信号机亮红灯,指示牌显示停车时	"红灯停车"	
洗车作业	三号洗车信号机亮绿灯,指示牌显示前进时	"洗车信号绿灯好"	
洗车作业	洗车完毕与信号楼联系后,确认 D1 信号机显示白灯后	"调车信号白灯好"	

任务四 正线运行及站台作业

列车正线运行是司机完成运营任务的过程,是司机工作内容的主体部分。正线驾驶时,司机应严格执行、遵守列车操作的各项规章制度,保证安全、平稳、正点地运送乘客。列车站台作业是司机驾驶列车到站停稳后所进行的操作,包括开关车门、监控乘客上下车、监控设备状态等工作内容。司机站台作业关系到列车在站台的运行安全及乘客在站台上下车安全,在列车运行过程中占有比较重要的地位。

一、正线运行

(一)列车驾驶模式的选择与转换

正线行车可采用 ATO、SM 和 RM 三种驾驶模式,优先选用 ATO、SM 模式。使用 RM 模式时,须经行车调度员允许,终点站折返时可使用 AR 模式,一般不允许采用 URM 模式。运行途中如需改变驾驶模式,必须有行车调度员的授权。

1. ATO/SM 模式转换

在 ATO 模式下,主控器手柄从"0"位置移出,操作模式就从 ATO 转换到 SM。在这种情况下,ATP 切断从 ATO 到逆变器参考值(RVC)的控制信号。

ATO 条件已经满足,在驾驶的任何时候通过将主控器手柄移到"0"位置,按下"ATO 启动"按钮,操作模式就从 SM 转换到 ATO。此时 ATP 释放从 ATO 到 RVC 的输出。

2. RM/SM 模式转换

如果列车接收到有效的与列车有关的 ATP 报文(速度码),则可以从 RM 模式转换到 SM 模式。在正线,RM 模式下运行 2 个轨道区间,正常情况下就会收到速度码。

3. URM/RM 模式转换

URM 模式是当车载 ATP 设备故障或联锁故障时采用的故障运营模式,使用时必须经过批准和登记,用 ATP 钥匙开关后才起作用。

列车停止,"ATP"开关由"关"位置切换到"开"位置,且 ATP/ATO 已成功启动,则可以从 URM 转换到 RM 模式。

(二)正线运行注意事项及要求

(1)司机凭车载信号的显示、运营时刻表的规定和进路防护信号机的显示行车。根据运营时刻表和发车指示器(DTI)的时分,严格掌握停站和运行时刻,确保列车运行安全、准点。

(2)司机在驾驶列车时,除了认真留意显示屏、各种指示灯/按钮的状态之外,还需要加强在运行中眼观、耳听、鼻闻的意识,做到从声音中听出异响、从鼻子里闻出异味、从手感中觉出异常,时刻注意列车运行中的变化。发现异常时司机先采取措施,然后立即报行车调度员,按行车调度员指示执行。

(3)列车运行中坚持"动车集中看,瞭望不间断",坚持"远看信号,近看道岔"的原则,确认前方进路安全。严格按照行车组织规则的规定及行车调度员命令控制好列车运行速度,严禁超速。遇危及行车(如弓网故障、线路及其他轨旁设备损坏、超限等)或人身安全的情况时,应立即采取紧急措施并报告行车调度员。

(4)严格执行呼唤应答制度,要求呼唤时机恰当,用语准确、响亮,做好自控、互控、他控,确保行车安全。

(5)司机按照信号显示行车,准确对标,防止越出停车标、错开车门。正常情况下严禁未对好停车标[(误差±50)cm]打开车门。

(6)正常情况下列车采用ATO模式驾驶,改变驾驶模式前须得到行车调度员的授权(行车组织规则中规定的除外)。若需采用URM模式或RM模式驾驶,司机还应严格按照行车组织规则及线路限速规定的速度执行。区间限速牌前按规定要求降速,严禁超速。

(7)司机采用SM模式驾驶时,进站时注意严格控制速度,准确对标,避免二次启动。

(8)列车故障或其他原因需临时停车,司机需进行应急广播,做好乘客解释工作。在站台如已知停车时间较长,司机应打开车门和站台门,避免不必要的乘客投诉。

(9)当车辆或信号设备发生故障时,按照"先汇报后处理"的原则,根据列车故障应急处理指南或信号设备故障处理指南的规定进行处理。司机对列车的故障初步处理,原则上为4min。司机无法处理或4min后还无法动车时,通过行车调度员向车辆检修调度员申请技术支援,同时继续处理故障。若7min后仍不能动车,司机按行车调度员指示执行。

(10)出现线路及其他轨旁设备损坏或侵限的情况,司机应立即采取紧急停车措施,并报行车调度员。区间列车发生故障时,司机应尽量维持进站处理;若列车需带故障维持运行至终点站,司机须密切留意列车运行状态。

(11)司机加强与车站联系,严格执行与车站的联控安全措施。车站中转的行车指示或命令司机须严格复诵并与行车调度员核对清楚。命令不清不准动车,严禁臆测行车,确保列车安全、准点运行。

(三)正线运行操作程序(以单司机为例)

1. ATO模式

(1)当列车以ATO模式运行时,司机应保持坐姿端正,左手放置于操纵台面上,右手放置于靠近主控手柄右侧,目视前方,不间断瞭望,确保行车安全,如图3-18所示。

图3-18 ATO模式下的坐姿

31.列车正线作业程序

（2）启动ATO模式时，主控器手柄在"0"位，方向手柄在"向前"位，司机同时按下驾驶台上的两个"ATO启动"按钮，"ATO启动"按钮亮起。"ATO启动"按钮必须按下至少1s，这是为了避免无意识启动列车。成功后，驾驶室的显示器上就会出现ATO指示。当主控器手柄离开"0"位时，列车将退出ATO模式。

32.ATO模式下正线运行

（3）遇区间信号机及道岔时，司机左手手指并口呼确认信号机显示及道岔位置正确（区间遇信号机和道岔时应按照由近及远的原则，先确认信号显示，后确认道岔位置正确）。

（4）运行中司机要正确开放广播、乘客信息显示系统，通过视频监视系统观察车厢内情况，必要时用人工广播对乘客做好宣传解释工作；监督车载ATP/ATO设备的状态显示，并注意列车运行所经过的线路状况（如道岔、信号机），发现区间内有人员及影响行车的障碍物及其他异常情况时，应立即停车并报告；会车时，要进行前照灯减光，严禁关闭前照灯。

（5）列车进站时司机要注意瞭望站台情况，危及人身安全时，要果断采取紧急停车措施。到站停车开门后，应将司控器手柄置于"制动"位，每站发车时司机根据地面信号机显示的绿色或黄色灯光，同时按下"ATO启动"按钮，发出发车指令。

进入ATO驾驶模式后，如果系统设备正常，没有人工干预，此驾驶模式维持不变。

2. 人工驾驶模式

当线路不具备ATO条件时，列车被迫改用人工驾驶模式，常用的人工驾驶模式有SM模式、RM模式、URM模式，其中RM模式、URM模式属于非正常运营模式。各人工驾驶模式的特性与运用情况已通过表3-9详细说明了，在此仅介绍SM模式的操作程序。

33.人工驾驶正线运行

（1）人工驾驶模式运行时，司机应保持坐姿端正，左手放置于操纵台面上，右手紧握主控手柄并按下"警惕"按钮，把控好速度，不间断瞭望前方进路，确保行车安全，如图3-19所示。

（2）SM模式下启动列车时，应逐级推动司控器手柄，待列车运行平稳、接近目标速度后再根据线路情况适当调速，使列车以接近目标速度的速度运行，保证正点、安全。

（3）遇区间信号机及道岔时，左手手指口呼确认信号机显示及道岔位置正确（区间遇信号机和道岔时应按照由近及远的原则，先确认信号显示，后确认道岔位置正确）。

图3-19 列车人工驾驶模式下的坐姿

（4）实施常用制动时，应考虑列车速度、线路情况、列车载重等条件，准确掌握制动时机和减速度大小，保持列车均匀减速，严禁突然使用较大的制动力。列车进入车站实施减速直至停车的过程，要求必须逐级制动。

以上所述自动驾驶及人工驾驶的操作流程如图3-20所示。

时机	自动驾驶	人工驾驶
区间运行	驾驶司机应保持坐姿端正，左手放置于信号控制面板与广播控制盒之间，右手放置于靠近主控手柄右侧，目视前方，不间断瞭望，确保行车安全。遇区间信号机及道岔时，左手手指口呼确认信号机显示及道岔位置正确（区间遇信号机和道岔时应按照由近及远的原则，先确认信号显示，后确认道岔位置正确。双司机时，监控司机先确认，驾驶司机后确认，监控司机须站在司机室座椅正后方）	驾驶司机应保持坐姿端正，左手放置于信号控制面板与广播控制盒之间，右手紧握主控手柄并按下"警惕"按钮，把控好速度，不间断瞭望前方进路，确保行车安全。遇区间信号机及道岔时，左手手指口呼确认信号机显示及道岔位置正确（区间遇信号机和道岔时应按照由近及远的原则，先确认信号显示，后确认道岔位置正确。双司机时，监控司机先确认，司机后确认，监控司机须站在司机室座椅正后方）
通过车站	单司机呼"××站到，通过，注意速度"。双司机时，监控司机呼"××站到，进站注意"，驾驶司机呼"通过，注意速度"	单司机呼"××站到，通过，控制速度"。双司机时，监控司机呼"××站到，进站注意"，驾驶司机呼"通过，控制速度"
遇鸣笛标	单司机驾驶，遇区间鸣笛标时，口呼"注意鸣笛"，并按"鸣笛"按钮；双司机作业，遇区间鸣笛标时，监控司机口呼"注意鸣笛"，驾驶司机口呼"注意鸣笛"并按"鸣笛"按钮	

图 3-20 自动驾驶及人工驾驶的操作流程

(四)行车速度的要求

在列车运行中，司机要掌握好各种行车速度，调试及试验时，按调试方案要求的速度行驶。广州地铁 1 号线列车的运行速度见表 3-14。

广州地铁 1 号线列车运行速度　　　　　　　　　表 3-14

序号	项目	运行速度(km/h)				说明
		ATO	SM	RM	URM	
1	正线运行	设定速度	低于 ATP 推荐的 5km/h	25	60	
2	列车通过车站	60	55	25	40	列车头部离开头端墙的速度
3	列车进站停车	57.5	50	25	45	列车头部进入尾端墙的速度
4	列车推进运行	—	—	25	30	列车救援时，救援列车驾驶模式须为 URM 模式
5	列车退行				10/35	因故在站间退回始发站时（推进/牵引）
6	引导信号	—	25	25	25	
7	列车进入终点站	设定速度	35/25	25	35/25	
8	列车在辅助线上运行	—	15	15	15	不含出入段线
9	车辆段内运行			25	25	停车库内，试车线限速参照车辆段运作手册执行

二、站台作业

(一)站台作业注意事项

(1)站台作业,进、出驾驶室跨出站台开关站台门、车门时,应注意列车与站台间的空隙,避免摔伤。站台门与车门不能联动时,必须按照"先开关站台门,后开关车门"的原则执行。

(2)列车进站前,密切观察站台及轨行区安全情况。遇站台门处于隔离状态或故障,当故障站台门处于打开状态时应及早鸣笛示警并限速25km/h,处于关闭状态时无须鸣笛,遇危及列车运行或人身安全时,立即采取紧急措施。

(3)开门时,司机在按"开门"按钮后要确认站台门是否开启;关门时,按"关门"按钮后不间断瞭望空隙和站台门状态。按"开/关门"按钮时需保持2s以上,保证车门开、关功能正常。

(4)关站台门、车门前应先确认进路防护信号机开放或者具备行车凭证,再关站台门、车门。关站台门、车门时,密切注视空隙状态。关站台门后,应注意确认所有站台门关闭,站台门上方指示灯灭,PSL盘"所有门关闭"指示灯亮。关闭车门后应确认驾驶室内"车门关"指示灯亮,且确认空隙没有滞留乘客及异物。

(5)如列车延误,在站台作业时,司机须正确掌握关门时机,即站台门和车门打开后至少保持10s(终点站必须确认站台岗人员给了清客"好了"信号)后再关门。严禁司机盲目赶点,确保站台作业安全。

(6)当乘客向司机投诉时,司机可用"我们正在处理"或"请咨询车站工作人员"等标准用语转交车站处理,同时通过对讲机请求车站协助,避免相互拉扯延误时间。一般问题须在15s内解决,司机转入驾驶室按正常程序动车,并报行车调度员。

(7)需要车站人员协助的情况下,及时通过对讲机与车控室取得联系,并明确协助处理内容。

(8)有站台人员显示"好了"信号的车站,司机须用对讲机回复"好了,信号有",仔细观察视频监视系统画面确认站台无异常,呼"站台安全",然后进入驾驶室。

(9)当两人机班值乘时,只需值乘司机一人进行站台作业,非值乘司机在驾驶室进行监控,车门关好后须探头共同确认空隙安全、视频监视系统显示站台安全。在驾驶室内两人均须执行手指口呼制度。终点站时非值乘司机待列车停稳后收拾同机班两人的备品到站台立岗。

(二)对标停车及开门要求

(1)严格按行车组织规则的规定速度驾驶列车,严禁超速,进站对标停车。停车精度须控制在±50cm以内,方可按规定开启站台门、车门上下乘客。

(2)列车进站停车,当未到停车标停车时,司机确认运行前方无异常后,迅速以RM模式动车对位;当越过停车标3个车门以下时,司机先切除ATP,然后后退对位。此时,司机应立即用车厢广播安抚乘客,并使用无线电话通知车站维持好站台秩序,随后报告行车调度员。列车在该站开出前恢复ATP。

(3)列车进站停车越过停车标3个车门及以上时,报告行车调度员或由车站转报行车调度员,按行车调度员的指示执行。车站应及时对站台进行广播,做好乘客服务。如列车不开门继续运行到前方站,行车调度员应通知前方站。尾班车进站停车越过停车标3个车门及以上时,原则上组织后退对标上下乘客。

(4)司机人工开门时,应该执行"先确认,后呼唤;跨半步,再开门"的开门作业程序,防止误操作造成错开车门。

先确认:先确认停靠站台和需要打开的车门。

后呼唤:执行车门呼唤制度。

跨半步:跨出站台一只脚(另一只脚在驾驶室)。

再开门:打开相应侧站台车门,谨防错开门。

(5)列车进站过程中发生紧急制动时,司机应立即报行车调度员并查看列车设备,且与车站人员确认站台门状态,经行车调度员同意,确认线路安全后动车。

(三)站台作业操作程序

此处站台作业仅叙述站台门、车门正常且站台门、车门联动情况下的站台作业程序,站台门、车门出现故障,或站台门、车门不能联动的情况在项目四里详述。为了保证行车安全和乘客人身安全,ATO模式下对车门的控制采用"半自动"模式,ATP模式下对车门的控制采用"手动"模式。"半自动"模式下,ATO控制车门自动打开,司机手动关闭车门;"手动"模式下,客室车门的打开和关闭全由司机人为控制。

1. ATO模式下

(1)列车即将进站时司机呼"(终点站)××站到,对标停车,控制速度",进站过程注意确认站线及站台门状态和广告灯箱;列车到站台中部时,司机手指确认列车减速制动,并确认列车到站准确对标停稳。

35.站台作业程序

(2)列车以ATO模式在车站停稳后,打开驾驶室灯,司机观察驾驶台上"气制动施加"灯亮。先左手手指确认TOD显示站台门图标打开后,再手指确认HMI上显示车门图标全部打开,拉主控手柄至全常用制动位,使列车保持制动状态,携带对讲机,打开驾驶室侧门。

图3-21 站台立岗作业

(3)到司机立岗处立岗,左手斜向下指站台门中间,确认站台门、车门全部打开,呼"站台门、车门开启",如图3-21所示。确保站台门及车门完全打开保持10s及以上,乘客上下完毕、DTI显示15s以下时按"关门"按钮。跨半步呼"关车门",再操作"关门"按钮保持2s以上(关门期间,持续观察空隙情况),一只脚跨站台,另一只脚跨驾驶室,手指口呼"站台门关好、车门关好、空隙安全",站在立岗处手指口呼"信号好、道岔好",关驾驶室侧门并反拉侧门确认关闭良好。

（4）坐在司机座椅上，将主控手柄回"零"，左手手指口呼确认"信号好、道岔好、推荐速度有"，操作ATO"发车"按钮，至发车图标（小房子图标）出现后松开ATO"发车"按钮，关闭驾驶室灯。

某城市轨道交通运营企业ATO模式下站台作业操作流程如图3-22所示。

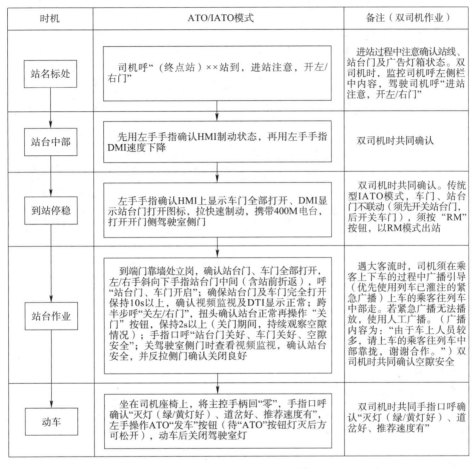

图3-22 ATO模式下站台作业操作流程

2. ATP模式下

ATP模式下，司机操作列车进站停稳的过程应考虑列车制动的平稳性和乘客的舒适性，故要控制好减速的时机、制动力的大小以及进站速度。一般情况下，手动对标停车的误差应控制在±0.5m以内，严禁未对好停车标打开车门。

ATP模式下，客室车门的开关模式为"手动"，司机人工控制客室车门的打开与关闭。ATP模式下，开关门作业的工作流程与ATO模式下开关门作业内容一致，此处不再赘述。

司机完成一系列开关门作业、一切发车条件具备后，按下"警惕"按钮逐级推动司控器手柄，牵引列车出站。

某城市轨道交通运营企业ATP模式下站台作业操作流程如图3-23所示。

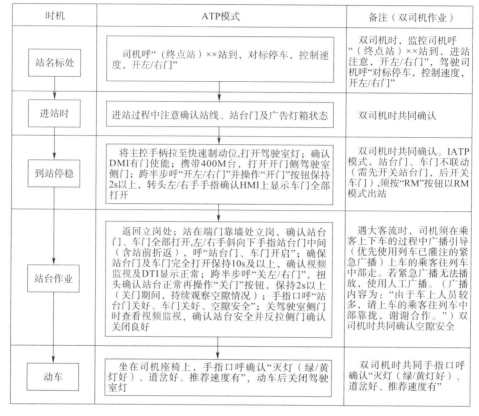

图 3-23 ATP 模式下站台作业操作流程

3. 联锁模式/电话闭塞模式下

联锁模式/电话闭塞模式下,客室车门的开关模式为"手动",此时站台门与车门不联动,开门时司机需先开站台门再开车门,关门时候先关站台门再关车门。联锁模式/电话闭塞模式下司机站台作业流程如图 3-24 所示。

三、呼唤应答制度

司机在隧道或者高架上驾驶列车,周围环境单调枯燥,时间一长,容易视觉疲劳和注意力不集中;而列车运行中会遇到很多指示灯、信号灯、标志、道岔等,要求司机集中精力辨识和确认。为了防止走神,使注意力高度集中,司机在行车过程中应按照"手指口呼"的一套标准化规范进行作业,呼唤应答制度对站姿、坐姿、行走标准、呼唤时机、呼唤内容等都具有严格、规范的执行要求。

进行呼唤应答时,不得间隔其他确认物,要求食指与中指并拢,手臂伸直,指向需确认的设备,同时呼唤,要求做到手指(指出确认物)、眼看(观察确认物状态)、嘴呼(呼出确认物状态)。

根据运营列车采用单司机制度还是双司机制度,呼唤应答的要求不同,各城市轨道交通运营企业根据自己的企业制度和企业文化要求,呼唤时机和呼唤内容设计也不一样。郑州地铁 1 号线正线司机呼唤应答用语见表 3-15。

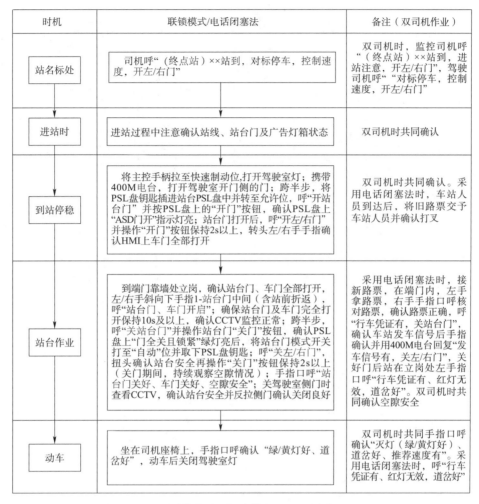

图 3-24 联锁模式/电话闭塞模式下司机站台作业流程

郑州地铁 1 号线正线司机呼唤应答用语　　　　　　表 3-15

地点	作业	呼唤时机	司机	学员/站台门操作员	备注
正线	站台作业	列车停稳后,对标准确,驾驶台"气制动施加"红灯亮,相应侧站台门、车门图标显示打开(人工驾驶时主控拉至全常用制动位、确认开门允许信号)	"开车门"(开驾驶室侧门,在立岗处立岗监视乘客上下车)		在车门与站台门不能实现联动时则先开站台门,再开车门
		确认站台门开门指示灯亮,站台门、车门全部正常打开(人工驾驶时按相应侧"开门"按钮,确认站台门、车门图标显示打开)	"站台门、车门开启"	"站台门、车门开启"	学员/站台门操作员后呼

续上表

地点	作业	呼唤时机	司机	学员/站台门操作员	备注
正线	站台作业	乘客上下完毕，DTI显示15s以下时	"关车门"		先确认，再呼唤
		车门与站台门之间无夹人、夹物，确认站台侧的关门指示灯亮	"车门关好"		
		确认站台门上方指示灯灭，PSL盘站台门全关闭指示灯绿灯亮后	"站台门关好"		
		进入驾驶室之前再次确认车门与站台门之间无夹人、夹物	"空隙安全"		
		再次确认进路信号机显示（灭/绿/黄灯）及道岔位置正确（出站前无道岔时只确认信号机）	"灭/绿/黄灯好，道岔好"（出站前无道岔时只呼"灭/绿/黄灯好"）	"灭/绿/黄灯好，道岔好"（出站前无道岔时只呼"灭/绿/黄灯好"）	
		站台门PSL盘门全关且锁紧，指示灯不亮或站台至少有一个站台门故障影响动车时	"站台，往××站方向有站台门故障，请确认站台安全后给司机'好了'信号"		司机呼站台工作人员
		站台门PSL盘门全关且锁紧，指示灯不亮或站台至少有一个站台门故障时，站台给"好了"信号后	"好了，信号有"	"好了，信号有"	

注：如果有司机学员或站台门操作员跟车，司机确认后先呼，司机学员或站台门操作员确认后再呼（已注明的除外）。

在执行以上手指口呼制度时，司机使用对讲机与其他岗位进行呼唤应答的制度仍然执行。郑州地铁1号线正线司机与车站、行车调度员的联控用语分别见表3-16、表3-17。

郑州地铁1号线正线司机与车站的联控用语　　　　表3-16

呼叫时机	司机	车站
站台门关闭后，PSL盘门全关且锁紧指示灯不亮，有站台门没关好	司机呼叫"站台，往××站方向有站台门故障，请确认站台安全后给司机'好了'信号"，确认"好了"信号，呼"好了，信号有"	站台岗确认站台安全，车门与站台门之间无夹人、夹物，具备动车条件后，向司机显示"好了"信号
列车须在车站扣车时	"站台，往××站方向列车在本站多停××s"	车站复诵"往××站方向列车在本站多停××s，站台收到"，并在关门前做好乘客广播，防止乘客抢上抢下

续上表

呼叫时机	司机	车站
有团体乘车时	"往××站方向司机有团体××人上车,到××站下车,××次司机明白",确认进路防护信号及车站关门指令和无乘客上下车,掌握好时机关门,确认站台"好了"信号,呼"好了,信号有"	"往××站方向司机有团体××人上车,到××站下车"(确认团体上车完毕通知司机关门并显示"好了"信号)
站台门没关、没开	"往××站方向司机,站台门没开/关,××次司机收到",听到车站呼叫后,立即开启或关闭站台门并告知车站正在处理,请给予确认开/关状态。若是站台门故障按站台门故障处理程序执行	"往××站方向司机,站台门没开/关"
两端终点站早点关门	"往××站方向司机现在没到开车时间,××次是××分××秒开,××次司机收到"(听到车站呼叫后,确认运营时刻表,重新打开站台门、车门,到正点时间按规定程序关门动车)	"往××站方向司机现在没到开车时间,××次是××分××秒开"
两端始发站发车时间已到但未关门动车	"往××站方向司机现已到发车时间,××次开车时间为××分××秒,××次司机收到"(听到车站呼叫后,须确认运营时刻表,确认信号开放正确后,才能关门动车。如信号未开放,报行车调度员和车站,按行车调度员指示动车)	"往××站方向司机现已到发车时间,××次开车时间为××分××秒"
车站/车厢里有"三品"可疑人物或其他异常情况	"站台,往××站方向司机发现××车厢有'三品'可疑人物或其他异常情况"(并报行车调度员在该站扣停,直到处理完毕,确认车站显示"好了"信号后呼"好了信号有"才能关门动车)	若车站发现立即报司机,要求司机扣车并立即派人前往处理。处理完毕向司机显示"好了"信号
列车在站台出现除车门故障外的故障	"站台,××站方向列车在本站故障,司机正在处理,请维持好站台秩序"	"××站方向列车在本站故障,司机正在处理,请维持好站台秩序,站台收到"
列车在站台出现车门故障	"站台,××站方向列车××号车门故障,请协助司机处理"	"××站方向列车××号车门故障,请协助司机处理,站台收到"
列车清客	"站台,××站方向××次列车行车调度员要求在本站清客,请协助"	"××站方向××次列车行车调度员要求在本站清客,请协助,站台收到"
终点站清客	"清客好了信号有"	清客完毕,司机请注意"好了"信号
站台区段司机发现线路上有异物或接触网发生异常(站台未对好标已停车)	"站台,××站方向站台区域,接触网/线路司机发现××异常,请到现场确认"	"站台,××站方向站台区域,接触网/线路司机发现××异常,站台收到"

郑州地铁1号线正线司机与行车调度员的联控用语　　　　表 3-17

呼叫类别及时机		司机		行车调度员	备注
呼叫行车调度员	使用车载无线电台呼叫行车调度员时(指司机已按呼叫键,行车调度员并已回应时)	站内	通话原则为: ××次+需要说明内容+结束语。 例如,0102次出现车门故障,司机申请到现场处理,完毕	按行车调度员标准化用语执行	司机向行车调度员报告的通话原则为: 车次+需说明内容+结束语(完毕)
		区间	通话原则为: ××次+需要说明内容+结束语。 例如,0102次出现车门故障,司机申请到现场处理,完毕	按行车调度员标准化用语执行	
	使用手持无线电台呼叫行车调度员时	呼叫行车调度员,在行车调度员回应前	"××站上/下行开出的××次司机呼叫行调"	按行车调度员标准化用语执行	
		行车调度员回应后,在站内或区间时	报告内容与本表的第一点内容相同	按行车调度员标准化用语执行	
	行车调度员使用以上两种电台呼叫司机,但未建立正式通话时	例如,司机在车站或区间听到车载无线电台或手持无线电台呼叫自己值乘的车次时,司机应答: "0102次司机有,请讲"		按行车调度员标准化用语执行	通话原则: 车次+司机有,请讲
复诵行车调度员命令	复诵行车调度员发布的各类行车命令时	例如,行车调度员向××站的司机发令"0102次列车在××站上/下行多停30s",则司机复诵"0102次列车在××站上/下行多停30s,0102次司机明白"		按行车调度员标准化用语执行	建立通话后,复诵行车调度员命令的通话原则为: 原话(或正确)复诵行车调度员命令内容+车次+结束语(司机明白),并记录在"司机日志"上
		例如,行车调度员向市体育中心上行出站的0102次司机发令"行调允许0102次越过市体育中心上行出站的S5902信号机红灯,行调T001",则司机复诵"行调允许0102次越过市体育中心上行出站的S5902信号机红灯,行调T001,0102次司机明白"		按行车调度员标准化用语执行	

四、列车广播作业

列车广播系统在城市轨道交通运营、行车组织中能为乘客提供高质量的广播和信息显示。列车广播作业是司机与乘客进行沟通、交流的有效手段,其主要作用有:对乘客广播,通知列车到站、离站、线路换乘、时间表变更、列车误点、各种安全状况等;播放音乐,改善列车车内环境;在发生突发事件或紧急情况时,组织指挥事故抢险,提高应急响应能力。

(一)列车广播系统的构成

列车广播设备主要由驾驶室设备、客室设备和辅助设备构成。两端的驾驶室各有一套设备,两套设备互为热备份,当一方为主机时,另一方则为子机,主机负责信息的播出。客室设备的数量因列车编组数不同而不同。

驾驶室主要设备包括驾驶室广播系统主控设备、司机控制单元、驾驶室对讲装置。客室主要设备包括客室主控设备、电子地图显示、乘客紧急通话装置、客室噪声检测器、音响。

(二)列车广播系统的功能

根据列车运行的实际需要,在进行数字式语音自动广播的同时,应保证人工播放站名和注意事项、两端驾驶室之间的对讲通话、电子地图信息播放、功能优先级设置、客室紧急报警通话、预录紧急广播信息、从控制中心对列车进行广播等内容的实施。广播信息内容以数字音频方式存储在 SD 卡存储器内,可提供中文和英文报站内容。

1. 自动语音广播

系统提供自动语音广播功能,广播系统控制器接收到列车的速度信号、关门信号,并把它作为语音自动播放的启动信号,控制列车运行过程中的全自动语音广播。自动语音广播内容包括预报列车前方到站和列车到站信息以及服务用语等插播信息。

如在正线广播设置后离站时未触发报站,按 HMI 下面的扬声器图标(图 3-25),即可实现离站及到站广播,按"S"带箭头图标即可实现向前及向后跳站。如在离开某站后未报站,可按"S▶(当前站的下一站)"按钮跳站至下一站,然后手动按"到站广播"按钮即可实现到站广播报站。

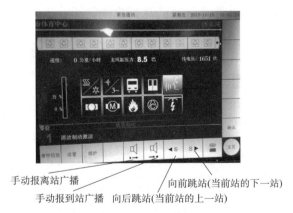

图 3-25 跳站广播

2. 半自动语音广播

根据列车运行的状态,由司机通过驾驶室广播系统主控面板上的按键操作实现预报前方到站、报到站和其他广播内容,广播内容为预录制的语音信息。

3. 人工语音广播

司机通过广播系统的主用话筒向客室车厢播放实时语音信息或者两端驾驶室对讲。

1）驾驶室对客室广播

当前端为主驾驶时，对端激活司控钥匙的情况下，按驾驶台上广播控制盒 PA 键，PA 键灯闪烁，客室扬声器发出叮咚、叮咚……的声音；按 PTT 键，PTT 键灯亮，然后对着话筒进行人工广播，客室广播发出声音，驾驶室扬声器保持静默（图 3-26）。

例如，在终点站人工广播完成后，必须手动关闭 PA 键。如不关闭 PA 键，带电直接关断主控制钥匙，PA 键一直处于默认打开状态，则会出现同向行驶，设置上行××站→××站后，因人工广播模式优先级高于半自动广播，导致半自动广播无法报站的现象。

2）两端驾驶室对讲

持续按 PTT 键，待 PTT 键灯亮，对着话筒讲话。TC2 端驾驶室可以听到 TC1 端发出的驾驶室讲话的声音（如遇列车重联，除讲话端的驾驶室外，其他驾驶室都可以听到讲话端驾驶室发出的声音），讲话端驾驶室及客室扬声器保持静默（图 3-27）。

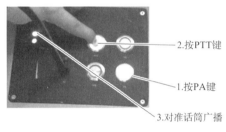
图 3-26　驾驶室对客室广播

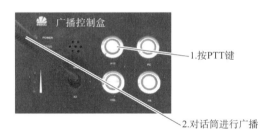
图 3-27　两端驾驶室对讲

4. 功能优先级

广播功能优先级可以设置。高级别的广播可以打断低级别的广播，而低级别的广播要等候高级别广播结束后才能开始播放。被高级别广播打断的低级别广播在高级别结束后自动恢复。

系统默认的优先级设置为 OCC 对列车的广播（紧急广播）、乘客紧急报警、驾驶室对讲、人工语音广播、自动语音广播和实时新闻播放。以上优先级别为通用建议序列，在使用中可以对优先级别进行修改。

OCC 对列车的广播级别最高，可通过车载无线设备进入列车有线广播系统，从而向列车乘客进行广播。当紧急广播出现时，列车广播系统的广播主机会自动撤销当时正在进行的人工和自动广播，而将紧急广播信息送至客室。

5. 乘客紧急报警通话

乘客紧急报警通话装置用于车厢内出现紧急情况时乘客向驾驶室报警，可实现乘客与司机的双向通话。每个客室中设有两个紧急报警器，一般位于车门上方或侧边。

1）紧急报警器触发

打开客室门旁紧急报警器（图 3-28）盖板，按"紧急报警"按钮，待"紧急报警"按钮指示灯闪烁时，对着话筒讲话。

2)紧急报警位置查阅

乘客报警后,驾驶室可听到蜂鸣器的报警声,司机在HMI屏上按"紧急对讲"图标,在HMI屏上部即可显示报警乘客的位置和列车编号、车厢编号等位置信息,如图3-29所示。乘客可以与司机进行通话,以便司机根据现场情况采取相应措施。

3)紧急报警器触发后的监控

一旦有紧急报警器触发,监控屏就会自动跳至距离被触发摄像头最近位置的监控视频,且监控屏单屏显示,如图3-30所示。

4)司机与乘客对讲

紧急报警器触发后,广播控制盒PC键灯亮,蜂鸣器发出报警声,司机按PC键确认,如图3-31所示。对讲完毕后,司机再次按PC键即可关闭对讲通道,客室端报警按键恢复等待状态,完成此次报警通话。

图3-28 乘客紧急报警通话装置

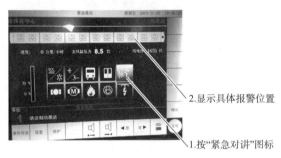

图3-29 紧急报警位置查阅

图3-30 紧急报警器触发后的监控

图3-31 司机与乘客对讲

在某一位乘客报警通话期间,若有其他乘客报警,系统会储存其呼叫信息,在当前乘客报警结束后,已被储存等待的乘客报警将会继续自动进行音响告警。

乘客报警的时间和通话内容将被记录在硬盘上,用于后续事件的查询。司机可以在乘客报警、紧急广播、列车广播、内部通信之间进行选择和切换。

6. 电子地图信息显示

在客室乘客信息系统LED屏幕上进行站名汉字显示或站名地图显示,使声音广播报站与文字或地图显示同步进行。屏幕的显示内容和显示方式可通过广播设备的主控面板经通信网络串口进行设置和操作。

(三)列车广播作业内容

在列车运营过程中,广播内容可以分为常规广播、特殊广播、紧急广播、人工广播、列车服务广播和推广信息广播等几部分。

常规广播主要指前方到站、到站、列车离站时播放的信息,这些信息一般是事先录制好的;特殊广播指在运营过程中出现特殊状况时的广播信息,如运营延误、到站清客等;紧急广播指在运营过程中出现紧急情况时播放的信息,如区间清客、紧急撤离等,在紧急情况下司机必须能通过广播缓解乘客的紧张情绪;人工广播适用于列车在运营过程中接到需发布实时信息,如列车通过站台不停车、临时增加运营时间等情况;列车服务广播和推广信息广播是为乘客的乘车需求提供更好的帮助和遏制乘客乘车时的非正常行为而进行的,服务广播有开门方向提示,推广信息广播有让座提示等。

(四)列车广播作业注意事项

(1)列车在始发站发车前,司机应根据运行交路设置好列车报站器。若是手动播报,司机应在列车启动后,及时按下"播报"按钮。

(2)用报站器报站时,司机应加强监听,并注意显示屏上站名,当发现报站错误时,应及时采用人工广播更正。

(3)当列车报站器发生故障无法使用时,司机应及时通过人工广播报站。人工报站应使用普通话,做到声音清晰、语气平和、用语规范。

(4)当遇到列车故障、清客、跳停等特殊情况或其他信息发布时,司机应选取应急广播词及时向乘客说明情况,没有设置应急广播词的列车应采用人工广播。

(5)高峰回库的列车,司机应进行人工广播,广播内容包括列车目的地、前方到达站及其他注意内容。

司机作为行车组织的最前线执行人员,肩负着安全驾驶列车、快捷运送乘客、保证人身安全的重大任务,必须将乘客服务置于工作的出发点,时刻牢记"安全第一、服务乘客"的运营理念。在执勤过程中,司机必须时刻关注各车厢中乘客的状态,对乘客真正负起应有的责任,积极主动地与车上乘客进行沟通,正确表达行车必要信息,使乘客获得良好的感受,提高服务质量。

司机的广播作业能力不仅体现在人工广播的流畅性上,更表现在突发事件发生时,冷静、准确、恰到好处地设计广播词的能力上,使乘客积极配合司机的工作,实现安全运营的目标。

(五)人工广播标准用语

在人工广播时,应尽量使用文明用语,如您、请、谢谢、对不起等。特殊和紧急情况下的广播内容应首先引起乘客注意,再简单说明情况和原因,最后委婉地提出要求。表3-18列举了一些特殊和紧急情况下的人工广播用语,在实际工作中,司机应能根据具体情况快速有效地组织语言,正确进行广播。

表 3-18

列车运营应急广播用语

序号	广播名	广播内容	播放频率及要求	备注
1	临时停车广播（5min 以内）	尊敬的乘客，现在是临时停车，请您耐心等待。为了您和他人的安全，请勿触动车上的设备，请勿靠近车门，感谢您的谅解与合作。	中、英文各播放一次	系统自动每 2min 播放一次，人工操作终止
2	列车在区间故障持续停车广播	尊敬的乘客，由于临时故障，现正在加紧处理，请您耐心等待，请勿触动车上的设备，请勿靠近车门，感谢您的谅解与合作。	中、英文各播放一次	系统自动每 2min 播放一次，接到通知后终止
3	列车在站内故障持续停车广播（5min 以上）	尊敬的乘客，由于临时故障，现正在加紧处理，请勿靠近车门，有急事的乘客请改乘其他交通工具，感谢您的谅解与合作。	中、英文各播放一次	系统自动每 2min 播放一次，人工操作终止
4	列车清客广播	尊敬的乘客，由于设备故障/运营组织需要，本次列车将退出服务，全体乘客请下车，给您出行带来不便，我们深表歉意。	中、英文各播放一次	系统自动连续播放直至清客完毕，人工操作终止
5	限速行车广播	尊敬的乘客，由于运营需要/天气原因，现需限速行车。不便之处，请原谅。	中、英文各播放一次	每个区间播放一次，人工操作终止
6	部分站台门打不开广播	尊敬的乘客，因部分站台门不能自动打开，请从开启的站台门处下车。感谢您的配合。	中、英文各播放一次	开门前播放一次
7	全部站台门打不开广播	尊敬的乘客，因站台门不能自动打开，请按照站台门开门指引，打开站台门下车。感谢您的配合。	中、英文各播放一次	开门前播放一次
8	车厢火警广播	乘客请注意，车厢内发生火情，请保持镇定，取出座位底下的灭火器扑灭火源。	接到火灾消息后，中、英文各播放一次	系统自动每 2min 播放一次，人工操作终止
9	不停站通过广播	乘客请注意，由于运营组织需要，本次列车将不在下一站停靠，需在该站下车的乘客，请在其他站下车，给您的出行带来不便，我们深表歉意。	中、英文各播放一次	列车在前一个站动车前播放一次
10	列车再次启动广播	乘客请注意，列车将再次启动。请坐好扶稳。	中、英文各播放一次	启动前播放一次
11	列车站内疏散广播	乘客请注意，由于列车发生险情，请全体乘客下车，听从工作人员的指引，迅速离开车站。	中、英文各播放一次	连续播放直至清客完毕，人工停稳播放一次
12	终点站清客	××终点站到了，请所有乘客全部下车，多谢合作！	中、英文各播放一次	到达××终点站停稳播放一次

续上表

序号	广播名	广播内容	播放频率及要求	备注
13	车门故障（旁路时）	乘客请注意，由于车门故障，为了您的安全，请所有乘客下车，多谢合作。	车门发生故障处理后需要旁路时，中、英文各播放一次	每个区间播放一次
14	请客回段	乘客请注意，本次列车将退出服务，请所有乘客下车，多谢合作，请工作人员下车。	中、英文各播放一次	列车结束服务到达××站时
15	区间故障救援广播	尊敬的乘客，由于临时故障，现正在处理，请您耐心等候，请勿触动车上的设备，请勿靠近车门，我们深表歉意。	中、英文各播放一次	司机在做救援准备前播一次
16	前方车站发生险情广播	乘客请注意，由于车前方车站发生险情，请全体乘客在此站下车，给您的出行带来不便，我们深表歉意。	中、英文各播放一次	接到行车调度员通知后在前方车站停车开门后播放一次
17	运行中车门解锁广播	请解锁车门的乘客注意，勿靠近车门，谢谢您的合作。列车进站后将有工作人员前来处理。	中、英文各播放一次	出现故障信息后马上广播，系统自动连续播放直至处理完毕
18	区间头部/尾部两端疏散（区间有疏散平台）广播	乘客请注意，由于车门离站平台，需要进行紧急疏散，请乘客从打开的车门离开车厢，进入疏散平台，向列车前进方向的头部/尾部/两端疏散，请听从工作人员的指引，步行前往车站。	中、英文连续播放	连续播放直至清客完毕，人工操作终止
19	区间头部/尾部两端疏散（区间无疏散平台）广播	乘客请端详慌，请您到列车头部/尾部驾驶室，按照头车头部/尾部/两端通道门与驾驶室门的操作指引打开通道门，进入驾驶室，穿高跟鞋的乘客请脱鞋，听从工作人员门紧急疏散的指引，步行散往前方车站。	中、英文连续播放	连续播放直至清客完毕，人工操作终止
20	乘客报警	乘客请注意，报警系统已经启动，为了您和他人的安全，请勿触动车上设备，勿靠近车门，列车马上进站，将有工作人员协助处理。	接到乘客报警的信息后中、英文各播放一次	系统自动每2min播放一次，人工操作终止
21	乘客报警（不能动车）	乘客请注意，乘客报警已启动。工作人员马上到现场处理，请大家保持安静，不要靠近车门，多谢合作。	接到乘客报警的信息后中、英文各播放一次	系统自动每2min播放一次，人工操作终止

任务五　折返作业

折返作业是指列车通过进路改变、道岔转换，经过车站的调车进路由一条线路至另一条线路运营的方式，它是司机每天必须进行的任务之一。折返作业时司机操作熟练程度直接影响列车的折返效率，进而影响列车的发车间隔。

折返作业根据折返位置的不同分为终点站折返、中间站折返，根据折返方式的不同分为站前折返、站后折返等。

一、列车操纵台的转换

无论是站前折返还是站后折返，无论是单司机折返还是双司机折返，都必须进行换端操作，即列车操纵台的转换。换端操作包括对终端驾驶室和始端驾驶室的操作。

终端驾驶室：将主控器手柄置于"紧急"位，"方向转换"开关置于"0"位；"门选向"开关置于"0"位，断开各负载开关，断开"BHB"（高速断路器）开关，确认驾驶室各开关位置正确；取出激活钥匙；携带钥匙及备品，锁好驾驶室门，由客室通道到达另一端驾驶室。

始端驾驶室：司机到达另一端驾驶室后，使用钥匙激活驾驶室，将"方向转换"开关置于"前"位，闭合各负载开关；闭合"BHB"开关，进行简略制动试验，确认各仪表和指示灯显示正常，转换操纵台作业完毕。

二、终点站折返

（一）列车无人自动折返模式折返

列车无人自动折返（ATB）模式仅在某些特定区段使用，一般适用于站后折返。该模式下司机负责检查自动折返前乘客已经下车，车门已经关闭，操作位于站台端墙处的自动折返按钮"DTRO"实现列车自动折返。此时司机可以不在车上，即不加干预地进行列车折返作业。此处以郑州地铁的列车无人自动折返模式为例进行介绍，如图3-32所示。

36.列车无人自动折返

1. 接车司机作业程序

（1）提前1min立岗，列车停稳，车门、站台门打开后，打开端墙门，通过驾驶室侧门进入驾驶室，与到达司机进行对口交接并查看列车状态卡（主要交接车次、行车调度员命令、列车状况）。

（2）待到达司机关好站台门、车门后方可打开通道门并确认客室无乘客遗留；确认到达司机转换ATB模式，操作"自动折返"按钮，确认"折返"图标出现，关闭主控钥匙后方可离开驾驶室并确认通道门关闭。

（3）待列车在折返线停妥后，观察列车到位情况，确认信号显示及道岔位置是否正确。发现异常，及时破坏折返程序，人工介入。

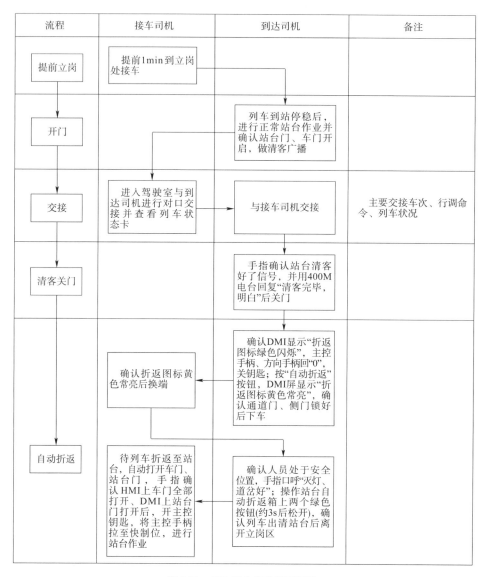

图 3-32 ATB 无人自动折返程序

(4)快速经客室到达对端驾驶室;手指口呼"灭灯,道岔好";正常折返到站台后待车门、站台门自动打开;手指确认 TOD 显示站台门、车门打开图标,HMI 上显示车门全部打开后,开主控钥匙,将主控手柄拉至全常用制动位,转换驾驶模式,出驾驶室手指口呼确认"站台门、车门开启";返回驾驶室设置广播,确认发车时间、列车状态卡、各指示灯按钮及设备柜开关等,然后到站台立岗。

2. 到达司机作业程序

(1)到达司机在列车到达终点站前将携带物品放进备品包内,列车进站时,听到"接××次司机已到位"的通知后,使用对讲机进行复诵。

(2)列车到站停稳后,正常进行站台作业,确认站台门、车门打开(车辆显示屏车门图标、PSL 盘指示灯),出驾驶室确认乘客下车无异常后,进驾驶室与接车司机交接(主要交接车次、行车调度员命令、列车状况)。

(3) 到站台立岗,手指口呼确认站台清客好了信号并用对讲机回复"清客完毕,明白"。待信号机正确,呼"关车门"进行关门作业。

(4) 确认站台门、车门关好及空隙安全后,返回驾驶室;确认 TOD 显示 ATB 模式可用,驾驶模式转至 ATB 位;按"自动折返"按钮,TOD 显示"黄色 ATB 模式";将主控手柄、方向手柄回"零";确认 TOD 信号屏出现自动折返图标后,关钥匙;离开驾驶室,锁好驾驶室侧门。

(5) 确认人员处于安全位置,左手手指口呼"灭灯,道岔好",确认时刻表开点后,操作站台自动折返"DTRO"按钮(约 3s 后松开),确认列车启动整列出清站台后,方可离开。

(二)人工驾驶折返

由于不同城市轨道交通运营企业的信号系统、车型及劳动条件(有的线路为单司机,有的线路为双司机,有的线路设折返司机)不尽相同,人工驾驶折返的控制和作业流程也有所区别,但折返的原理和原则都是一样的。此处以郑州地铁的人工驾驶折返作业为例进行介绍。

37.人工驾驶折返

1. ATO 模式或 SM 模式折返

1)站后折返

站后人工折返程序如图 3-33 所示。

(1)接车司机作业程序。

①提前 1min 立岗;列车停稳,车门、站台门打开后,进入驾驶室与到达司机进行对口交接并查看列车状态卡(主要交接车次、行车调度员命令、列车状况)。

②待到达司机关好站台门、车门后,方可打开通道门并确认客室无乘客遗留。

③快速经客室到达对端驾驶室后检查各指示灯按钮及设备柜开关等;接到到达司机"已关钥匙并转换驾驶模式 AR、门模式 AM 位"的通知后开钥匙;将驾驶模式转至 ATO/SM 位、门模式转至 AM/MM 位,手指口呼"灭灯,道岔好,推荐速度有";正常折返至站台。

④站台门、车门开启后,手指口呼"站台门、车门开启"并确认"到达司机已下车";返回驾驶室设置广播、确认发车时间、列车状态卡后到站台立岗。

(2)到达司机作业程序。

①列车到站停稳后,进行正常站台作业,确认站台门、车门开启后,回到驾驶室做清客广播,与接车司机交接(主要交接车次、行车调度员命令、列车状况)。

②到站台手指口呼确认站台清客好了信号并用对讲机回复"清客完毕,明白";呼"关车门";进行站台作业,返回驾驶室。

38.折返作业——到达

③打开通道门确认无乘客遗留;锁好驾驶室侧门;左手手指口呼"灭灯,道岔好,推荐速度有";操作"ATO"发车按钮(ATP 模式需人工驾驶),动车后关驾驶室灯;到达折返线对标停稳,关钥匙。

④将驾驶模式转至 AR 位,门模式转至 AM 位,通知接车司机"已关钥匙并转换驾驶模式 AR、门模式 AM 位";列车折返至站台停稳开门后,通过驾驶室通道门从客室下车,下车后

用对讲机通知接车司机"到达司机已下车"。

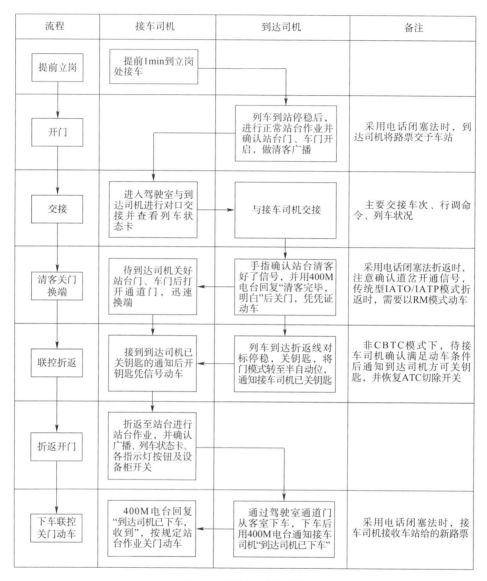

图 3-33 站后人工折返程序

2）站前折返

站前人工折返程序如图 3-34 所示。

（1）接车司机作业程序。

①接到列车采用站前折返的通知，提前 1min 在下行站台头端司机立岗处接车，列车进站时，注意观察列车运行状态是否正常。

②确认站台门、车门打开后，从驾驶室侧门上车，打开驾驶室灯，通过驾驶室对讲与到达司机进行交接（主要交接车次、行车调度员命令、列车状况）。

39.折返作业——接车

③交接完毕,开钥匙,将驾驶模式转至 ATO/ATP 位,门模式转至 AM/MM 位,设置广播,确认时刻表发车时间、列车状态卡,检查驾驶室各指示灯按钮及设备柜开关等,到站台立岗,收到"到达司机已下车"的通知后,通过对讲机回复。

④按时刻表,看信号关门动车。

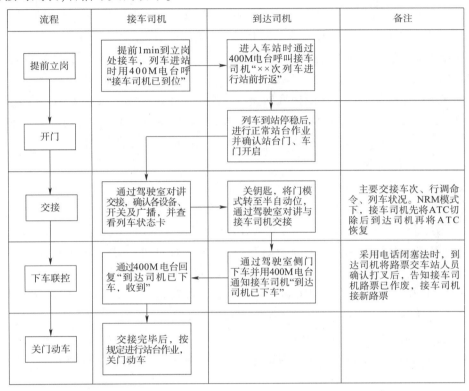

图 3-34 站前人工折返程序

(2)到达司机作业程序。

①站前折返时到达司机须提前通过无线电台通知终点站队长或副队长,并在列车进入终点站时通过对讲机呼叫接车司机,通知接车司机"××次列车进行站前折返"。

②列车到站停稳后,进行正常站台作业,确认站台门、车门开启,回到驾驶室关钥匙,将驾驶模式转至 ATB 位,门模式转至 AM 位,通过驾驶室对讲与接车司机交接(主要交接车次、行车调度员命令、列车状况)。

③关驾驶室灯,通过驾驶室侧门下车,下车后用对讲机通知接车司机"到达司机已下车",同时监听接车司机的回复。

2. RM 模式或 URM 模式折返

司机人工驾驶以 RM 模式或 URM 模式进入列车折返线,按规定速度对标停车后,进行更换操纵台作业,发车条件具备后以 RM 模式或 URM 模式出站。

1)站后折返

(1)到达司机作业程序。

①列车到站停稳后,进行正常站台作业,确认站台门、车门开启后,回到驾驶室做清客广

播,与接车司机交接(主要交接车次、行车调度员命令、列车状况)。

②到站台手指口呼确认站台的清客好了信号并用400M电台回复"清客完毕,明白";呼"关站台门"并操作站台门"关门"按钮,确认PSL盘上"门全关且锁紧"绿灯亮后,将站台门模式开关打至"自动"位并取下PSL盘钥匙;呼"关车门"并跨半步操作"关门"按钮保持2s以上(关门期间,持续观察空隙情况);一只脚跨站台,另一只脚跨驾驶室,手指口呼"站台门关好、车门关好,空隙安全",站在立岗处手指口呼"黄灯好、道岔好"。

③打开通道门确认无乘客遗留;锁好驾驶室侧门;左手手指口呼"黄灯好,道岔好";动车关驾驶室灯;到达折返线对标停稳,待接车司机通知可以关钥匙时,关钥匙。

④将驾驶模式转至ATB位,门模式转至AM位(NRM模式需将ATP切除开关打至NOR位,并恢复ATC车门旁路),通知接车司机已关钥匙;列车折返至站台停稳开门后,通过驾驶室通道门从客室下车,下车后用400M电台通知接车司机"到达司机已下车"。

(2)接车司机作业程序。

①提前1min立岗,列车停稳,车门、站台门打开后,进入驾驶室与到达司机进行对口交接并查看列车状态卡(主要交接车次、行车调度员命令、列车状况)。

②待到达司机关好站台门、车门后方可打开通道门并确认客室无乘客遗留。

③快速经客室到达对端驾驶室;确认信号机开放后通知到达司机关钥匙;接到到达司机"已关钥匙并转换驾驶模式ATB、门模式AM位"的通知后,开钥匙转换驾驶模式(ATP切除开关转至NRM位,驾驶模式转至RM位,ATC车门旁路转至DBY位),门模式(转至MM位),手指口呼确认"黄灯好、道岔好";正常折返到站台后。

④人工打开站台门、车门;手指口呼"站台门、车门开启"并确认"到达司机已下车";返回驾驶室,设置广播,确认发车时间、列车状态卡、各指示灯按钮及设备柜开关等后到站台立岗。

2)站前折返

(1)到达司机作业程序。

①列车到站停稳后将主控手柄拉至全常用制动位,并打开驾驶室灯,确认开门侧方向,到达司机通过对讲机联控接车司机开站台门,确认站台门开启,到达司机操作"开门"按钮,手指确认HMI上显示车门全部打开,到站台立岗处手指口呼"站台门、车门开启"。

②回到驾驶室关钥匙,将驾驶模式转至ATB位,门模式转至AM位(NRM模式需将ATP切除开关打至NOR位,并恢复ATC车门旁路),通过驾驶室对讲与接车司机交接(主要交接车次、行车调度员命令、列车状态等)。

③关驾驶室灯,通过驾驶室侧门下车,下车后用对讲机通知接车司机"到达司机已下车"。

(2)接车司机作业程序。

①提前1min在司机立岗处接车,列车进站时,注意观察列车运行状态是否正常。

②确认列车停稳,通过对讲机与到达司机联控,用PSL盘钥匙打开站台门,从驾驶室侧门上车,打开驾驶室灯,通过驾驶室对讲与到达司机进行交接(主要交接车次、行车调度员命令、列车状况)。

③交接完毕,开钥匙,将主控手柄拉至全常用制动位,将驾驶模式转至 RM 位,门模式转至 MM 位,设置广播,确认时刻表发车时间、列车状态卡,检查驾驶室各指示灯按钮及设备柜开关等,到站台立岗,收到到达司机已下车的通知后,通过对讲机回复。

④出站信号开放,使用 RM 模式出站,在越过出站信号机前通过车载信号系统显示屏显示,确认列车已升级到 ATO 模式或 SM 模式后方可继续运行。如未升级到 ATO 模式或 SM 模式,应按 RM 模式运行到规定信号机;仍未升级到 ATO 模式或 SM 模式,按 ATP 故障处理。

三、中间站折返

中间站折返是指发生特殊情况因线路不能满足列车正常运作或行车调度员根据客流情况调整列车运行方式而使用的在中间车站站台完成折返的一种行车方式。

(一)中间站折返操作程序

(1)当收到行车调度员命令需要启动小交路折返时,司机应认真复诵行车调度员命令,并在司机日志上记录相关调度命令的内容。

(2)及时做好乘客广播:"尊敬的各位乘客,因运营组织需要,本次列车终点站为××站,请各位乘客到站后下车,给您带来不便,我们深表歉意。"

(3)列车到站前,司机应先把"三位开关"打至"手动"位,列车到站后,司机打开下客侧的站台门、车门进行清客,清客后凭站台"好了"信号关门,并根据行车调度员指示执行。

(二)中间站折返安全关键点

(1)小交路折返时,务必确认客室无乘客遗留。

(2)在进入折返线、存车线、渡线时,司机必须认真确认信号、道岔位置是否正确,发现异常,及时停车。

(3)在折返线、存车线需要对标停车时,严格执行"三、二、一车"限速对标。

(4)在折返线、存车线停稳后,与行车调度员共同确认列车是否够位,够位后关钥匙并换端,按行车调度员指示执行。

四、列车转备用、开备用作业

(一)列车在站台线路转备用

(1)列车进入车站,两侧有站台时,司机把"三位开关"打至"手动"位,手动打开下客侧站台门、车门,广播通知乘客及员工本趟列车退出服务。

(2)确认客室所有乘客已下车,凭站务人员显示"好了"信号,关门。

(3)施加停车制动、分主断、分空调,按"折返"按钮,关闭主控钥匙,锁好驾驶室侧门。

(4)从通道门进入客室,检查是否有乘客遗留的物品,到达另一端驾驶室下车。

(二)列车到折返线或存车线转备用

(1)列车到达就近或者相邻车站自动开门后,司机广播通知乘客离开列车。

(2)确认站务人员"好了"信号以及客室内所有乘客已下车,关门。

(3)在有折返信号的情况下,按"折返"按钮,以 SM 模式或 ATO 模式驾驶列车至折返线对标停车。在信号故障的情况下,则以 RM 模式驾驶动车。

(4)施加停放制动、分主断、分空调,关闭主控钥匙,锁好两侧及两端驾驶室侧门。

(5)检查客室是否有乘客遗留的物品,到另一端驾驶室后报告行车调度员,下线路前穿好荧光服,按行车调度员的指示步行出折返线或待令。

(三)备用车投入服务

(1)有折返线的,按规定进入折返线,进入驾驶室,报行车调度员,与行车调度员核对开车车次和发车点。

(2)确认信号开放后,打开主控钥匙,确认驾驶室内各指示灯和显示屏显示正常,通过乘客信息显示系统或远看确认后端通道门关闭。

(3)缓解停放制动,合空调,合主断,打开客室灯(并确认正常开启),按要求打开上客侧车门(在折返线或存车线,则先按行车调度员的指示把列车驾驶至车站,再开门),投入正常服务。

(四)列车开、转备用安全关键点

(1)列车因故需进入就近车站存车线或到终点站退出服务时,司机按行车调度员的指示做好退出服务相关工作,对标停稳,按规定开门后做好清客广播,确认清客完毕、站台岗给了"清客好了信号"后按规定关门。司机向行车调度员确认运行目的地后,凭行车调度员命令及进路信号、车载信号驾驶列车进入存车线或停车场。在进入存车线折返或停车场折返前需检查客室情况,防止误将乘客带到存车线或停车场。

(2)在列车两侧都有站台的车站退出服务,列车使用 ATO 模式折返前需将"三位开关"打到"手动"位,防止列车折返到另一站台时车门、站台门自动打开。

(3)进入折返线或到达折返车站停稳换端后及存车线动车前,必须确认进路防护信号绿/黄灯亮后方可开主控钥匙。

(4)司机在步行进出存车线或折返线前,必须和车站及行车调度员联系,确保人身安全。

五、折返作业注意事项

(1)站后折返时到达司机与接车司机一般实行面对面交接。站前折返一般通过两端驾驶室对讲进行交接(接车司机待清客广播做完后激活驾驶室对讲进行交接)。若遇驾驶室对讲故障则改用对讲机交接班,交接的内容包括:列车、线路、行车相关设备设施的特殊状态,行车调度员命令,其他行车安全注意事项等。

(2)严格按折返程序操作,确认现场所有人员均在安全区域,方可操作"DTRO"开关;确认列车已经启动,整列车出清站台后方可离开。

(3)在列车折返时,必须确认信号开放,驾驶室折返按钮 AR 指示灯闪烁 5s 以上才能激活驾驶台。

(4)列车在折返线发生故障无法动车,行车调度员决定换车时,故障车司机应开钥匙破坏列车自动折返,做好列车防护,按行车调度员指示执行。

任务六 调车作业

调车作业是轨道交通系统运输生产过程的重要组成部分,也是车站(特别是折返站)和车辆段行车工作的一项重要而又复杂的内容。

一、调车作业概述

(一)调车作业的定义

在轨道交通系统的日常运输生产活动中,除列车在车站到达、出发、通过及在区间内运行以外,凡列车进行的一切有目的的移动统称为调车。它包括列车的解编、转线,车辆的取送、调移等。

(二)调车作业分类

1. 按使用设备不同分类

按使用设备不同,调车作业分为平面调车和驼峰调车两种。

轨道交通系统的调车作业属于平面调车,通常在折返站和车辆段范围内进行。在折返站主要是利用站内正线、折返线等线路进行调车作业;在车辆段是利用牵出线和车库线等线路进行调车作业。调车作业的动力通常是轨道牵引车或动车。

2. 按作业目的不同分类

按作业目的不同,调车作业分为解编调车、转线调车和取送调车。

(1)解编调车。解编调车是指根据列车编组要求、列车运行图和有关规章制度及特殊要求,将车辆连挂或摘解的调车作业。

(2)转线调车。转线调车是指将车列或车组由一条线路转往另一条线路。

(3)取送调车。取送调车是指为检修、洗刷车辆(车组)等,向指定地点送或取回车辆(车组)。

由于各场所作业性质不同,完成各种调车作业的比重也不一样。例如,车站(折返站)主要办理转线调车,而车辆段则办理大量不同的调车作业,主要有解编调车、转线调车和取送调车。

(三)调车作业方法

调车作业方法有推送调车法和溜放调车法两种。推送调车法是指将车辆由一股道移到另一股道,在调车过程中不摘车的调车方法。溜放调车法是指推送车辆到达一定速度后摘钩制动,使摘解的车组借获得的动能溜放到指定地点的调车方法。与溜放调车法相比,推送调车法需要的时间较长,但也是一种比较安全的调车方法,因此轨道交通调车采用推送调车法。

(四)对调车作业人员的要求

调车作业人员在运输生产中担负着重要工作,起着重要作用,因此,对调车作业人员有着严格的要求。

1. 岗位要求

调车有关人员在任职、提职、改职前,必须经过身体检查,熟悉《车站技术管理规程》中有关本职工作的基本知识技能和技术安全规则,并经考核合格。属于有技术等级标准的人员,还须按其技术等级标准考核合格。在任职期间,还应定期进行身体检查、技术考核和鉴定,对不合格者,应调整其工作。

2. 纪律要求

(1)调车有关人员于接班前须充分休息,不得做影响接班工作的事情。

(2)各级领导对职工,特别是新职工,应加强安全生产知识和遵守劳动纪律的教育,有计划地组织好在职人员的日常技术业务学习和脱产轮训工作。凡未经技术业务训练和技术考核即任职使用,造成严重不良后果的,要追究领导责任。

(3)调车有关人员必须以对国家和人民极端负责的态度,严格遵守和执行《车站技术管理规程》的规定,保证安全生产。对成绩突出者,应予以表彰或奖励;对违反者,应视其违反程度和造成事故的性质、后果,给予教育、纪律处分或法律制裁。

3. 作业要求

(1)及时完成调车任务,保证按列车运行图的规定时刻发车,不影响接车。

(2)充分运用一切技术设备,采用先进的工作方法,提高调车作业效率,用最少的时间完成调车任务。

(3)认真执行调车作业标准,保证调车作业安全。

为了实现上述要求,调车工作必须遵守《车站技术管理规程》《车站行车工作细则》中有关调车工作的规定,建立和健全各项必要的工作制度。

二、调车手信号

手信号是行车有关人员拿信号旗或信号灯或者直接用手臂显示的信号,用来表达相关的含义,指示列车或车辆的允许和禁止条件。正确使用调车手信号,对保证调车作业安全、提高调车作业效率有着重要作用。

手信号分为徒手信号、信号旗(昼间)及信号灯(夜间)。在昼间遇降大雾、暴风雨雪及其他情况而视野不明朗时,由行车调度员指示,使用夜间信号。任何不明确或不正确的手信号都应视为危险信号,司机必须立即停车;紧急情况下没有任何信号旗或信号灯时,应急剧摇动双手或任何物件以使司机立即停车。

为确保手信号的显示正确和防止误认,行车有关人员显示手信号时,必须严肃认真,要位置适当、正确及时、横平竖直、灯正圈圆、角度准确、断落清晰。

40.调车手信号显示方式

(一)调车手信号及显示

国内一些城市轨道交通系统的调车手信号种类及其显示方式见表3-19。

国内一些城市轨道交通系统的调车手信号种类及其显示方式　　表3-19

序号	调车手信号类别	昼间显示方式	夜间显示方式
1	停车信号	展开的红色信号旗,无红色信号旗时,两臂高举头上,向两侧急剧摇动	红色灯光,无红色灯光时,用白色灯光上下急剧摇动
2	减速信号	展开绿色信号旗下压数次	绿色灯光下压数次
3	指挥列车或车辆向显示人方向来的信号	展开绿色信号旗在下方左右摇动	绿色灯光在下方左右摇动
4	指挥列车或车辆向显示人反方向去的信号	展开绿色信号旗上下摇动	绿色灯光上下摇动
5	指挥列车或车辆向显示人方向稍行移动的信号(包括连挂)	左手拢起的红色信号旗直立平举,右手展开的绿色信号旗在下方左右小动	绿色灯光下压数次后,再左右小动
6	指挥列车或车辆向显示人反方向稍行移动的信号(包括连挂)	左手拢起的红色信号旗直立平举,右手展开的绿色信号旗在下方上下小动	绿色灯光平举上下小动
7	三、二、一车距离信号	展开的绿色信号旗平举下压三、二、一次	绿色灯光平举下压三、二、一次
8	连挂作业信号	两臂高举头上,拢起的手信号旗杆水平末端相接	红、绿色灯光(无绿色灯光用白色灯光代替)交互显示数次
9	试拉信号(连挂号后试拉)	按本表第6项的信号显示,当列车启动后立即显示停车信号	
10	停留车位置信号	—	白色灯光左右小摇动
11	取消信号:通知前发信号取消	拢起的手信号旗,两臂与前下方交叉后,左右摇动数次	红色灯光做圆形转动后,上下摇动
12	道岔开通信号:表示进路道岔准备妥当	拢起的黄色信号旗高举头上左右摇动	绿色灯光高举头上左右小动

(二)徒手信号

管理人员及行车有关人员检查工作或遇列车救援、发生紧急情况,没有携带信号旗或信号灯时,可用徒手信号显示。徒手信号及其显示方式见表3-20。

徒手信号及其显示方式　　表3-20

序号	徒手信号类别	显示方式
1	紧急停车信号(含停车信号)	两手臂高举头上,向两侧急剧摇动
2	三、二、一车信号	单臂平伸后,小臂竖直向外压直,反复三次、二次、一次分别为三、二、一车信号

续上表

序号	徒手信号类别	显示方式
3	连挂信号	紧握两拳头高举头上,拳心向里,两拳相碰数次
4	向显示人方向稍行移动	左手高举伸直,右手平伸小臂左右摇动
5	向显示人反方向稍行移动	左手高举伸直,右手向下斜伸,小臂上下摇动
6	试拉信号	如本表第4项或第5项,当列车刚启动后立即显示停车信号(第1项)
7	好了信号	单臂向列车运行方向上弧线做圆形转动

(三)音响信号

行车作业中采用的音响信号长声为3s,短声为1s,间隔为1s。重复鸣示时,需间隔5s以上。口笛鸣示方式见表3-21。

口笛鸣示方式　　　　表3-21

序号	工作项目	鸣示方式	
1	发车、指示列车向显示人反方向移动	一长声	——
2	指示列车向显示人方向移动	一短一长声	·——
3	指示发车	一长一短声	——·
4	制动机减压	一短声	·
5	制动机缓解	两短声	··
6	取消	两长一短声	————·
7	再显示	两长两短声	————··
8	停车信号	连续短声	······

客车、机车车辆、工程车、轨道车等列车的鸣示方式见表3-22。

客车、机车车辆、工程车、轨道车等列车的鸣示方式　　　　表3-22

序号	名称	鸣示方式	使用时机
1	启动注意信号	一长声 ——	①列车启动或机车车辆前进时。 ②接近车站、鸣笛标、隧道、施工地点、黄色信号、引导信号、天气不良时。 ③在区间停车后,继续运行时,通知车长。 ④列车在检修及整备中,准备降下或升起受电弓
2	退行信号	两长声 ————	列车、机车车辆、单机开始退行
3	召集信号	三长声 ——————	要求防护人员撤回时
4	呼唤信号	两短一长声 ··——	①列车或机车出入车辆段时。 ②在车站要求显示信号时

续上表

序号	名称	鸣示方式	使用时机
5	警报信号	一长三短声 —— ...	①发现线路有危及行车安全的不良处所时。 ②列车发生重大事故、大事故及其他需要救援情况时。 ③列车在区间内停车后,不能立即运行通知车长时
6	试验自动制动机复示信号	一短声 .	①试验制动机开始减压时。 ②接到试验制动结束的手信号,回答试验人员时。 ③调车作业中,表示已接受调车长所发出的信号时
7	缓解信号	两短声 ..	试验制动机缓解时
8	紧急停车信号	连续短声	司机发现邻线发生故障,向邻线上运行的列车发出紧急停车信号时,邻线列车司机听到后,应立即紧急停车

(四)试验列车自动制动机的手信号显示

1. 制动

昼间——绿色信号旗拢起高举,或徒手单臂高举。

夜间——白色灯高举。

2. 缓解

昼间——用拢起的绿色信号旗在下部左右摇动。

夜间——白色灯光在下部左右摇动。

3. 试验完成(或其他作业完成的显示)

昼间——用拢起绿色信号旗做圆形转动。

夜间——白色灯光做圆形转动。

三、调车作业的有关规定

(一)调车作业安全基本原则(调车"八不动")

(1)设置铁鞋防溜时,不拿出铁鞋不动车。

(2)凭自身动力动车时,没有制动不动车。

(3)机车、车辆制动没有缓解不动车。

(4)调车作业目的不清不动车。

(5)调车作业没有联控不动车。

(6)没有信号或信号不清不动车。

(7)道岔开通不正确不动车。

(8)侵限侵物不动车。

(二)调车信号显示制度

调车作业必须按照调车信号机或调车手信号的显示要求进行,没有信号,调车司机不准动车进行调车作业;在作业中,调车司机要时刻注意确认调车作业信号,不间断地进行瞭望,认真执行呼唤应答制,按信号显示要求进行作业。郑州地铁1号线联控用语见表3-23;如遇信号显示不清,调车司机应立即停止调车,严禁臆测作业。

郑州地铁1号线调车作业联控用语　　　　　表3-23

序号	呼叫时机	司机	车辆段/停车场信号楼值班员/车辆段调度员
1	调车作业准备完毕后	①车辆段/停车场信号楼,××车××道(×段)整备作业完毕。 ③××车××道(×段)至××道(×段)调车信号好,司机确认安全后凭地面信号显示动车,××车司机明白	②××车××道(×段)整备作业完毕,车辆段/停车场信号楼明白/×道(×段)至××道(×段)调车信号好,司机确认安全后凭地面信号显示动车
2	调车作业需越过关闭、红(蓝)灯时	①车辆段/停车场信号楼,××车在××信号机前停稳,信号机显示红灯/蓝灯/灭灯。 ③车辆段/停车场信号楼允许××车越过××信号机进入××道(×段),司机明白	②车辆段/停车场信号楼允许××车越过××信号机红灯/蓝灯/灭灯进入××道(×段)
3	调车作业完毕后	车辆段/停车场信号楼,××车在×道停稳	××车在×道停稳,车辆段/停车场信号楼明白
4	调车作业须司机换端时	在规定位置停稳(换端后): ①车辆段/停车场信号楼,××车在×道停稳并换端完毕。 ③×道往×道调车信号好,××车确认安全后凭地面信号显示动车,司机明白	②××车在×道停稳并换端完毕,车辆段/停车场信号楼明白/×道往×道调车信号好,××车确认安全后凭地面信号显示动车

调车作业时,调车指挥人员必须正确及时地显示信号。司机要认真确认信号,并鸣笛回示。没有回示时,应立即显示停车手信号。

(三)车辆连挂的规定

在进行车辆连挂时,调车指挥人员应根据停留车位置的距离,显示三、二、一车(三车约66m、二车约44m、一车约22m)距离信号。调车司机应注意确认三、二、一车距离信号,并鸣笛回示,然后按信号显示要求进行挂车作业。没有三、二、一车距离信号,调车司机不准挂车。调车司机没有鸣笛回示,调车指挥人员应立即显示停车信号。当由于天气不良、照明不足或地形地物的影响,调车指挥人员确认停留车位置有困难时,应派人在停留车的连挂一端显示停留车位置信号。

距离被连挂车辆10m时应一度停车,调车长确认被连挂车辆无作业防护标志,车上、车下无人作业,无侵限的障碍物,两车车钩状态及被连挂车辆防溜良好后,方可指挥司机挂车。车辆连挂后应先试拉,确认连挂妥当后,方可启动。

(四)调车进路的确认

在调车作业中,为了明确调车指挥人员和调车司机的职责,根据作业中所处的位置和所具备的瞭望条件,规定单机或牵引车辆运行时,前方进路的确认由司机负责。推进车辆运行时,前方进路的确认由调车指挥人员负责。如果调车指挥人员所处位置确认前方进路有困难,可指派参加调车作业的其他人员确认。

(五)调车进路的取消

办理调车进路力求正确、及时,不能随意取消,否则可能会造成脱轨等事故,危及行车安全。排列好的进路一旦因故取消(如错误操作导致调车进路排错或调车进路按计划排列好后需停止作业而取消调车进路),应先确认列车尚未启动,通知调车指挥人员和调车司机停止作业并得到应答后,方可关闭调车信号,取消调车进路。

(六)调车允许速度

调车作业要做到安全、迅速、准确,掌握调车速度是关键。进行调车作业的司机必须严格按照行车组织规则等有关规章制度规定的限制速度和调车指挥人员的信号显示操纵机列车,在任何情况下,不准超速作业。调车指挥人员除了注意观速、观距,及时准确地显示信号外,还要准确掌握速度,不准超过规定。若发现司机超速危及安全,必须立即显示停车信号。

在进行调车作业时,应根据不同种类调车作业的特点,准确掌握调车速度。在瞭望困难和天气不良时调车,应适当降低调车速度。在尽头线调车时,距离线路终端应有一定的安全距离(如郑州地铁规定距离线路终端应有10m的安全距离),以防一旦调车速度掌握不当,出现调动车辆与车挡发生冲突的危险。特殊情况下,必须进入安全距离进行调车作业时,调车指挥人员应通知调车司机严格控制调车速度,确保安全。有关调车速度限制,各城市轨道交通企业的行车组织规则中均有规定,须严格执行。郑州地铁关于调车允许速度的规定见表3-24。

郑州地铁公司关于调车允许速度的规定 表3-24

序号	项目	速度(km/h)	序号	项目	速度(km/h)
1	车辆段内空线牵引运行	25	5	在尽头线调车时	10
2	车辆段内空线推送运行	25	6	在停车库内及维修线调车	5
3	调动载有乘客的车辆	15	7	对货位时	3
4	调动装载超限货物的车辆	10	8	接近被连挂的车辆时	3

(七)遇下列情况禁止调车作业

(1)设备或障碍物侵入线路限界时,禁止调车作业。

(2)禁止提活钩及溜放调车作业。

(3)列车转向架液压减震器被拆除且空气弹簧无气时,禁止调车作业(使用工艺转向架除外)。

(4)禁止两列车或工程车在同一条股道上同时移动。

(5)在封锁或接触网停电施工区域禁止安排与施工作业无关的调车作业。

四、调车作业组织

(一)调车作业的领导与指挥

调车作业是一项多工种联合行动的复杂工作,为了安全、准确、迅速、协调地进行工作,及时完成调车作业任务,必须实行统一领导和单一指挥。

统一领导就是在同一时间内,轨道交通系统的调车作业由车站行车值班员或车辆段(基地)调度员统一领导本站(段)的调车作业。所有与调车作业有关的作业人员,必须认真执行命令、指示和作业计划,按调车领导人编制的调车作业计划进行调车作业。

单一指挥就是在同一时间内,轨道交通系统的调车作业计划的执行、作业方法的拟订和布置以及调车列车的行动只能由调车组的调车长负责指挥。在无调车组的情况下进行手信号调车时,可由站长或行车值班员指定在业务知识和指挥技能方面能够胜任的人员负责调车作业指挥。

(二)调车作业计划

调车作业计划是调车的行动依据,调车作业计划由调车领导人编制,以书面形式下达。调车作业计划包括作业车组号、作业线路、作业钩数及作业方法等内容。原则上,调车作业计划应由调车领导人亲自向调车指挥人员传达,以确保调车作业安全,提高调车作业效率。

1. 调车作业计划的布置

调车领导人布置调车作业计划,应使用调车作业通知单。当一批作业(指一张调车作业通知单)三钩及以下时,可不用书面调车单,允许以口头方式布置(包括使用调车无线电话传达),信号楼可口头给一钩干一钩。如遇到一次口头给出三钩,禁止调车。调车作业三钩以上时(不包括三钩),必须给出书面调车单,并执行干一钩划一钩。由于口头布置没有书面依据,为确保作业人员之间协调一致,确保作业安全,有关人员必须复诵。

2. 调车作业计划的交接

为保证在调车作业中正确执行作业计划,使调车指挥人员能彻底了解计划的要求,调车领导人与调车指挥人员必须亲自交接计划。因设备及劳动组织等原因,调车领导人与调车指挥人员不能亲自交接计划时,由主管部门制定交接办法。各站(段)调车计划的具体布置办法应在《车站行车工作细则》中明确规定。

3. 调车作业计划的传达

为正确及时地完成调车作业计划规定的任务和要求,调车指挥人员每次接受调车作业计划后,应根据内容和要求制定具体的调车作业方法,连同注意事项亲自向司机递交和传达;对于其他人员,亦应亲自传达。当调车指挥人员亲自传达有困难时,可指派能胜任的其他调车人员传达或在《车站行车工作细则》内规定。

4. 调车作业计划的变更

变更计划主要是指变更股道、辆数、作业方法及取送作业的区域或线路。随意变更计划,既不安全又影响效率。由于调车作业涉及的因素较多,计划变更是难免的,但变更调车作业计划,常常会因为未传达清楚,使参加调车作业的人员间失去协调而产生差错,甚至造成事故。因此,在调车作业中要变更计划时,应停止调车作业,由调车指挥人员将变更后的计划向调车司机及有关人员传达清楚后,方可继续进行调车作业。如果计划仅做局部变更,也可在保证安全的前提下,允许调车指挥人员用口头方式进行计划变更的传达,有关人员必须复诵。

例如,郑州地铁关于调车作业计划的变更规定:变更计划三钩及以下时,可以由车辆段调度员(信号楼)以口头方式布置;变更计划三钩以上时(不包括三钩),必须重新编制调车作业单。

(三)调车作业注意事项

在办理调车作业进路前,信号楼行车值班员应做到三确认,即确认当时不存在与调车作业有交叉干扰的接发列车和施工作业,确认调车线路空闲,确认调车组准备作业完成。在调车作业过程中,信号楼调车作业监护人员要注意列车运行图规定的接发列车时间,防止调车作业影响出入段列车的运行;注意调车组是否按调车作业计划进行作业,防止车辆错挂、错摘。

在进行调车作业前,要先检查和撤除止轮器。调车作业结束后,必须使列车或车辆停于线路警冲标内,对暂不移动的列车或车辆采取防溜措施。

五、车辆段内调车作业程序

(1)司机听取车辆段调度员讲述相关安全注意事项,并确认现场是否出清,领取调车作业单并签名确认。

(2)在车辆段调度员处领取调车作业单后,到相应股道对列车进行整备作业,并报信号楼值班员;整备作业完毕后,司机与信号楼值班员确认调车进路已排列,动车前确认列车两侧无异物侵限、信号机开放及平交道口安全,方可鸣笛动车。

(3)进入牵出线进行调车作业时,须严格按"三、二、一车"要求控制速度,对标停车停妥后施加停放制动,关主控钥匙并带齐行车备品换端。换端完毕后联系信号楼确认下一钩作业计划情况,得到允许动车的指示后,激活驾驶台,确认调车进路已排列、调车信号机开放后方可鸣笛动车。

(4)在库门口一度停车标前一度停车,确认道口安全后限速5km/h动车入库。

(5)待列车对标停妥后,报告信号楼值班员,施加停放制动、关闭空调、分高速断路器、降受电弓后收车,带齐行车备品下车并将驾驶室侧门锁闭。

(6)向车辆段调度员和段/场副队长汇报作业情况,上交调车作业单。

(7)其他规定参照行车组织规则、车辆段运作手册执行。

六、按调车方式办理折返程序

终点站出现道岔故障时,事故处理主任(车站值班站长担任)组织维修人员进行抢修,抢修期间各次列车按调车方式折返,列车出清后在来车方向的轨道中央设置红闪灯防护(抢修地点前不少于5m),维修人员继续抢修。按调车方式折返的办法适用于站后折返终点站,站前折返车站按站间电话联系法执行。

(一)按调车办理折返程序时的行车组织方式

若地面信号不能开放,则现场人工排列进路,事故处理主任(值班站长)现场指挥动车;若地面信号能开放,事故处理主任(值班站长)现场指挥动车。

(二)行车凭证

(1)行车调度员发布按调车方式组织列车折返的调度命令。

(2)现场事故处理主任(值班站长)的动车指令:

当地面信号不能开放时,调令为:"××至××的进路已排好,××司机可以凭道岔开通好了信号动车。"当地面信号可以开放时,调令为:"××至××的进路已排好,××司机可以凭地面信号动车。"

(3)信号显示。当地面信号不能开放时,折返线内车站工作人员显示道岔开通好了信号;当地面信号可以开放时,地面信号已开放。

以上内容缺一不可。

(三)列车动车条件

司机确认行车凭证满足、道岔开通位置正确、进路上红闪灯撤除,无人员及工器具侵入线路时,方可鸣笛动车。

(四)司机动车前与事故处理主任的联控用语

地面信号不能开放,司机凭事故处理主任的动车指令及折返线内车站工作人员的"道岔开通好了"信号动车。司机与事故处理主任的联控用语见表3-25。

司机与事故处理主任的联控用语(地面信号不能开放时)　　表3-25

呼叫时机	事故处理主任	司机
办理好进折返线的进路	××站往××方向站台司机,往××方向站台至折返线××道进路好了,司机可凭"道岔开通好了"信号动车	××站往××方向站台至折返线××道进路好了,凭"道岔开通好了"信号动车,××次司机明白
办理好出折返线的进路	折返线××道司机,折返线××道至往××方向站台进路好了,司机凭"好了"信号动车	折返线××道至往××方向站台进路好了,凭"好了"信号动车,××次司机明白

地面信号可以开放,司机凭事故处理主任的动车指令及地面信号显示动车。司机与事故处理主任的联控用语见表3-26。

司机与事故处理主任的联控用语(地面信号可以开放时)　　表3-26

呼叫时机	事故处理主任	司机
办理好进折返线的进路	××站往××方向站台司机,往××方向站台至折返线××道进路好了,凭地面信号显示动车	××站往××方向站台至折返线××道进路好了,凭地面信号显示动车,××次司机明白

续上表

呼叫时机	事故处理主任	司机
办理好出折返线的进路	折返线××道司机,折返线××道至往××方向站台进路好了,凭地面信号动车	折返线××道至往××方向站台进路好了,凭地面信号动车,××次司机明白

司机认真确认事故处理主任的动车指示内容,对照清楚是凭"地面信号动车",还是凭"道岔开通'好了'信号"动车。

一般情况下,按调车办理时,不会出现进、出折返线时地面信号都可开放的情况(故障已修复但行车调度员仍命令采用调车方式办理除外)。出现进入折返线凭"道岔开通好了信号",出折返线凭地面信号显示。

(五)安全注意事项

行车调度员向司机发布某终点站按调车方式折返的命令后,列车进该站站台时,以 SM 模式限速 25km/h 鸣笛进站,司机留意列车推荐速度,出现自动停车时马上采取制动。自动停车后与行车调度员联系,按指示执行。

行车调度员向司机发布某站按调车方式折返的命令后,列车进出折返线时,无论是凭地面信号,还是凭道岔开通好了信号,司机均要得到事故处理主任的指示才能动车。

进出折返线时,以 RM 模式限速 15km/h,司机严格确认道岔、进路状态,发现异常立即停车,报告事故处理主任处理。

司机加强与车站现场人员的联系,留意监听对讲机,凭现场事故处理主任的指挥动车,发现危及行车安全或听到停车呼叫时,立即制动停车;再次动车必须得到现场事故处理主任的同意。

采用调车方式进出折返线时,接车司机需到折返线方向驾驶室进行添乘,与到达司机共同确认现场情况(有班组长在场的情况下不需要)。当列车头部越过往折返线方向的所有道岔后,接车司机马上换端。换端后确认行车凭证满足后,才通知后端司机关主控钥匙。(注意:需等待 30s 后,才能激活运行端驾驶台)。

任务七 调试作业

一、静态调试

乘务人员不参与车辆静态调试,需上车学习时,应严格服从调试负责人的指挥;在受电弓升起后,严禁触摸车上的带电设备,谨防发生意外。

二、动态调试

(一)动态调试要求

(1)任何调试作业,调试工作负责部门必须派出技术人员跟车负责监控本专业所属设备状态,确保调试安全。司机须确认调试负责人跟车。

(2)进行调试作业时,应按规定安排具备调试资格的人员参加,调车、调试人员必须经分部相关培训并考试合格后方可安排上岗。调试作业必须安排二级司机以上人员添乘(或车辆段调度员、派班员添乘)。司机应严格执行规章制度、控制好速度,加强瞭望和呼唤应答,认真操作,密切注意、观察设备仪表的状态,遇信号异常或危及行车安全时,应立即采取紧急停车措施,并及时汇报调试负责人及行车调度员或车辆段调度员,听从其指示,确保调试车安全。作业途中停止时,没有调试负责人的指示,严禁擅自动车。

(3)动车前,司机必须确认前方进路无人无物,得到调试负责人的同意,确认有关人员处于安全位置、警示牌撤除、车间电源插头拔下、满足行车条件(动车五要素)后方可鸣笛动车。

(4)调试作业行车工作由司机负责,在调试列车运行过程中,禁止调试人员(含外方人员)擅自动用与行车安全有关的设备设施。需要进行一些影响行车的试验操作(如进行紧急制动试验)需向司机交代清楚并经同意后方可进行。司机在同意试验前需落实好行车安全的事宜。运行中严禁探身车外,严禁飞乘飞降上下车。

(5)调试作业中发生异常情况,司机应立即停车,汇报调试负责人,听从其指示。严禁擅自动车,查明原因后再动车。严禁调试作业人员未经司机、行车调度员同意擅自下车或进入隧道作业。如需要下车或进入隧道作业。司机向行车调度员申请,得到同意后,降下受电弓,由一名穿着荧光衣的司机陪同作业,作业范围不能超出该车占用的线路范围。司机发现违反规定者报行车调度员(或车辆段调度员),动车前必须确认所有人员已上车及车下设备恢复正常。

(6)在调试作业过程中出现车辆、信号故障时,司机应及时向调试负责人汇报,由其进行处理,视其需要给予协助。禁止未经调试负责人同意擅自动用车载设备或进行任何试验操作。

(7)当两端分别安排司机进行调试时,每端至少配备两名司机,锁好非操纵端驾驶室门,取出钥匙放在驾驶台上。两端应加强联系、监控,做到情况不清楚不动车。

(8)列车在调试期间司机需服从调试负责人的指挥,但遇调试负责人提出调试要求超出计划内容时,司机应及时向行车调度员(在车辆段则报车辆段调度员)汇报,得到其同意后方可执行。

(9)遇下列情况时,司机应坚决制止,严禁动车,并将情况报告行车调度员(在车辆段则报车辆段调度员)处理。调试人员(含外方人员)不听劝阻者,司机有权停止作业。

①调试指令违反相关安全规定或规章(如速度超过最高规定)时。

②危及行车安全(如有物品侵入限界、道岔位置不对、超过线路限速规定等)时。

③不具备动车条件(如列车上的设备未恢复正常位置、未进行制动试验等)时。

④无调试负责人在场(只有外方人员的情况)时。

⑤作业计划不清或计划与实际有出入时。

⑥要求调试高速但不够制动距离时。

⑦运行区域超过规定区域时。

(二)正线动态调试的要求

(1)正线进行 URM 模式调试时,应安排具备相关资格的司机/队长添乘,负责监控调试司机操作,确保调试列车运行安全。

(2)调试列车出入段/场按列车办理,司机提前 1h 出勤,认真确认"调试、试验作业任务书"的内容及速度、驾驶模式要求,严格执行行车组织规则、车辆段运作手册、正线调试安全卡控表中的有关内容,并按规定整备列车,确保列车状态符合上正线运行要求。

(3)列车在正线调试时,司机要密切注意列车运行前方的线路状态,严格执行行车调度员命令,听从调试负责人指挥,严格遵守调试的速度和线路限制速度。

(4)正线司机按照调试计划的安排,按行车调度员的命令听从调试负责人指挥,明确调试程序及其安全事项,并在指定的区域进行调试。

(5)列车出段前,司机须检查调试人员到位情况,确认调试区域,明确调试项目、程序及其安全事项。司机接到行车调度员的书面封锁命令时,认真确认命令的内容及注意事项并复诵核对(如线路限速等),核对调试区段是否在封锁区段内。

(6)列车在始发站动车前,司机要与行车调度员共同确认调试进路的开通情况,落实运行进路的终点站。

(7)列车调试时应结合调度命令、按调试负责人指令进行,司机在接到调度命令时应和行车调度员确认调试的行车凭证(如按地面信号行车等)。如行车调度员未明确行车凭证,司机在正线遇到禁止信号时,应在禁止信号前停车,报行车调度员。

(8)每次动车前,司机要得到调试负责人的同意,认真确认信号、进路、道岔,运行时要集中精力,严格按照行车组织规则中规定的速度或按行车调度员限速命令运行。

(9)列车通过曲线半径小于 400m 的线路或限速区段,司机应提前降低速度,严禁超速驾驶。列车在辅助线运行时按规定速度行驶,严禁超速。

(10)在较难确认信号的车站或区间,司机应适当降低速度,直至确认信号显示正确后再按规定速度行驶。

(11)列车在站台、区间临时停车时,司机要将主控手柄拉到全常用制动位,如发生前后溜,应立即按"紧急"按钮以及驾驶台的"停放制动施加"按钮;列车在站台、区间计划停车超过 5min 时,司机应对列车施加停放制动并将方向手柄置"零"位。

(12)列车在两端终点站或在运行中途站折返换端后,司机认真确认进路信号机的显示、道岔位置(无进路信号机、道岔的车站凭行车调度员命令)正确并与调试负责人落实运行进路后方可开主控钥匙,凭调试负责人的指令动车。

(13)调试列车在区间以 ATO 模式停车时,司机要监督好车上调试人员,严禁其打开驾驶室侧门。如有需要打开驾驶室侧门下车,司机应将主控手柄拉到全常用制动位、施加停放制动、报行车调度员后方可同意调试人员下车。

(14)在调试过程中,如调试人员需要下线路检查设备,司机应将方向手柄置"零"位、报告行车调度员,经行车调度员同意后降下受电弓,按下"紧急停车"按钮后方可同意调试人员下车。

(15)调试时,遇列车折返、换端,司机必须施加停放制动。

(三)试车线动态调试规定

(1)试车线调试任务由车辆段备用司机负责。司机接到调试任务时应向车辆段调度员落实清楚调试计划有关内容,包括调试内容、运行模式、速度要求、列车状态及性能等,并在调试负责人的组织下学习"调试、试验作业任务书"并签名确认,在车辆段副队长处领取试车线调试安全卡控表。

(2)司机严格按照规定整备列车,确保列车状态符合上试车线运行的要求。

(3)开始调试前,司机须与信号楼联系,确认试车线已封锁,方可凭调试负责人指令动车。开始调试的第一个往返或调试作业中途停止超过2h需要重新调试时,按10km/h限速进行线路检查及制动力试验。

(4)进行80km/h试验时,任何情况下,列车必须在运行方向的80km/h制动标处至少施加100%常用制动,直至列车停车为止;进行60km/h以上的试验时,任何情况下,列车必须在运行方向的300m标处至少施加100%常用制动,直至列车停车为止;进行40km/h以上的试验时,任何情况下,列车必须在运行方向的200m标处至少施加100%常用制动,直至列车停车为止;列车进入100m标内时限速10km/h,在两端停车标前停车时必须执行"三、二、一车"限速规定。

(5)司机要遵守试车线的行车信号、标志要求,严格控制运行速度。调试机车、车辆接近尽头线及其信号机时须降低速度。试车线列车运行速度的限制见表3-11。

(6)进行列车URM驾驶或进行司机驾驶培训时,列车只能在试车线南北端的100m标区段内运行。特殊情况,需要越过这两个100m标时,须由调试负责人提出,报经车辆段调度员同意后,确认调试负责人签名,限速10km/h进入前方轨道(遇雨雾等天气时禁止进入),严禁越过停车标。

(7)任何情况下都严禁进行无人引导的推进运行,有人引导推进运行(天气不良、夜间严禁推进运行)时按调车办理,限速10km/h并严禁越过100m标。

(8)当列车在试车线运行中出现"空转/滑行"时,司机应及时停车,报车辆段调度员,立即停止该项调试、试车作业,查实情况并落实措施后方可继续进行。

(9)遇恶劣天气(如大雨、暴雨、大雾等),难以瞭望确认线路、道岔、信号等情况时,车辆段调度员应停止调试作业,并通知相关部门负责人。

(10)调试完毕,司机在信号机前停稳后与信号楼联系,信号楼通知车辆段调度员,按其指示排列进路,信号开放后通知司机走行路径、段/场施工情况、股道(区域)停电等情况,司机复诵无误后凭信号动车回库。

任务八 司机薄弱环节控制措施

通过以上任务的学习,我们已经掌握了列车整备、出段、正线运行、站台作业、折返、调车、调试等作业标准,这些操作里有一些属于列车司机的薄弱环节,应重点予以关注。郑州地铁列车司机作业安全薄弱环节控制措施见表3-27。

项目三 司机作业标准

郑州地铁列车司机作业安全薄弱环节控制措施

表 3-27

序号	安全薄弱环节	安全措施
1	正线采用降级模式：IATP、RM、或NRM驾驶列车	①动车前确认"动车三确认（天、地、人）行车三要素（灯、岔、路）"，改变驾驶模式前须得到行调授权，严禁擅自降级驾驶列车。 ②非正常情况下采用RM模式驾驶列车前，须经行车调度员同意，确认进路信号及满足行车条件后才能动车，并及时向行调报告列车运行状态。 ③采用人工模式驾驶时严格控制速度，严禁超速驾驶。以IATP模式驾驶时要比推荐速度低5km/h运行，以NRM模式驾驶时在区间速度不大于45km/h（满足行车安全时可以60km/h的速度行驶）。列车通过道岔进入侧股时限速25km/h，进入限速区段按限速要求执行；遇信号异常及危及行车安全时，及时采取紧急停车措施。 ④终点站及折返信号时，司机报行车调度员司机做好交接班。进入折返线换端时，遇信号开放后，司机须待信号开放后，方可开主控台钥匙，动车前通知交接班司机。 ⑤采用降级驾驶列车在站合开车门前，严格执行"先确认，后呼唤，跨半步，再开门"的作业流程。 ⑥降级驾驶时，严禁学员操纵列车。
2	段/场调车及转线作业	①列车出段及转线前，司机须认真按照司机手册相关规定进行车辆段/停车场信号楼值班员汇报。 ②列车在尽头线调车作业，整备完毕后要做好列车制动试验。遇异常情况及时报告处理，防止列车制动力不足动车后，冒进信号。 ③使用转换轨进行调车作业时，应严格控制调车速度。下雨天要适当降低调车速度，做到早少拉，防止空转行造成制动力不足，冒进信号。 ④推进运行时加强与参与调车人员的岗位联系，认真确认前方进路，严格控制速度。进入转换轨或NRM模式驾驶，须严格控制速度不得超过10km/h，防止空转滑行造成超速。 ⑤列车在段/场内运行时（试车线除外），需要转换为RM模式驾驶时须汇报车辆段调度员。 ⑥司机要掌握段/场内接触网分区的分布情况，严禁列车进入无接触网的区域。 ⑦调车作业应该按照调车信号台灯显示行车，调车作业时段/场内所有蓝灯、红灯均为停车信号。
3	试车线调试	①列车在试车线进行调试前，调车负责人应确认进试车线平交道口的封闭情况，在进入试车线的第一趟要限速10km/h进行线路出清。列车运行经过试车线平交道口时要鸣笛，遇异常情况及时采取紧急措施。试车完毕司机申请回库时，与信号楼值班员须确认车已停在试车线指定信号机前，才能申请回库。 ②下雨天严禁试车进行调试。 ③以NRM模式驾驶试车时，须确认列车的制动性能良好，严格控制好速度，做到早拉少拉，防止空转滑行造成事故。
4	旁路开关使用安全措施	①严格按照司机手册中有关旁路开关的使用说明，司机须得到行调授权，并得到车辆值班员须确认，认真判断，严格掌握旁路开关的使用条件。 ②操纵旁路开关前，认真判断、认真确认，严禁盲目使用旁路开关。

135

续上表

序号	安全薄弱环节	安全措施
5	终点站折返作业	①终点站交接班使用标准用语,及时、准确地将列车状态、行车指示向接车司机交接清楚;接车司机要进行认真的复诵、确认。 ②非正常情况下人工折返时,须执行报行车调度员、在得到行车调度员的同意及确认信号,凭证后进入折返线。换端后司机需要确认进路、信号预好后主控钥匙动车。 ③严格按照终点站的折返程序进行折返作业,折返完毕后注意确认发车时间,按点发车
6	站台作业	①列车在站对标停车后,司机确认列车对标准确,"气制动施加"指示灯亮,ATO模式无须将牵引手柄拉至全常用制动位,确认信号屏与车辆显示屏中站台侧驾驶室门灯,开启中站台侧驾驶室侧门进行作业(如车门未引手柄到位后牵引手柄拉至全常用制动位,司机在列车停到位后开启手柄到位,开启手柄到位,开启手柄侧门进行作业程序)。 ②列车对标停车开门后,DTI显示为15s后开放好了,再开门"的开门作业程序。 ③严禁进路防护执行"先鸣唤,跨半步,再关门",车门;关门时认真确认站台、车门是否夹人夹物,严禁盲目起点。 ④两端终点站,动车前看确认站台人员异常及时停车,关门好后指示灯绿灯亮后再呼车门关好、防止夹人夹物,进入驾驶室确认继电器无响声,车门关好后故障情况报行车调度员开车。 ⑤站台门故障时及时向站台岗报告,并确认站台"好了"信号,动车后故障情况报行车调度员
7	开关站台门、车门作业	①列车停在车窗内,站台门、车门无联锁打开时需手动打开站台门,再开车门,先关车门,再关站台门的程序。 ②严格执行"先鸣唤,后确认,后鸣唤,跨半步,再开门"的作业程序,防止错开车门
8	非ATB折返在折返线停停换端	①列车在折返线停稳后,到达接车司机收到接车信号已开放后方可开放钥匙。 ②接车司机在收到司机已关钥匙的通知后方可开钥匙。 ③RM/NRM模式动车前须得到调的同意
9	非正常行车的组织	①非正常情况下,司机紧记,明确各种情况的调度命令,认真确认的,并确认准确。 ②联锁故障时,认真执行行车调度员的调度命令,并做好记录,以NRM模式驾驶列车。在采用电话闭塞法进折返线前,司机驾驶室确认收到关闭站台门,关闭车门,然后进入驾驶室确认关闭站台门,确认站台人员给出的道岔开通手信号,关闭车门,然后进入驾驶室确认按照信号显示行车。 ③认真接听OCC调度命令,接到故障修复正常目恢复按照信号显示行车的通知后严格按照信号显示行车。 ④非正常情况下动车前须认真确认进路道岔位置正确,并加强与OCC的联系,做到"不懂就问"、"不清就停"。 ⑤出入段/场采用路票行车时,司机注意确认好道岔上的道岔位置

课后习题

1. 列车司机在出勤前应抄写（　　）。
   A. 车辆、线路技术状况
   B. 行车预想
   C. 调度命令、值乘计划和当日行车安全注意事项
   D. 上级通知

2. 列车司机出勤时,以下说法不正确的是（　　）。
   A. 穿着指定的乘务识别服
   B. 携带乘务培训教材
   C. 携带相应的列车驾驶上岗证件
   D. 认真听取和阅读当日运行注意事项和通知

3. 以下不属于司机退勤要求的是（　　）。
   A. 抄写调度命令
   B. 交回行车备品
   C. 汇报运行情况和驾驶过程中发现的车辆故障
   D. 确认下次出勤的时间和地点

4. 下列不属于乘务员交接班内容的项目是（　　）。
   A. 列车表号、车次、车号　　　　　　B. 继续有效的行车调度命令
   C. 车辆的运行情况、技术状态　　　　D. 出入段的时刻

5. 司机交接班时,若遇设备故障或发生事故,以及在规定时间内没有交接完毕,应（　　）。
   A. 交由班组长处理　　　　　　　　　B. 800M 对讲机通信交接
   C. 交由接车司机处理　　　　　　　　D. 随车直至交接和处理完毕后方可下车

6. 列车在驶入正线前,司机必须对列车进行（　　）作业。
   A. 开关门　　　　B. 折返　　　　C. 调车　　　　D. 一次出乘检查

7. 城市轨道交通列车的紧急制动采用（　　）制动方式。
   A. 再生制动　　　B. 电制动　　　C. 弹簧制动　　　D. 气制动

8. 列车尾部没有出清库内线路时,时速不得超过（　　）。
   A. 25 km/h　　　B. 8 km/h　　　C. 5 km/h　　　D. 3 km/h

9. 停车场内作业应以（　　）为优先,其他作业不能影响列车出入停车场。
   A. 调车作业　　　B. 检修作业　　　C. 接发列车　　　D. 洗车作业

10. 段内（基地内）作业时,司机要认真确认前方（　　）,并做好手指口呼。
    A. 车载信号　　　B. 地面信号　　　C. 车辆状态　　　D. 运行计划

11. 到站时,停车精度须控制在（　　）以内,方可按规定开启站台门、车门上下乘客。
    A. ±30cm　　　B. ±40cm　　　C. ±50cm　　　D. ±60cm

12. 车门关闭后,关门指示灯不亮,以下处理正确的是（　　）。
    A. 不用处理,使列车正常运行

B. 列车保持低速运行

C. 进行清客,列车退出服务

D. 按"灯测试"按钮,若灯不亮,确认车辆显示屏上无其他故障信息,继续运营

13. 列车司机接到调度命令时,应(　　),确认无误后执行。
   A. 解决疑问   B. 逐句复诵   C. 确认收到   D. 认真记录

14. 列车运行时,当列车司控器手柄置于"0"位时,列车处于(　　)工况。
   A. 牵引   B. 制动   C. 惰行   D. 匀速

15. 正线的行车组织一般实行(　　)管理。
   A. 行车调度员-司机   B. 车站值班员-司机
   C. 行车调度员-区域调度员-司机   D. 停车场调度员-车站值班室-司机

16. 一般情况下,列车在车站的停站时间不包括(　　)。
   A. 司机开门时间   B. 乘客上下车时间
   C. 司机进出驾驶室时间   D. 司机关门时间

17. 关于司机在正线驾驶列车时的要求,以下描述错误的是(　　)。
   A. 集中精力,加强瞭望
   B. 发生故障时,按要求果断处理
   C. 有人添乘时,司机应无条件做好配合
   D. 接到行调命令时,逐句复诵,确认无误再执行

18. 在信号系统正常情况下,列车可采用(　　)模式驾驶。
   A. ATP   B. ATB   C. RM   D. URM

19. 列车在车站停车后,司机应监视乘客乘降情况,确认车门关好、车门与站台门缝隙正常、(　　)后,方可发车。
   A. 无乘客乘降   B. 无夹人夹物   C. 站台无滞留乘客   D. 有异响

20. 主控手柄有(　　)个位置。
   A. 1   B. 2   C. 3   D. 4

21. 列车无人自动折返模式仅在特定区段使用,一般适用于(　　)。
   A. 站前折返   B. 站后折返   C. 终点站折返   D. 中间站折返

22. 试验列车在试车线规定停车位置停稳后,试车司机应及时告知(　　)列车已停准到位,并进行联控。
   A. 运转值班员   B. 信号楼值班员   C. 试车负责人   D. 乘务班组

23. 进行列车调试时,须安排(　　)名司机上岗,一人为操作员,另一人为监控员。司机要按试验大纲要求操作,严格控制好两端速度。
   A. 一   B. 两   C. 三   D. 四

拓展思考

1. 司机出勤时须携带的证件与行车备品有哪些?

2. 司机报单重点记录哪些内容?
3. 简述司机车辆段退勤的程序。
4. 遇哪些情况司机退勤时须填写行车事件单?
5. 列车整备作业安全的基本原则有哪些?
6. 简述列车整备作业中驾驶室内的检查项目与标准。
7. 列车的常用驾驶模式有哪几种? 各有何特点?
8. 简述列车的出段操作流程。
9. 列车入段时的注意事项有哪些?
10. 简述洗车作业的安全基本原则。
11. 列车运行中如何实现ATO模式与SM模式的互相切换?
12. 简述列车自动驾驶(ATO)模式的特点及操作注意事项。
13. 列车到站对标停车及开门有哪些要求?
14. 列车广播系统的功能有哪些?
15. 列车折返作业的注意事项有哪些?
16. 调车工作是怎样分类的?
17. 调车工作对调车人员的调车工作要求有哪些?
18. 调车时速度有何限制?
19. 简述列车试车线动态调试的规定。

项目四

非正常情况下的操作与处理

项目说明

非正常情况是相对于正常情况而言的,主要是指由于特殊天气、火灾、行车事故、突发事件、运行秩序紊乱等不能继续采用正常情况下行车组织方法组织轨道交通行车。在非正常情况下司机要沉着、冷静,按照操作流程处理,尽量避免在薄弱环节上出现问题,防止事态进一步扩大。

本项目要求学生掌握反方向运行、推进、列车退行、恶劣天气、列车清客、各种突发事件的操作与处理。

项目目标

▶ **知识目标**

1. 掌握反方向运行、推进、列车退行等特殊情况下的操作程序与处理方法;
2. 了解大风、雨、雪、冰、霜、雾等恶劣天气下列车的运行与处理方法;
3. 熟悉列车清客的相关规定、作业程序及注意事项;
4. 掌握各种突发事件的应急处理办法。

▶ **能力目标**

1. 能够处理反方向运行、推进、退行等特殊情况下的行车;
2. 能够比较出大风、雨、雪、冰、霜、雾等不同恶劣天气下行车的区别和联系;
3. 具备应对列车非计划清客的能力;
4. 具备应对行车中各种突发事件的能力。

▶ **素质目标**

1. 具有发现问题、解决问题、处理问题的能力;
2. 养成临危不乱、从容应对的职业行为习惯;
3. 养成举一反三、触类旁通的职业技能和素养。

建议学时

14 学时。

任务一 特殊情况下的操作与处理

一、反方向运行

各城市轨道交通系统在行车组织规则中对双线区段线路均规定了上行、下行列车运行方向,对应规定了上下行线。正常情况下上行方向列车在上行线运行,下行方向列车在下行线运行,即双线正方向运行。

反方向运行是指在双线单向运行的区间因某种需要,按有关规定临时组织列车在线路上与规定方向反向运行的情况。

41.列车反方向运行及推进运行

(一)反方向运行的条件

环线行车、开行救援列车或行车调度员进行运行调整等时,可组织列车反方向运行。通常,在正方向区间的线路封锁施工、发生自然灾害或因事故中断行车等特殊情况下,经行车调度员准许可反方向运行。

列车反方向运行应按规定程序进行审批。专运列车反方向运行必须得到公司主管领导准许,客运列车反方向运行必须得到值班主任准许,方可以行车调度员的调度命令下达执行。同时,相应运行区段变更闭塞方式为电话闭塞,办理发车和接车进路,司机须确认行车凭证(路票)后,根据综控员的发车手信号发车。行车调度员应对反方向运行列车重点跟踪、调度指挥,确保行车安全。

(二)反方向运行时司机的操作

(1)接收行车调度员的反方向运行命令。注意调度命令的复诵和记录。

(2)反方向运行时,需要切除 ATP 对列车的控制,因此列车发车前,司机应将"ATC 旁路"开关置于"旁路"位(图 4-1),模式选择"非限制人工驾驶"模式。

(3)司机接到综控员发放的行车凭证(路票)后,确认列车具备启动条件,看发车手信号启动列车。

(4)运行中要加强瞭望,按规定鸣示音响信号,速度不得超过 35km/h。

(5)进站前要适时采取制动措施,凭综控员的引导手信号进站,进站速度不得超过 25km/h,并做好随时停车的准备。无引导手信号时要将列车停于车站外侧。

(6)重新领取路票前往下一个区间。

图 4-1 "ATC 旁路"开关

二、列车推进运行

一般情况下,列车编组时,两端均有驾驶室,在列车尾部驾驶室操纵列车按线路规定方向运行或救援列车推送被救援列车运行为推进运行。列车进入正线运行往往要求正向牵引,但遇到正向前部驾驶设备故障、列车救援或车辆段调车作业时,可采用推进运行。

(一)列车推进运行时应遵循的规定

(1)列车推进运行,必须得到行车调度员的命令准许,必须有引导员在列车前端驾驶室引导。无人引导时,禁止推进运行。

(2)因天气影响,难以辨认信号时,禁止列车推进运行。

(3)在3‰及以上的下坡道推进运行时,禁止在该坡道上进行停车作业,并注意列车的运行安全。

(4)列车推进运行的限速要求按行车组织规则的规定执行。

(二)列车推进运行时司机的操作(以双司机为例)

(1)两名司机确认列车当前已不能使用前端操纵台时,立即向行车调度员汇报。

(2)得到行车调度员准许后,广播通知清客。

(3)清客完毕后,司机关断前端操纵台,切除操纵端ATP设备,副司机前往尾端驾驶室。

(4)司机确认好行车命令、出站信号机的行进显示后,使用对讲装置通知尾端司机进行列车激活作业。

(5)尾端司机激活尾部操纵台后,通知前端司机做好推进准备工作。

(6)前端司机在得到尾端司机的通知后,再次确认出站信号机的行进显示,通知尾端司机开始推进。

(7)尾端司机操纵司控器手柄逐级牵引列车推进运行,速度不得超过30km/h。列车的牵引、惰行、制动凭前端司机的指令操纵。

(8)前端司机应认真确认线路、信号、道岔状态,遇紧急情况,果断采取紧急停车措施;停车后立即向行车调度员说明情况,经妥善处理后方能继续运行。

推进运行的操作须由两名司机合作完成,在推进运行过程中必须严格执行呼唤确认信号制度,前后司机保持不间断联系。若列车为单司机运行,前端司机的工作由引导员担任。

三、列车退行

列车在区间因自然灾害、线路故障、坡停等不能继续向前运行而退行至最近车站,或列车部分或全部车厢越过站台需退到站台内办理乘降作业称为列车退行。列车退行可以推进或牵引运行。

(一)列车退行时司机的操作

退行时,列车的运行方向与原运行方向相反,是一种非正常情况下的操作,司机须与行车调度员或相关站综控员联系,得到准许后,方可进行。

(1)司机判断列车需要退行时,利用车载电台或手持电台与行车调度员或相关站综控员联系。

(2)得到准许后,司机通过广播向乘客播放关于列车退行的通知。

(3)司机将驾驶模式转换至RM位,切断地面信号系统对列车的控制,将"方向选择"开

42.列车退行及冒进信号

关置于"后"位,以不超过15km/h的速度将列车退行至规定位置。

(4)退行列车到达车站后,司机应及时向行车调度员报告,根据行车调度员的命令进行下一步处理。

(二)列车退行时的注意事项

退行时,司机须确认列车性能是否良好,动车前,确认接收到行车调度员的授权,切不可私自操作。

列车退行进入车站时,车站接车人员应在进站站台端显示引导信号。列车在进站站台端外必须一度停车,司机确认引导信号正确方可进站(后端推进退回车站难以确认时,车站应做好站台防护工作)。

一般情况下,车载ATP系统对列车退行有距离限制。当退行的距离接近限定值时,列车会自动触发紧急制动。如果这时列车还未退至规定位置,司机需要再次启动列车退行。列车退行的距离限制可以被预先设置,允许不同的城市轨道交通运营企业根据线路情况进行不同的规定。

四、列车冒进信号

列车冒进信号是指在未经授权的情况下,列车前端任何一部分越过进路防护信号机显示的停车信号。产生冒进信号后,司机应立即向行车调度员报告,再根据其指示处理。

实际运营过程中,行车调度员收到司机列车冒进信号的报告后,应根据列车冒进防护信号机的实际距离及线路情况决定列车是否退回或继续运行,灵活处理。一般情况下,末班车或乘客无返乘条件的列车发生冒进出站信号机时,应组织列车退回站内规定位置。

在ATP系统的安全防护下,列车不可能产生冒进停止信号。若信号显示红灯,列车将在无限接近信号机时被强制紧急制动,从而实现对闭塞区间的防护。司机在驾驶列车运行时应时刻高度集中注意力,防止冒进信号的产生。

五、列车对标不准

当列车头部已进入站线、存车线、折返线,但未到停车标自动停车(不含紧急制动)时,司机确认运行前方无异常后,自行改用ATP模式动车对位后报行车调度员。

运营列车进站越出停车标但未越出停车标5m时,司机自行改用ATP模式退行对标,站台作业完毕出站后报行车调度员。

非末班车的运营列车在非终点站进站越出停车标5m时,司机报告行车调度员,经其同意后继续运行至前方站停车。行车调度员应及时通知本站及前方站做好客运服务工作。

末班车的运营列车越出停车标5m时,司机报告行车调度员,经其同意后切除ATP,以NRM模式退行对标。

运营列车进入终点站越出停车标5m时,司机报告行车调度员,行车调度员须在后方车站扣停(紧急情况下须在区间扣停)后续列车后通知司机切除ATP,以NRM退行对标。

列车发生错误开门上客时原则上不清客并投入载客服务;当运营列车越站或清客时,司机应及时广播通知乘客。

六、列车越站及迫停

行车工作中,车辆、设备故障,事故及客流突变等原因造成运营晚点或特殊需要时,准许列车越站。末班车无返程条件时,原则上不得越站。原则上不准连续两列及以上载客列车在同一车站越站。列车需越站时,行车调度员应及时通知司机及相关车站。

遇列车迫停于区间,超过5min仍无法与行车调度员取得联系时,司机在确认前方进路安全且无道岔时限速10km/h运行至前方车站后报告行车调度员。

七、接触网悬挂异物

在大风天气下,一些较轻的物体容易被风吹起,悬挂于接触网上。接触网上悬挂的异物有可能影响列车正常行驶,需要动员各方面力量,尽快清除。在清理接触网异物的过程中,应特别注意人身安全问题,避免被高压电击伤。

接触网悬挂异物按性质可分为轻飘物体和较大物体。常见的轻飘物体主要有小型、轻薄、容易熔化的塑料袋及较短的丝带类绳带物,常见的较大物体主要有较大塑料袋、气球以及较长的尼龙绳、麻绳等相对粗重的绳带物。

接触网悬挂异物按悬挂位置一般可分为承力索处悬挂物、吊弦处悬挂物、接触导线处悬挂物。

接触网悬挂异物按对行车的影响可分为对列车运行无影响和有影响两种。悬挂于承力索和吊弦位置处的轻飘物体,如果体积较小、长度较短、没有触及接触网导线,不容易缠绕在受电弓上,对行车没有影响;承力索和吊弦位置处的悬挂异物,如果体积较大、长度较长、相对较重并且触及接触导线,或是接触导线上的悬挂物,就容易缠绕在受电弓上,对行车造成严重影响。

司机在列车运行过程中发现运行线路的接触网上有异物悬挂时,应减速进行确认,难以确认时,应停车,确认清楚异物悬挂位置和悬挂状态,判断是否影响行车。确认完毕后立即向行车调度员报告,报告内容主要有:接触网悬挂异物的确切地点,如具体的车站、区间位置;悬挂物的类型、特点、悬挂位置及是否影响行车;根据对本列车行驶的影响,计划采取的处理办法等。

接触网悬挂异物时司机的处理:

(1)接触网悬挂物不影响行车时。如果经确认,司机可以断定接触网悬挂异物不影响行车,向OCC行车调度员报告后,列车按正常速度通过。

(2)接触网悬挂物影响行车时。司机确认接触网悬挂异物影响行车时,向OCC行车调度员报告后,可采取如下办法:

①滑行通过。降低速度,降弓滑行通过异物悬挂地点,再升弓,按正常速度运行。

②不能滑行通过时。如果列车位于长大坡道处,滑行时很容易造成制动失效,使列车失去控制,这时就需要停车待异物清除后再继续运行。

八、列车发生前溜/后溜

若溜动在开门前出现,司机应立即采取停车措施(优先顺序:拉快制、按紧停、施加停车制动),待列车停稳后立即报行车调度员,按行车调度员的指示执行。

若溜动在开门后出现,司机应立即上车,采取停车措施(优先顺序:拉快制、按紧停、施加停车制动),通知车站,确认车门与站台门之间无夹人夹物,关好站台门、车门,报告行车调度员并按其指示执行。

车站维持好站台秩序,确认站台安全后,给司机"好了"信号。

若溜动在 DTRO 自动折返时出现,则马上开启主控钥匙,破坏折返。若继续溜动,立即施加停放制动。列车停稳后报行车调度员,按行车调度员的指示执行。

九、运营期间接送施工人员进出隧道泵房施工作业

(一)送人进泵房

司机在接到行车调度员的命令要求送人进入隧道泵房时,必须明确隧道泵房的位置、上车人数等事项。

在作业人员上车前,司机必须认真确认上车人员的身份、人数,记下其员工号码后方可允许其进入驾驶室。如作业人员超过 2 人,司机应要求其他作业人员在客室内待令。司机必须在完成自身站台作业程序后方可进行配合作业,防止违反站台作业程序,造成对正线运营的影响。

司机在确认人员及工器具上车完毕,并与作业人员了解作业地点后,以 SM 模式动车,在接近泵房地点时控制好速度,在泵房前必须停车,停车位置离泵房 10m 左右为宜,防止列车越过泵房。

司机停车后要做好临时停车广播,在确认作业人员及工器具进入泵房安全区域,作业人员发出"好了"信号后确认线路,线路安全后马上鸣笛回示,并以 SM 模式动车,列车越过泵房后再转换 ATO 模式运行。

(二)接人出泵房

司机在接到行车调度员的命令要求接人出隧道泵房时,司机必须明确隧道泵房的位置、上车人数等事项。

在泵房所在区间司机以 SM 模式驾驶,在接近泵房时控制好速度,作业人员在泵房区域向司机显示停车手信号。司机在泵房之前必须停车,停车位置离泵房 10m 左右为宜,防止列车越过泵房。

司机停车后要做好临时停车广播,确认作业人员身份、人数,记下其员工号码后方可允许其进入驾驶室。如作业人员超过 2 人,司机应要求其他作业人员在客室内待令,避免对司机的作业造成影响。

司机确认线路安全后马上鸣笛回示并以 ATO 模式动车。

列车到达站台时,司机必须在完成自身站台作业程序后方可进行配合作业,防止违反站台作业程序,造成对正线运营的影响。

(三)注意事项

司机必须与行车调度员共同确认进入泵房的人数及其身份,司机必须掌握隧道内公里

标的指示及线路特点,作业人员必须在司机的视线范围内进出泵房。

司机在送人进入泵房时,因各种原因造成列车越过泵房区域时,严禁后退,严禁作业人员下车。司机将列车继续开往下一站,并要求作业人员坐车返回上一站,司机将情况汇报行车调度员。

司机在接人出泵房时,因各种原因造成列车越过泵房区域时,严禁后退。如能与作业人员联系,则要求作业人员不要上车,司机确认安全后,将列车继续开往下一站,同时将情况汇报行车调度员。

十、隧道内线路积水

发现隧道内线路积水时的处理程序如下:

(1)司机及其他行车有关人员在运行中发现区间防水管漏水、地面水灌入及不明原因积水时要立即向行车调度员报告。

(2)首发司机根据水势和消防水管是否明显移位等情况,确认是否可以通过(积水区段行车按行车调度员要求执行。列车进入积水区间的速度规定:当积水浸到轨底时,该区段限速 25km/h。当积水浸到轨腰时,该区段限速 15km/h。当积水漫过轨面时,原则上列车不准通过积水段。若必须通过,须限速 5km/h)。

(3)后续列车按限速要求通过,并确认消防水管状态、漏水量和区间线路纵断面最低处积水情况。

(4)遇区间停车时,及时播放车厢广播安抚乘客。

(5)抢险完毕后,恢复正常的驾驶模式行车。

任务二 恶劣天气下的运行与处理

一般情况下,风、雨、雾、雪、霜仅对地面线及高架线的操作运行造成影响,不会对地下线有较大影响。因此,下面主要针对地面线及高架线的操作进行介绍。

大风天指大风影响正常行车的天气。雨天指下雨影响正常行车的天气。雾天指能见度低于 100m 时的浓雾天。雪天指下雪持续时间过长以致影响正常行车。霜天指轨面结冰厚度已经影响正常行车的天气。

43.恶劣天气下的运行及处理

在停车场及地面线路运行中遇恶劣的大风、雨、雾、雪、霜等特殊天气,影响行车安全时,司机应及时向行车调度员或相关站行车值班员报告;司机应在乘务长/司机队长的统一组织下严格听从行车调度员、信号楼的命令并遵照执行。

一、大风天

大风是一种灾害性天气,给人们的生活带来许多不便,严重时还会造成巨大的生命财产损失。大风灾害四季均有,频率高、范围广、灾情重,冬春季主要以寒潮大风为主,伴有强烈的降温。大风可颠覆车辆,使列车脱轨,或使之失控和停驶。大风还可能刮起异物到车辆限界内,影响列车正常运营。

(一)大风天案例

2020年3月18日下午,北京局部地区遭遇10级大风,北京地铁房山线良乡大学城西站的顶棚被大风吹掀,所幸未造成影响运营和乘客人身安全的事件。2022年7月12日15:00左右,受局部强对流天气影响,宁波轨道交通3号线锦寓路站A出入口顶棚覆盖层被强风掀起受损。经核实,现场没有人员伤亡,现场工作人员第一时间启动应急预案,临时关闭该出入口,车站工作人员引导乘客前往其他出入口进出。广州地铁4号线车辆段控制中心使用的自动气象站可以实时显示资料,报警系统可以"捕捉"风力强度。当风力达到6级时,系统会自动预警,不断提醒司机加强瞭望,密切观察轨行区是否有杂物影响列车运行;当风力达到8级时,高架线及地面线列车采用人工驾驶模式,限速60km/h运行;风力达到9级时,相关区段高架线路的列车马上扣停(原则上列车扣停在车站),车站做好停运的准备工作。

(二)大风天司机的操作与处理

列车在运行中遇大风恶劣天气,危及行车安全时,司机应及时与行车调度员或相关站行车值班员联系,接到通知后,按其指示行车。

当突遇大风,司机未接到通知时,应立即采取减速措施,必要时立即停车,并及时将情况报告给行车调度员或前方站行车值班员。

大风天的限速要求见表4-1。

大风天的限速要求　　　　　　　　　　　　　　　　　　　　　表4-1

风速	运行线路区段	列车运行限制
9级及以上大风	风力波及线路区段或行车调度员通知的范围	停止运行
8级大风	风力波及线路区段或行车调度员通知的范围	以不超过25km/h的速度运行
7级大风	风力波及线路区段或行车调度员通知的范围	以不超过60km/h的速度运行

二、雨天

雨天对安全行车的影响是巨大的。雨天时,司机的视线受阻;轨道黏着力变小,若不能正确控制列车牵引和制动就会造成车轮打滑;雨天还有可能造成正线地势较低处的部分电缆被水浸泡,造成电缆局部短路打火,影响电网正常供电。另外,雨天还会造成城市轨道交通客流激增,这对客运服务也提出了极大的挑战。

(一)雨天案例

2011年6月23日,北京出现了特大暴雨,北京地铁各线运营都遭遇了极大挑战,并且有部分线路运营受到影响。

16:33,地铁1号线古城车辆段与运营正线的联络线洞口积水猛涨,有少量雨水进入正线。为防止雨水淹没接触轨,地铁公司对 1 号线部分线段采取接触轨停电措施,列车采用小交路运行。

同日,在地铁 13 号线西直门站,正线一列车在出站口地势较低处的部分电缆被水浸泡,造成电缆局部短路打火。17:40,地铁公司采取西直门至大钟寺区段接触轨停电措施,13 号线维持知春路至东直门双向运营。

(二)雨天时司机的操作

司机在雨天操作列车时应时刻观察线路情况并保持与行车调度员的联系,发现影响行车时应立即上报,不应贸然行车。当雨大影响视线时,司机应通过呼唤应答确认线路情况,保证列车正常运行。

司机在使用司控器手柄进行牵引,出现打滑时应立即将手柄置于"惰行"位,待速度正常时再重新使用手柄进行低级位牵引。在使用司控器手柄进行制动时,要适当延长制动距离,应时刻警惕打滑现象。当出现打滑现象时不应使用"紧急制动"按钮,应使用低级位常用制动将速度控制好,视实时速度,根据情况追加或缓解,确保在规定位置停车。

司机驾驶列车通过线路上的岔区时,应提前减速并观察信号显示灯光、道岔位置是否正确。

在列车运行过程中发现积水漫过道床排水沟时,如接触轨能正常供电,司机应以能随时停车的速度运行,并及时将情况报告给行车调度员或车站综控员。

遇水灾造成路基塌陷、滑坡等危及行车安全的事件时,司机应立即停车,将情况如实报告给行车调度员,按其指示行车。

三、雾天

雾天能见度下降、瞭望距离不足,影响司机的观察和判断,如图 4-2 所示。司机在雾天行车时更应小心驾驶。

某大雾天气,地铁 13 号线立水桥—霍营、上地—五道口两区段行车受到影响,能见度仅二三十米,司机不得不停下车瞭望信号,造成早高峰部分列车晚点,大量乘客滞留车站。早高峰时段的 8:10—8:50,回龙观站和立水桥站分别进行了临时封闭,站前广场最多时挤满了上千人。

雾天时,司机在出车之前应准确地判断大雾天当日的能见度,做到心中有数,能见度越低,驾驶时越要提高警惕。

四、雪、霜天

大范围降雪和降霜可能会导致尖轨滑床板冰冻,尖轨与基本轨无法密贴,接触轨冰冻无法与受流器接触造成列车无电,钢轨冰冻造成车辆牵引制动受影响、乘客摔伤等。大雪天还会导致能见度下降、司机视线受阻,以及轨道黏着力变小,车轮易打滑。图 4-3 为雪天时地面线轨道情况。

项目四 非正常情况下的操作与处理

图 4-2 雾天时地面线轨道情况

图 4-3 雪天时地面线轨道情况

(一)雪、霜天时司机的操作

司机在雪天、有冰霜的天气操纵列车时,应时刻观察线路情况并保持与行车调度员的联系,发现影响行车时应立即上报,不应贸然行车。

从停车库出车时,司机在确认降雪厚度不超过接触轨但超过走行轨时,应立即与段、场信号楼联系,待轨面出清后方可动车。

列车启动时,司机控制牵引各级位要顺序操作,严格遵守"逐级牵引"的要求,防止发生空转;如发生空转,司机应及时将司控器退回"惰行"位,空转结束后方可继续操作运行。

在使用司控器制动时,司机应时刻注意打滑的出现。在接近下坡或将要进站时,司机应提前采用小级位制动,防止打滑的出现。

在雨、雪、冰、霜等易发生车轮打滑的天气,列车从高架站、地面站出站时,司机应合理使用司控器手柄进行牵引,平稳启动列车以免造成车轮打滑。进站时,司机应时刻注意站前200m标所在位置,当看到200m标时,应采取制动措施。当列车到车站尾端墙时车速应控制在 35~40km/h 范围内,以防冒进信号事故的发生,保证列车平稳、准确地停于站内停车标处。

雨、雪、冰、霜天时在地面线运行的列车应关闭电制动。

例如,在未达到限速的情况下,雨天或轨道湿滑时,广州地铁规定:4 号线司机在受影响线路立即以 SM 模式限速 75km/h 运行并报告行车调度员;5 号线司机在受影响线路立即以 SM 模式限速 60km/h 运行并报告行车调度员;密切注意与前行列车的安全距离大于 700m,行车调度员、车站须共同监控列车运行间隔,避免一个进路内有两列车运行。

(二)瞭望距离不足时司机的操作

雾天、雨天和雪天都有可能造成司机在驾驶列车运行时瞭望距离不足。

列车在地面线路运行遇特殊情况,瞭望困难时,司机应及时将情况报告行车调度员或相关站综控员,必要时开启前照灯,适时鸣笛,适当降低速度。当看不清信号、道岔时,宁可停车确认也不可盲目臆测行车。

司机在驾驶瞭望困难条件下应参考线路条件,遵守限速要求。

例如,广州地铁在驾驶瞭望困难时规定:能见度小于 50m 时,限速 25km/h;能见度小于 100m 时,限速 45km/h;能见度小于 200m 时,限速 60km/h。

北京地铁某条构造速度80km/h的线路瞭望距离不足的限速要求见表4-2。

北京某条构造速度80km/h的线路瞭望距离不足的限速要求　　　表4-2

司机驾驶瞭望条件	列车运行限速(km/h)
瞭望距离不足100m	50
瞭望距离不足50m	30
瞭望距离不足30m	15
瞭望距离不足5m	立即停车,与行车调度员或车站行车值班员联系,按其指示办理

在瞭望距离不足的条件下行车时,司机必须规范呼唤应答的执行标准,一定要集中注意力,在通过岔区时应提前减速并观察信号显示灯光、道岔开通位置是否正确,确保信号、道岔正确;按标准使用车载电台或手持电台与行车调度员或综控员随时保持联络呼唤,报告当前的情况,以保证安全运行;在保证安全、正点的前提下,注意行车速度,以不高于规定速度运行;在运行中多鸣笛、鸣长笛进行警示,接近信号机时要慢,控制好列车速度,随时准备停车。

列车在进行折返作业时,司机应将列车速度控制在20km/h以下。当确认信号、道岔位置正确后,司机经呼唤应答方可动车。

各班乘务长应密切注意运转室ATS显示车辆所在位置并通过车载电台、手持电台时刻与各车司机保持联系,以保证安全、正点地完成运营任务。

任务三　清客作业

一、清客的定义及分类

清客分为计划性清客和非计划性清客。

计划性清客是指乘客在上车前即得知本趟列车运行服务的终点站,需要清客后进行折返或退出服务。计划性清客的特点是乘客事先知情。

非计划性清客是指在列车运行中,设备故障或发生突发事故、故障等,使列车无法继续运营服务需要清客退出服务,或者由此引起需要使用降级运营以保持有限的客运服务而采取的必要的列车调整措施。非计划性清客的特点是乘客事先不知情。

非计划性清客时,行车调度员向司机和车站人员发出指令,强行让某一列车的乘客在非目的地站下车,乘客在非个人意愿的情况下被迫离开列车,在站台重新等候下一趟列车或直接离开车站改乘其他交通工具到达目的地。

引起非计划性清客的原因可能是列车在运营过程中发生设备故障、突发意外情况(如火灾、列车脱轨等)、降级运营组织(如临时采用小交路运行)等。下面仅讨论非计划性清客。

二、清客规则

当遇列车救援、小交路运行、单线双方向运行等特殊情况时,需组织相关列车清客。原则上由主任调度,根据现场情况决定是否清客。

清客作业是运营应急处理和降级运营时的重要调整手段,处理不当不仅会带来乘客的投诉、影响城市轨道交通的品牌形象,更与"安全第一"的运营宗旨相悖。因此,组织清客必须遵循既定规则,以便降低该作业中存在的风险。

(一)清客的授权

清客前必须获得行车调度员的授权,除非在非常紧急的情况下或接触轨(接触网)发生故障导致电力中断,致使乘客安全受到威胁或司机与OCC无法联系时。

(二)清客地点

在条件允许的情况下,司机应尽可能将列车驶到下一站或指定的站台进行清客,避免在区间清客。

(三)牵引电流

若清客作业在站台进行,人员直接在站台疏散,不需要进入轨道区间,则不用关断牵引电流;若在区间清客且采用接触轨供电的线路,在清客前行车调度员必须通知电力调度员关断清客区间的牵引电流。

(四)参与清客的工作人员

在没有车站员工协助的情况下司机不得开始清客。除非情况极其紧急(如乘客安全受到威胁),或牵引电流发生故障导致环境迅速恶化。

值班站长在接到行车调度员关于清客的通知后,应指派一名车站员工到列车现场执行清客程序,并且应最少由一名员工陪同前往,即至少应有两名车站员工协助司机进行清客。

(五)清客的装备

协助清客的员工应尽可能带上手提灯、扩音器和手持电台(无线电对讲机),如图4-4所示。

a)扩音器　　　　b)手持电台

图4-4　协助清客携带的设备

任何员工或乘客进入隧道前,都必须确保隧道灯是点亮的。在隧道内清客期间,为确保乘客安全,必须将鼓风扇(图4-5)关掉。

图 4-5　鼓风扇

(六)清客的方向

乘客下车后,司机或车站人员应指挥乘客利用清客后停定的列车作为保护,朝正常的行车方向步行前往下一站;除非列车与前方车站距离太远或情况极其紧急(如停在区间的列车失火或冒烟),可前往行车调度员指定的其他站台。

为防止乘客偏离清客路线或被障碍物绊倒,必须安排员工驻守在下列地方:

(1)道岔及交叉口。

(2)隧道口。

(3)其他有潜在危险的地方。

(七)清客期间的行车限制及特殊规定

在区间进行清客期间,行车调度员安排以下轨道不得行车:

(1)乘客下车后途经的轨道。

(2)乘客可经由隧道门或交叉口进入的轨道。这项行车限制持续有效至完成清客,并证实所有乘客已撤离轨道。

若非情况紧急,伤残人士(如轮椅使用者)应留在车厢内,待列车驶到安全位置再下车。司机凡得知车上有伤残人士,必须向行车调度员报告。如需立即救出伤残人士,必须迅速通过行车调度员通知紧急救援人员。必要时可调派额外人手或要求自愿协助的乘客陪同伤残人士留在车上。

(八)清客完毕后的处理

区间清客时,下车乘客抵达指定车站时,须由员工指示沿站台两端的台阶前往站台,以便加快乘客撤离轨道的速度。

列车完成清客后,相关车站必须安排两名车站员工巡查所有下车乘客可能经过的轨道区段。这两名员工必须按正常行车方向,由后方车站走至前方车站,确保区间内已无任何乘客或障碍物,然后向出发车站的值班站长汇报巡查结果。

三、清客程序

是否需要清客、何时开始清客是由行车调度员决定的。行车调度员需根据司机报告的

现场情况,慎重考虑以下情况,以决定是否需要清客:

(1)事故的成因。

(2)车厢内的情况。

(3)列车何时能恢复行驶。

(4)乘客的安全。

(5)任何其他相关的因素,如乘客恐慌。

何时开始清客也是一项非常重要的工作,尤其是在紧急情况及车上环境急剧恶化的情况下。倘若停下的列车情况紧急,行车调度员可以授权司机在车站人员抵达前紧急清客。

若列车被迫停在两个车站之间没有空调已达10min,司机必须通过广播指示乘客打开紧急通风窗,改善通风情况。打开紧急通风后的列车仍可继续载客,行车调度员应在某一个合适的车站安排员工关好紧急通风窗。

四、清客作业过程中司机的工作

司机在接到行车调度员关于清客的命令后,首先应当定时通过广播系统向乘客播有关消息,安抚乘客情绪,观察乘客的状况,有异常情况立刻向行车调度员报告。在等待清客开始的过程中,若列车停在隧道内而没有空调已达10min,司机必须通过广播指示乘客打开紧急通风窗,以改善车厢里的通风情况(注意:牵引电流中断时,列车上的空调设备将会自动关闭,蓄电池能维持短暂的紧急通风和照明)。

司机应根据当时列车的载客情况,估计清客的疏散速度。估计清客的疏散速度如下:最快速度是每秒1.5人次经过应急疏散坡道;当轨道上有照明设备并有人引路时,每分钟约可步行50m。在照明不足、有障碍或出现恐慌的情况下,疏散时间或许会更长。

乘客工作做完后,司机为列车做好防护措施,在清客端驾驶室等候,放下紧急逃生门;车站员工到达后,向乘客发布清客开始的通知,说明清客方向,请乘客有序通过列车端部的紧急逃生门下到轨道上,在车站员工的带领下,沿着轨道前往站台。此段广播消息应定时播放。

在乘客下车的过程中,司机必须随时观察乘客的状态,适时进行安抚,防止出现乘客恐慌,保证清客过程的正常进行。乘客全部下车完毕后,穿行列车,司机须确保所有乘客已离开车厢,确认是否有伤残人士留在车上;确认完毕后,收回紧急逃生门。

司机须向行车调度员报告全部乘客已离开车厢,等待清客工作完毕、所有乘客疏散至车站、隧道区间畅通无阻后,按照行车调度员的进一步指示,操作列车到指定车站或等待救援列车的到来。

任务四 突发事件应急处理

突发事件是指不定时间、不定地点发生的影响列车安全运行的突发性事件,因其突发性和偶然性,要求司机必须具备良好的心理素质及应变能力,来应对各种突发情况。

突发事件在这里有两层含义:一是事件发生、发展的速度很快,出乎意料;二是事件难以应对,必须采取非常规方法来处理。在处理突发事件时,司机应遵循的处理原则如下:

(1)进站。进站指不管遇到何种突发事件,司机必须想方设法维持列车进站处理,只有列车进站处理,乘客才能在司机和车站人员帮助下安全妥当处理。进站救人是应对所有列车突发事件应急处理的首要原则。

(2)开门。开门是指凡列车停在站台(含列车完全停准、部分车厢在站台、对标不准等)遇到突发事件时,第一时间按照规定打开车门。

(3)广播。遇突发事件时,司机广播(使用紧急广播或者人工广播)对安抚乘客、指示乘客自救等有重要作用。打开车门进行清客或疏散时,司机必须通过广播安抚乘客。

(4)清客(或疏散)。遇列车火灾、列车爆炸、列车危险化学品泄漏、毒气袭击、列车劫持人质等突发公共应急事件,危及乘客安全时,司机应该第一时间决定进行清客或疏散。

"进站、开门、广播、清客"八字诀顺序不能颠倒,环环相扣。例如,遇区间列车火灾、爆炸等造成列车不能进站,司机可以先打开疏散平台侧的车门,广播引导乘客疏散,再报行车调度员。

一、正线挤岔

(一)基本概念

(1)道岔。道岔是轨道线路相连接或相交叉的设备总称,作用是引导列车由一条线路转入另一条线路或越过与其交叉的另一条线路,以此完成转线、折返作业。

(2)道岔种类。常见的道岔有单开道岔、对称道岔、三开道岔、交分道岔、菱形交叉等。用道岔中心线表示的各种道岔如图4-6所示。

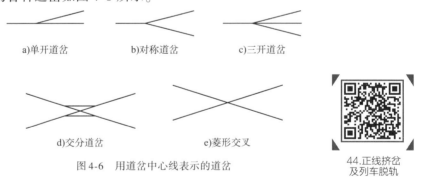

图4-6 用道岔中心线表示的道岔

(3)道岔组成。普通单开道岔由转辙器部分、连接部分、辙叉及护轨部分组成,如图4-7所示。

(4)挤岔。车轮挤过或挤坏道岔,即为挤岔。当列车从辙叉向尖轨方向运行时,如果道岔位置不对,则车轮会将密贴的尖轨挤开,导致挤岔。

处于良好状态的道岔,一侧的尖轨与基本轨密贴,另一侧的尖轨与基本轨分离。发生挤岔事故后,车轮强行挤开与基本轨密贴的尖轨,往往造成尖轨弯曲变形,转辙机遭到破坏,使得道岔损坏,尖轨不能与基本轨密贴。

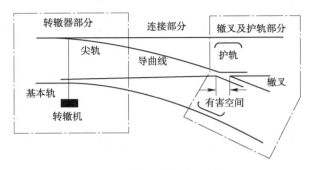

图 4-7　单开道岔组成示意图

(二)挤岔时的处理

1. 司机的处理

列车发生挤岔事故时,司机要马上按"紧急停车"按钮停车,在相关工作人员未到达时严禁动车;司机马上将情况如实报告行车调度员及轮值人员。如车厢内有乘客,司机要做好通过广播安抚乘客的工作,必要时按照行车调度员的指示清客。司机要做好现场情况的保护工作,坚守岗位,至事故处理主任到达后按照其指示执行。

2. 行车调度等行车相关人员的处理

处理挤岔时,首先,行车调度等行车相关人员应确认列车车次、挤岔车辆号和具体轮对、被挤的道岔,特别注意挤岔的列车是否倾斜并侵入邻线,如果影响邻线应及时扣停接近列车。

其次,行车调度等行车相关人员须了解列车载客量及人员伤亡情况,积极组织乘客疏散,通知邻线运行列车限速运行并加强瞭望,积极抢修道岔,妥善组织不受影响的区段的列车运营;必须救援时,认真组织救援工作,确保安全。若挤岔后脱轨行车调度等行车相关人员应封锁事故区段,根据具体情况灵活掌握线路使用,最大限度地满足行车安全和客运服务的要求。

3. 对列车的处理

发生挤岔事故后,要根据列车停留位置及道岔类别具体处理。

(1)列车已全部挤过道岔。通知维修部门对道岔进行检查,并根据损坏情况进行处理。

(2)列车停留在道岔上。组织压在道岔上的列车顺道岔方向缓缓移动,待全部拉过道岔后,由维修部门处理。不要组织列车逆尖轨方向后退,因为后退很容易造成脱轨,扩大事故。必须后退时,应当将尖轨钉固后再后退。如果列车停留在复式交分道岔上,由于复式交分道岔结构复杂,挤岔后禁止移动,应由线路维修部门处理。

4. 维修部门的处理

(1)检查道岔尖轨是否损坏。如尖轨经拨动后仍然可以密贴,可以用钩锁器锁闭;如尖轨损坏,应及时更换道岔尖轨。

(2)更换转辙机相关设备。根据现场情况,当场或事后更换电动转辙机及其有关装置。

(3)检查试验。修复后,对道岔的动作状态予以检查调试,与车控室内行车值班员共同试验,确保状态良好。

(4)清理现场。检查工具是否齐全,对现场彻底清理,保证轨道及限界内没有遗留任何物料,消除事故隐患。

二、列车脱轨

列车脱轨指车轮落下轨面(包括脱轨后又自行复轨),或车轮轮缘顶部高于轨面(因作业需要的除外)。每辆列车只要脱轨1轮,即按1辆计算。

(一)乘客疏散

发生列车脱轨事故后,司机应立即广播通知乘客,安抚乘客情绪,提醒乘客准备清客,并检查乘客伤亡情况及有无残疾人士,向OCC调度员报告列车的准确位置、大约载客量、乘客伤亡人数及是否需要救助。

对于站台上的乘客及从列车上清客到站台的乘客,车站应做好以下几点工作:发布列车暂时不能运行的消息,向乘客提供相关路段公共汽车运行资料,组织滞留乘客有序离开车站。

1. 列车在车站脱轨

得到调度员清客指示后,车站广播提醒站台上的乘客不要登乘列车,并安排人员到站台组织清客。司机广播通知车厢内乘客进行清客的决定,打开车门,协助乘客返回站台。清客完毕及时向调度员报告。

2. 列车在区间脱轨

OCC调度员做好保护措施:停止相邻轨道以及乘客疏散可能经过轨道的行车,根据需要指示电力调度员断开牵引供电;指示就近车站迅速赶赴现场,由司机协助清客;通知公安部门前往事故地点控制客流并协助疏散。

司机在准备清客的车门上安放好应急梯,通知乘客应急梯的位置及使用办法,并通过广播不断发布救援信息以安抚乘客,避免引起乘客的恐慌情绪。车站人员到达后,指示乘客跟随车站人员步行去往附近车站。

车站指派清客负责人率领人员携带无线通信设备、扩音器及信号灯前往事故地点,执行清客任务。车站指派清客人员确定乘客全部撤离列车后,协助司机收回应急梯;在清客过程中,做好组织工作,引导乘客有序疏散,保证乘客全部安全返回站台,抢救伤者脱离现场;对于道岔、交叉口或其他有潜在危险的地方,应当安排人员驻守,避免乘客偏离清客路线,提醒乘客注意脚下障碍物;确认所有人员撤离车厢以及轨道,路段上没有人或障碍物后,向调度员报告。

3. 列车在车辆段脱轨

司机发现列车脱轨时,立即制动停车并报车辆段调度员。车辆段调度员立即赶到现场,确认有无人员伤亡、是否影响邻线等,如有人员伤亡立即拨打120。车辆段调度员将现场情况告知车辆段派班员,并通知乘务值班员封锁相关线路;抢险队到达后,确认抢险队负责人,并与其协调抢险具体实施措施,指挥抢险,如发生在有接触网的线路,需待接触网停电挂地线后,才可以开始抢险。

信号值班员按车辆段调度员的要求封锁相关的线路,派班员按应急信息报告程序进行通报。

(二)列车救援

(1)事故报告及救援前的准备工作。司机检查确认脱轨后,向 OCC 调度员请求救援,报告列车的准确地点、脱轨位置及辆数、线路设备损坏程度等情况,并做好防护措施。如列车停在区间,应注意对列车前后线路进行巡查。

调度员接到事故报告后,指示后续列车停留在车站,如区间有其他列车运行,应指示尽量驶往就近车站停留,避免停在区间。停止相邻轨道的列车运行。

(2)事故救援。对事故现场进行全面勘察,根据脱轨程度、脱轨地点、破损情况及其他实际条件制订具体的起复方案。由一人负责指挥,要分工明确,由胜任人员作业,做好防护。在起复作业中应注意安全,防止发生人身伤亡事故或扩大脱轨事故。

起复完毕后,应当检查列车、线路及其他设备损坏情况,以便及时更换钢轨、枕木或道岔。事故勘察、救援工作及公安调查完成后,清理轨道,把一切工具撤出线路,立即将列车拉到附近的停车场、车辆段或临时停车线,以便及时开通线路。

(三)事故案例

列车脱轨、挤岔等事故比较罕见,在正常情况下不大可能发生。这种事故一般是由司机或者其他工作人员的工作失误造成的。

1. 事故过程

某日清晨,司机在驾驶列车从车辆段出发准备投入正线运营时,车辆段信号楼值班员要求该司机在线上等信号,该司机在前方调车信号未好且未联系信号楼的情况下,臆测行车,挤上前方道岔,之后司机未向信号楼汇报便擅自违反规定退行,造成列车脱轨事故。

2. 事故影响

此次事故造成轨道岔尖一组损坏,电动转辙机 1 台、尖端杆 1 根、密贴调整杆 1 根、外表示杆 1 根、钢轨连接线 2 根不同程度受损,列车 A 车一位端转向架多处损坏,影响其他列车出入车辆段。

3. 事故原因

本案例事故的原因是司机违反作业规定,未按信号要求行车,造成挤岔,挤岔后又擅自向后倒车,造成脱轨。

三、列车分离

列车分离是指列车因车辆连接状态不良或车钩作用不良而发生的车辆分离(包括车钩缓冲装置破损)。列车分离不论发生在车站还是区间,有关人员均应适当处理,避免乘客恐慌,尽快恢复行车。

45.列车分离及列车火灾

(一)司机的处理

司机在列车运行过程中应时刻注意驾驶室的有关设备,如发现总风压力表指示的压力急剧下降,就可以判断有可能发生列车分离。乘客发现列车分离时,也可以直接通知司机。司机确认列车分离或有列车分离的迹象时,必须停车,并立即向 OCC 行车调度员报告。

(1)确认、报告。司机将列车停妥后,立即巡视,仔细检查列车各个部位,查看是否发生列车分离。如果确实发生了分离,确认分离位置。确定列车分离情况后,司机向 OCC 行车调度员报告如下内容:列车车次、停留的准确地点(具体指明车站、区间)、列车分离部位、损坏程度,列车大约载客量、是否有乘客受伤、是否需要救治。

(2)协助清客。司机通过广播向乘客说明列车故障,安抚乘客情绪,劝告乘客留在列车上,不要惊慌,等待有关人员到达处理;前往分离位置查看是否有乘客受伤,对受伤者提供适当帮助;得到行车调度员清客指示,等待车站人员到达现场后,立刻协助清客,将列车上所有的乘客安全引领到附近车站,以便进行列车救援。

(二)车站的处理

车站接到列车分离需要清客的命令后,派人携带必要备品到现场,和司机一起进行清客,引导乘客安全返回车站。清客完毕后,在现场协助救援工作。广播通知在站乘客列车分离造成的延误及运营调整,并向乘客发布有关路段公共汽车的资料。

(三)行车调度员的处理

行车调度员接到列车分离的报告后,指示后续列车停留在车站;如区间有其他列车运行,应指示尽量驶往就近车站停留,避免停在区间;停止相邻轨道的列车运行;详细了解列车分离及乘客受伤情况,下达清客指示,要求司机和附近车站做好清客和救援工作;清客完毕后,进行现场查勘和公安调查;待查勘工作完成、轨道清理妥当后,即可采取适当措施,将分离的列车移到附近的停车场、车辆段或临时停车线。行车调度员应随时了解现场救援进度,接到处理完毕的报告后,尽快恢复列车运行。

发生列车分离时,行车调度员应尽快移走分离列车,但不得连接列车分离部分,应分段移走列车;尽量将尚能开动的列车开走,如果列车有一部分不能开动,必须安排另一列车协助,将不能移动的部分车拖走或推走。

四、列车在区间或站内撞人

列车在区间或站内发生撞人事故的处理流程如下。

(一)站台岗

(1)发现列车在站内撞人,立即按"紧急停车"按钮。
(2)协助值班站长等进入轨行区抬运被撞乘客。
(3)处理完毕后,按规定接发列车。

(二)司机

(1)发现区间或站内轨道上有人时,立即施加紧急制动。
(2)播放临时停车广播安抚乘客。

列车广播词:"各位乘客请注意,现在是临时停车,由于前方发生人员侵入轨道线路事件,公安机关正在积极处理,列车很快将恢复运行,由此给您带来不便,请谅解。"

(3)报告行车调度员发生的情况(列车在站内时,按行车调度员或事故处理主任的指示清客)。

(4)事故处理主任到达后,关闭驾驶台并取出钥匙,将钥匙交事故处理主任,听从事故处理主任的指挥。

(5)当需移动列车时,司机确认所有人员在安全区域,升弓、合主断,以限速3km/h的速度移动列车,并做好随时停车的准备。

(6)当线路出清后,按事故处理主任和行车调度员的指示,确认所有人员处于不侵限的位置,以限速15km/h的速度运行到前方站退出服务。

(三)行车值班员

(1)接报列车撞人,如在车站(包括站前、站后轨道区段)则按"紧急停车"按钮进行防护,通知驻站警察,拨打120,报告值班站长。

(2)向行车调度员申请进入轨行区。

(3)通过视频监视系统监视站台及站厅情况,视情况控制进站客流。做好乘客广播,利用乘客信息系统发布列车延误信息。

车站广播词:"各位乘客请注意,由于发生人员侵入轨道线路事件,公安机关正在积极处理,列车很快将恢复运行,由此给您带来不便,请谅解。"

(4)将情况报告站长。

(5)接值班站长通知线路出清后,向行车调度员报告开通线路(复位ESB),恢复正常运营。

(四)值班站长

(1)指派员工在出入口接应120医护人员。

(2)接行车调度员清客命令后,安排车站员工做好列车清客工作。

(3)组织车站工作人员携带备品,得到行车调度员同意,设置安全防护措施,并接收司机列车钥匙后进入轨行区。

(4)对伤者进行安抚,根据伤势情况组织人员将伤者抬出轨行区或由120医护人员抬出轨行区(如伤者被列车压住,根据现场警察意见进行处理)。

(5)收集和记录伤者资料,并联系其家人。

(6)出清线路后撤除安全防护,并通知行车值班员,将列车钥匙交还司机。

(7)如列车由原司机驾驶,作为列车引导员添乘列车,协助司机。

(8)120医护人员到场后视情况安排1名站务员陪同,将伤者送往医院。

(9)将事故处理过程写成报告,并向OCC及上级领导汇报。

(五)行车调度员

(1)接报后做好记录,报告值班主任,通知相关车站,指定车站进入轨行区进行处理。

(2)调整列车运行,在列车撞人区间(车站)的后方站设置扣车并通知车站及司机,向全线发布列车延误的信息,指示车站做好乘客广播及客运服务工作。

(3)根据车站的请求批准车站工作人员进入轨行区。

(4)按值班主任清客指示,通知车站、司机对列车进行清客。

(5)监视其他列车的运行状态,均衡列车的间隔,通过视频监视系统监视相关车站的客流情况。

(6)接车站线路出清报告后,及时开通线路(若在车站发生,指示车站复位 ESB),调整列车运行,恢复正常运营。

五、车门/站台门夹人夹物

(一)车门/站台门夹人夹物处理原则

(1)站台岗应在站台两端的"紧急停车"按钮处值岗,车门和站台门关闭之际,应尽可能确认是否有夹人夹物;发现夹人夹物应及时向司机显示停车信号,并按"紧急停车"按钮。

(2)行车值班员在列车到站期间应加强监控,观察站台岗是否有异常,需要时,可按下 IBP 盘上的"紧急停车"按钮。

(3)司机在关门期间应重点监控是否有抢上乘客;如有,不要急于动车,应重点观察站台岗是否显示紧停手信号。

(4)列车车门夹人夹物动车后应及时汇报清楚,并由司机统一处理,车站不得开启站台门或应急门来处理车门夹人夹物事故。司机动车后接到夹人夹物处理命令后,应先进行客室广播,再迅速前往现场处理。

(5)车站站台工作人员应熟记车站"紧急停车"按钮处对应的列车车厢号码和车门编号,便于及时准确地汇报。

(6)车站人员及时通知相关专业人员恢复站台"紧急停车"按钮盖板。

(二)车门/站台门夹人夹物处理程序

1. 列车未动车时的处理程序

1)站台岗

(1)发现列车车门/站台门夹人夹物且没有自动弹开释放,立即就近按"紧急停车"按钮。

(2)在赶赴现场察看的同时将情况报告车控室。

(3)向司机显示停车手信号,示意司机重新打开车门/站台门。

(4)将人或物撤出后,向车控室报告,并向司机显示"好了"信号。

(5)值班站长到场后,协助调查处理。

2)行车值班员

(1)发现异常或接到报告后,通知值班站长前往处理,并向行车调度员汇报。

(2)利用视频监视系统观察现场情况。

(3)需要时,通知公安或城市轨道交通执法人员到场协调处理。

(4)接到人或物撤出通知后,取消紧急停车,并汇报行车调度员。

3）值班站长

(1) 赶赴现场处理,调查事件原因。

(2) 如发生客伤事故,按客伤处理程序办理。

(3) 若是乘客抢上抢下造成夹人夹物,寻找目击证人,并记录详细资料。

(4) 事件处理完毕后,将有关情况通报行车调度员。同时对乘客进行教育,对蛮不讲理的乘客通知公安或城市轨道交通执法人员到场协调处理。

4）司机

(1) 如接到报告或观察到夹人夹物,应重新打开车门和站台门,待人和物撤离后,再关闭站台门和车门。

(2) 如司机发现而站台岗未发现夹人夹物处所,应通知车控室。

(3) 凭站台岗"好了"信号,关闭车门和站台门,确认车门/站台门无夹人夹物、站台门和车门之间空隙无滞留人或物。

(4) 凭行车调度员指令动车。

2. 列车已动车时的处理程序

1）站台岗

(1) 发现列车车门/站台门夹人夹物,列车已启动,立即就近按"紧急停车"按钮。

(2) 立即将情况报告车控室。如列车尚未出站且所在位置在站台有效范围内,应前往夹人夹物现场了解情况并处理。

(3) 如列车未停车,应立即报车控室。

2）行车值班员

(1) 发现异常或接到报告后,立即向行车调度员汇报,并通知值班站长到现场处理。如列车未停止运行,应立即向行车调度员汇报;不能立即与行车调度员通话时,应通知前方站扣停列车进行处理。

(2) 利用视频监视系统观察现场情况。需要时,通知公安或运管办到场协调处理。

(3) 接到行车调度员通知后,取消紧急停车,恢复正常运作。

3）值班站长

(1) 赶赴现场,协助司机进行处理。

(2) 调查事件原因,并检查是否对车站设备造成影响,将有关情况通报行车调度员。

4）行车调度员

(1) 接到报告后,通知司机前往现场处理。

(2) 通知前方站安排人员到指定车厢了解情况,采取相应的处理措施。

(3) 接司机夹人夹物处理完毕报告后,通知车站取消紧急停车,指示司机动车。

(4) 对设备造成影响时,还应通知相关部门前往处理,指示后续列车的运行。

5）司机

(1) 列车发生不明原因紧急制动后向行车调度员汇报(如运行中获知夹人夹物信息应立即停车)。

(2) 接到车站或行车调度员(乘客报警)有关夹人夹物处理指示后确认具体位置,做好乘客安抚广播。

（3）携带手持电台前往现场采用单个车门紧急解锁方式处理（解锁前要确保附近乘客的安全）。

（4）处理完毕，恢复车门，汇报行车调度员，凭行车调度员指令动车。

（三）汇报时标准用语

1. 站台岗汇报车控室时标准用语

（1）站台岗在车门夹人或夹物时用语为："车控室，上行（下行）列车×号车厢×号车门夹人（夹物）。"

（2）站台岗在站台门夹人或夹物时用语为："车控室，×站台第×档站台门夹人（夹物）。"

2. 行车值班员汇报行车调度员时标准用语

（1）行车值班员在车门夹人或夹物时用语为："行车调度员，×站上行（下行）站台（出站）列车×号车厢×号车门夹人（夹物）。"

遇列车运行方向右侧车门夹人或夹物时，车站还要重点汇报右侧门。

（2）行车值班员在站台门夹人或夹物时用语为："行车调度员，×站台第×档站台门夹人（夹物）。"

3. 司机处理完毕汇报行车调度员时标准用语

（1）司机："行车调度员，×次列车夹人（夹物）处理完毕，有（无）乘客受伤。"

（2）行车调度员："×次列车夹人（夹物）处理完毕，有（无）乘客受伤，×次列车司机可以动车。"

六、乘客、站台突发事件

（一）乘客按列车"报警"按钮应急处理程序

（1）接到乘客报警信息，确认报警位置，通过对讲系统与报警乘客进行通话。

（2）报告行车调度员出现的情况，进站前通知车站协助。

（3）如列车在站未动车，立即打开车门、站台门，通知站台现场确认、处理。

（4）凭站台"好了"信号动车后报行车调度员。

（5）如列车刚动车未出清站台，立即停车，与乘客通话了解现场情况，并报告行车调度员。

（二）乘客紧急解锁车门应急处理程序

（1）发现车门紧急解锁信息，如果列车产生紧急制动，报行车调度员，播放广播安抚乘客，做好列车防护并前往故障车门处确认处理。

（2）处理完毕回驾驶室动车并报行车调度员。

（3）如果列车无紧急制动，维持列车进站后进行现场处理，将现场情况报行车调度员，沿途加强监控解锁车门。

（三）乘客擅自进入隧道应急处理程序

（1）发现有人在隧道时，视现场情况采取紧急停车措施，报行车调度员并做好广播，安抚乘客。

(2)加强与行车调度员、车站的沟通。

(3)添乘人员上车后,按行车调度员要求限速驾驶。

(4)加强对事发区间的瞭望。

(四)站台区域物品影响行车应急处理程序

(1)发现线路上有侵限物品,视现场情况采取紧急停车措施。

(2)广播安抚乘客。

(3)若在异物前停车,司机在停车后严禁动车,将情况报告行车调度员,按行车调度员的指示执行。

(4)若列车已越过异物,报行车调度员并通知车站协助,按行车调度员的指示执行。

七、区间乘客疏散

(一)非紧急情况下的区间乘客疏散

(1)与行车调度员确认疏散方向后,待车站人员到达隧道列车停车位置,加强与车站人员沟通。

(2)手动解锁疏散平台侧运行端驾驶室后第一个可连接疏散平台的车门,广播引导乘客往指定方向疏散。乘客疏散完毕后,确认车厢内无乘客遗留,报行车调度员,按行车调度员命令执行。

(二)紧急情况下的区间乘客疏散(火灾、毒气等突发事件)

(1)与行车调度员共同确认疏散方向,降弓、施加停放制动,得到区间疏散命令后,立即打开疏散平台侧车门,利用车载广播组织乘客从疏散平台疏散。

(2)乘客疏散完毕后,报行车调度员,按行车调度员命令执行。

八、大面积停电

城市轨道交通大面积停电是威胁城市轨道交通安全运营的一个重要因素。城市轨道交通大面积停电通常是指城市轨道交通系统整体或较大范围内电力供应中断,严重影响列车运行及乘客的正常出行。

(一)造成大面积停电的原因

城市轨道交通大面积停电的主要原因如下:

(1)电力设备故障。城市轨道交通电力设备故障包括变电所的变压器故障、整流机组故障、断路器故障、传输电缆故障、接触网(轨)故障以及电力监控系统故障等。

(2)外界电网故障。城市轨道交通所在市域的电力网发生故障时,也很有可能造成城市轨道交通大面积停电。

(3)其他因素。自然气象灾害可能会对电网造成影响,进而引起停电;人为破坏也有可能引起大面积停电;相关的地面施工和其他行为也有可能对电力系统造成破坏。

(二)大面积停电的危害

(1)可造成城市轨道交通局部或全线运营中断,影响乘客正常出行,给城市地面交通带来极大的压力。

由于城市轨道交通以电作为动力,一旦供电中断,列车就会面临运行瘫痪的危险,列车停止运行并可能停在隧道。在现代城市中,城市轨道交通作为一种快速、大容量的交通工具,在城市交通体系中承担着极其重要的责任。如果供电中断造成城市轨道交通停运,乘坐城市轨道交通的这部分客流就必然会在短时间内迅速转向地面交通,这对地面交通将是一个巨大的考验。而人数的突然增加,也必然会影响地面交通的服务质量,造成乘客出行时间的增加和出行效率的降低。

(2)在人员疏散过程中产生瞬间大客流,容易引起乘客恐慌,可能会造成踩踏、挤压等乘客伤害事件。

城市轨道交通在一种相对密闭的环境中运行,在地下区段没有自然采光,仅靠灯光照明。大面积停电之后,如果应急照明不能及时启动,乘客将被置于黑暗之中。即便有应急照明可以使用,其照明的广度和亮度也不足以与正常照明相比,在这种毫无思想准备的情形下,乘客感到压抑和恐惧。此外,如果大面积停电发生在客流高峰时段,疏散的难度必然加大,一旦客运组织不力,就容易发生踩踏、挤压等乘客伤害事件,给乘客造成心理和身体上的双重伤害。

(3)供电中断可能造成通信、信号、机电等系统不能正常使用,从而引发次生故障和灾害。例如,通信受影响,应急指挥、乘客疏导不灵敏;空调、通风设备停运,列车、车站环境质量变差;排水不畅引发水淹钢轨、隧道;人员可能被困在电梯中;给水中断,消防、生活用水不能保证;可能发生火灾、治安等事件。

大面积停电后诸如通信、信号等系统应由 UPS 供电,以保证其能够在一段时间内继续使用。然而,一旦停电时间过长或 UPS 本身出现问题,将无法保证这些系统的正常使用,会给城市轨道交通带来潜在的次生影响。如果不能及时应对,也会给乘客疏散、列车调整、应急指挥、故障抢险等工作带来更大的困难,甚至危及乘客和员工的安全。

(4)影响城市轨道交通在公众中的形象。

在发生大面积停电事件之后,乘客的利益会受到损害,他们对城市轨道交通的认知度和忠诚度会随之降低。由于涉众广、影响大,大面积停电会使城市轨道交通企业的形象受到严重的负面影响,并在短时期内无法消除。

(三)大面积停电时司机的应急处理

1. 正线载客列车

(1)司机遇到线路停电应迅速报告行车调度员,报告内容包括停电时间、地点、列车情况(正常照明、事故照明)、影响情况、报告人的职务和姓名。

(2)信息报告后,即按行车调度员指示执行,尽量维持列车进站。

(3)进站后打开站台门、车门,报行车调度员,按行车调度员指示执行(与行车调度员沟通)。

(4)如果列车一部分停在站内或全部停在隧道内且无法维持进站,司机应立即报告行车调度员,并按行车调度员的指示执行。若列车一部分停在站内,司机人工打开站台对应的车门、站台门(应急门),组织乘客下车清客;若全部停在隧道内,司机播放广播安抚乘客,按照行车调度员的指示执行;如需区间疏散乘客,按区间乘客疏散程序执行。

2. 非载客列车

(1)非载客列车遇正线接触网停电时,司机应立即紧急停车,报告行车调度员。
(2)司机按行车调度员指示执行。

3. 车辆段内发生列车接触网停电(未降弓)时

(1)司机立即紧急停车,报告车辆段调度员。
(2)按车辆段调度员指示执行。

九、突发大客流

突发大客流是指车站在某一时段内客流量激增,远超车站正常客运设施或客运组织措施所能承担的客流量时的客流。突发客流是偶然爆发的,无法预见,这种情况下客流在短时间内激增,对车站的客流承受能力有一定的冲击。

城市轨道交通线路一般沿客流集中的交通走廊走向规划,并连接重要的客流集散点,如客运站、航空港、商业中心、体育场、会展中心等,在节假日或者体育、文艺等重大活动时可能导致突发性大客流。再如恶劣天气时,市民乘坐地面交通遇到较大困难,一般会改乘地铁,全线地铁车站的客流均明显上升。但是有一些人进入地铁不是为了乘车,而是为了躲避恶劣天气,所以站台会比较拥挤,全线车站客流组织上有一定困难。

(一)大客流的安全风险

拥挤的城市轨道交通客流相应会带来严重的安全隐患,主要包括以下几方面:
(1)易发生乘客踩踏事件造成群死群伤。
(2)易发生站台拥挤导致乘客被挤落轨道。
(3)易发生乘客在扶梯摔倒导致伤亡事件。

(二)大客流时司机的处理

突发大客流时,司机要确保行车安全,出库前做好列车安全检查,驾驶时加强瞭望,发现危及行车和人身安全时立即停车。在大客流车站停车时,司机应密切注意站台乘客情况,发现乘客上车困难或车门、站台门关闭受影响,及时报告行车调度员,广播引导乘客,在车站人员协助下正确处理,避免发生乘客伤亡事故。

十、列车火灾

火灾发生后,应当快速作出反应,贯彻"救人第一,救人与灭火同步进行"的原则,积极疏散乘客,进行施救。把握好起火初期,采取正确的应急措施,有效扑灭火灾,最大限度地减少人员伤亡和设备损失。

(一)城市轨道交通火灾特征和危害性

1. 不确定性强

城市轨道交通点多、线长、面广,客流量大,发生火灾的时间和地点不确定,火灾隐患点多且多处于视线死角,发生初期极具隐蔽性,不易发觉;一旦发现,就已达到一定的危害范围和程度,造成疏散和救援困难。

2. 火灾扩散蔓延快

受城市轨道交通隧道空间限制,火焰向水平方向延伸。如果发生火灾时未及时控制通风设备,炙热气流就可能传播很远,遇到易燃物品迅速燃烧。实验测得最远引燃距离为50倍洞径。在隧道里,热量不易散出,火势猛烈阶段,温度可达1000℃及以上,甚至改变气流方向,对逃生人员影响极大。

3. 氧含量急剧下降

由于隧道的相对封闭性,发生火灾时大量新鲜空气难以迅速补充,致使空气中氧气含量急剧下降。有研究表明:空气中氧含量降至15%时,人体肌肉活动能力下降;降至10%~14%时,人体四肢无力,判断能力低,易迷失方向;降至6%~10%时,人即会晕倒,失去逃生能力;当空气中含氧量降到5%以下时,人会立即晕倒或死亡。

4. 发烟量大

火灾时产生的发烟量与可燃物的物理化学特性、燃烧状态、供气充足程度有关。地下隧道发生火灾时,由于新鲜空气供给不足,气体交换不充分,产生不完全燃烧反应,导致一氧化碳(CO)等有毒有烟气体大量产生,不仅降低了隧道内的可见度,而且加大了疏散人群窒息的可能性。

我国有关统计结果表明,吸入烟气致死占火灾死亡人数的70%~75%,其中大部分是吸入了烟尘及有毒气体昏迷后致死的。美国有关统计表明,大约有2/3的烟气中毒遇害者是在离起火点很远处的走廊或者房间。

针对城市轨道交通火灾事故,日本消防部门曾做过实验,日本地铁的车厢虽被认定具有不易燃烧性,但起火后,快则1.5min,慢则8min之后就会产生对人体有害的气体。2~5min内,车厢内烟雾弥漫就无法看清楚逃生出口,相邻的车厢在5~10min内也会出现相同情形。实验证明,允许乘客逃生的时间只有5min左右。另外,城市轨道交通突发火灾时,险恶的灾害环境容易使乘客产生恐慌及焦虑心理,对自救意识较差的乘客而言,从众是多数人的选择,争先恐后拥向出口处时,被踩、挤、压而倒地后,容易导致群死群伤。我国研究机构联合地铁公司做过测试,结果表明,人们在地铁火灾事故中如果不能在6min内迅速有效地逃生,就很难有生还的可能。

5. 排烟排热差

被土石包裹的地下隧道,热交换十分困难。发生火灾时,地下隧道不能像地面建筑那样,有80%的烟可以通过破碎的窗户扩散到大气中,而是聚集在建筑物内,无法扩散,易使温度骤升,较早地出现"爆燃";烟气形成的高温气流会对人体产生巨大的影响。这些流动性很强的烟和有毒气体,若不加以控制或及时排除,则会在地下通道内四处流窜,短时间内充满整个地下空间,给现场遇险人员和救灾人员带来极大的生命危险。

6. 火情探测和扑救困难

扑救地铁火灾要比扑救地面建筑火灾困难得多,其难度相当于扑救超高层建筑最顶层的火灾。这是因为,当地面建筑发生火灾时,可以直接在建筑物外从产生的火光、烟雾判断火场位置和火势大小;而地铁火灾究竟发生在哪个部位,则无法直观发现,需要详细查询和研究地下工程图,分析可能发生火灾的部位和可能出现的情况,才能制订出灭火方案。同时,由于地铁的出入口有限,而且出入口又经常是火灾的冒烟口,消防人员不易接近着火点,扑救工作难以展开。再加上地下工程对通信设施的干扰较大,扑救人员与地面指挥人员通信、联络困难,也使扑救工作增加了困难。

7. 人员疏散困难

首先,地下隧道完全靠人工照明,致使自然采光差,加之火灾时正常电源被切断,人的视觉完全靠事故照明和疏散标识指示灯保证。此时,如果再没有事故照明,隧道、站台内将是一片漆黑,人员根本无法逃离火场,再加上浓烟,使人员疏散极为困难;火场中产生的一些刺激性气体也会使人睁不开眼睛,看不清逃离路线。其次,地铁发生火灾时只能通过站台出口逃生。地面建筑内发生火灾时,人员的逃生方向与烟气的自然扩散方向相反,人往下逃离就可以脱离烟气的危害。而在地铁里发生火灾时,人只有往上逃到地面才算是安全的,而人员逃生方向与烟气的自然扩散方向一致,烟的扩散速度一般比人的行动快,所以人员疏散很困难。

(二)火灾的引发因素

1. 管理方面的原因

管理上的疏漏是造成火灾的主要原因,主要表现为城市轨道交通运营企业没有制定严格的管理制度,存在众多安全隐患。

2. 人的因素

工作人员违章操作、用火不慎、乘客携带易燃易爆危险品乘车、在城市轨道交通车站内吸烟、人为纵火等均可能引发城市轨道交通火灾事故。

3. 电气线路、电气设备故障

城市轨道交通车站(含城市轨道交通列车)内电气线路、电气设备高度密集,这些电气线路和设备运行中发生短路、过负荷、过热等故障是引发城市轨道交通火灾的重要因素。

4. 环境因素

环境因素主要包括城市轨道交通内部潮湿、高温、粉尘多等因素。城市轨道交通内部通风不畅、隧道散热不良等导致温度过高;隧道内漏水情况普遍,地下湿气不易排出,导致地下空间湿度大。上述环境因素可能造成电气设备、线路绝缘性能下降,造成电气设备短路,从而引发火灾。

5. 列车因素

有的老式车厢内的装饰物采用可燃性的化学合成材料,在燃烧时会迅速产生大量有毒气体,使人窒息死亡。同时,车厢与车厢之间是相通的,一旦发生火灾,火势很容易蔓延、扩大。

列车上发生火灾的原因如图4-8所示。

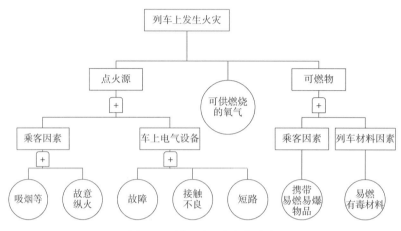

图4-8 列车上发生火灾的原因

(三)列车火灾的处理

根据发生的位置,火灾可分为车站火灾和列车火灾两类,它们的处理方式稍有不同,下面介绍列车火灾的处理。

1. 司机报告及前期处置

列车着火后,司机应向车厢内的乘客详细询问如下情况:起火和冒烟的车辆及位置、火势大小及烟雾浓度、起火原因、人员伤亡情况及设备损毁程度。然后司机要将这些内容立即向OCC调度员报告,同时说清楚列车车次、所处位置。司机还要安抚乘客情绪,指导乘客使用车厢中的灭火器灭火自救。

2. 列车在区间发生火灾时的处理

发生火灾的列车处于区间时,应尽量将列车驶入前方站,再进行处理。这样的好处是:一是便于利用站台疏散乘客。在区间发生火灾,地下隧道狭窄,火势比较集中,烟雾不易散发,逃生困难;而且,乘客只能沿轨道前往车站,走行距离长,乘客本身比较恐慌,再加上人员密集,容易造成混乱。二是便于利用车站内的消防设备设施灭火。车站空间相对开阔,消防设施全面,车站人员较多,有利于组织扑救火灾。

如果列车无法驶入前方站,司机应立即报告行车调度员,将列车停在区间,安排乘客紧急疏散。根据火灾位置、烟雾扩散方向,司机应打开相应的疏散门,广播通知乘客按安全的方向疏散,下车后迅速步行前往车站。

车站接到列车疏散命令后,打开站台门,派人携带无线通信设备及防护用品,前往区间协助清客,将乘客领回车站;准备好消防器材,选择合适的位置协助灭火,并启动通风系统排出烟雾。

3. 列车在车站发生火灾时的处理

列车在车站发生火灾时,司机应迅速打开站台侧所有车门,使用车内灭火器扑救,对乘客进行广播疏散,配合车站工作人员的引导将乘客疏散到安全区域。

4. 行车调度员的处理

OCC调度员确定列车发生火灾后,及时拨打119、110,并根据情况拨打120;停止续行列车的开行,并停止相邻线路的行车;应使本线续行的列车及相邻线路的列车进入就近车站停车,避免在区间停车,以免引起乘客恐慌;彻底灭火后,组织开行救援列车,将着火列车拉到附近的停车场、车辆段或侧线。由维修部门检查、修复损坏的线路及其他设备后,清理轨道,及时开通线路。

十一、列车车厢内乘客骚乱应急处理程序

(一)列车区间运行时的处理

(1)列车在区间运行时发生乘客恐慌引发骚乱时,司机要尽可能维持列车进站。

(2)列车因故障或特殊原因在区间无法动车时,司机要通过广播安抚乘客并报行车调度员,按其指示执行。如车厢内乘客骚乱情况较严重或乘客已解锁车门,司机应立即报行车调度员及车站,按行车调度员命令执行。

(3)当行车调度员要求越站时,司机及车站须做好乘客广播安抚工作。

(二)列车进站能够对标停车时的处理

司机立即打开车门、站台门,报行车调度员,按行车调度员命令执行。若行车调度员要求清客,司机应播放清客广播,并通知车站人员协助清客。

(三)广播安抚乘客相关要求

广播安抚乘客的相关内容见表4-3。

广播安抚乘客的相关内容　　　　　表4-3

列车位置及广播时机		人工广播内容
事发列车在区间	列车可动车	尊敬的各位乘客,列车即将进站,请您不要惊慌,多谢合作
	列车无法动车	尊敬的各位乘客,列车因故临时停车,请您不要惊慌,不要打开车门,有情况请通过车门处紧急通话装置与司机联系,多谢合作
事发列车部分车厢未进入站台区域	需乘客自行打开车门、站台门时	尊敬的各位乘客,车门、站台门因故不能打开,请您手动解锁站台区域内的车门、站台门,自行离开车厢,不便之处,敬请谅解
列车越站时司机应广播安抚乘客		尊敬的各位乘客,列车因故将在本站不停车通过,请有需要的乘客在其他车站下车,不便之处,敬请谅解

十二、客室事件应急处理

(一)可燃气体/液体泄漏

(1)司机了解可燃气体/液体泄漏情况,迅速向行车调度员、就近车站报告;若列车驾驶室有登乘人员,司机应立即通知登乘人员到现场确认。

(2)保持列车运行至前方车站,并广播安抚乘客,到站后开启车门,引导乘客疏散。

(3)若列车在隧道内不能前行,则应打开驾驶室疏散门(或隧道疏散平台一侧车门),引导乘客往就近车站方向疏散。

(4)其他情况按行车调度员指示执行。

(二)列车上发现可疑物品

(1)收到车厢的乘客"报警"按钮(DAB)报警后,通过司机对讲向现场乘客了解情况,报告行车调度员;运行到前方车站后,通知车站派人到现场确认。

(2)确认列车上有可疑物品后,报行车调度员,协助车站处理。

(3)需清客时,播放清客广播,协助车站清客。

(4)确认清客完毕后,报行车调度员,配合值班站长处理。

(三)发生劫持人质事件

(1)当列车上乘客被劫持时,在车站时不动车,在运行中则维持进站停车,立即报行车调度员、车站,并做好安全防护,防止被歹徒劫持或进入驾驶室。

(2)当司机被劫持时,尽量将歹徒引往离驾驶室较远的地方;当被迫驾驶时,如在站则人为设置故障导致不能动车,如在运行中则尽量维持进站停车。

报警方式:不能直接报警时可长时间按对讲设备以将对话传出,或人为制造故障等。

(四)发生乘客打架纠纷事件

发现列车上有乘客发生纠纷或打架时,及时报告行车调度员;在站停车发现时,及时通知车站进行处理;原则上司机不到现场处理。

(五)乘客报警

1. 列车在区间运行中,乘客按"乘客报警"按钮

司机马上广播安抚乘客:"报警的乘客请注意,报警系统已启动,请不要触动车上设备,不要靠近车门,保持镇定,列车马上进站,将有工作人员协助处理。"之后,司机马上报告行车调度员,并维持列车进站;列车进站停车后,马上打开车门,并利用对讲机通知车站进行处理;确认车站处理完毕,确认站台"好了"信号后关门,按信号显示动车。

2. 列车在停站时,乘客按"乘客报警"按钮

保持车门打开,并利用对讲机通知车站进行处理;报告行车调度员,并做好临时停车的广播;确认车站处理完毕,确认站台"好了"信号后关门,按信号显示动车。

3. 列车在站内启动后,乘客按"乘客报警"按钮

马上人工介入,快速停车,做好广播,二次启动列车对标;开站台门/车门,通知车站派人前往处理;报告行车调度员,并做好临时停车的广播;联系车站了解处理情况;确认车站处理完毕,确认站台"好了"信号后关门,按信号显示动车。

十三、其他简单事件的处理

(一)驾驶室主控手柄脱落

发生主控手柄脱落,在站停车时,立即报行车调度员申请退出服务。列车在运行过程中发生时,立即尝试恢复 ATO 行车,无法恢复时看是否触发紧急停车。如在 URM 模式下应采取紧急停车措施停车,广播安抚乘客,报行车调度员,执行行车调度员命令。

(二)终点站主控钥匙卡滞,无法激活驾驶台

司机立即采用备用钥匙尝试是否能正常使用,如果正常,继续运营;备用钥匙也出现卡滞,无法激活驾驶台时,立即报行车调度员并通过对讲机通知折返司机或正线轮值协助,尝试其钥匙是否能正常使用。如果可以正常使用,先借用继续运营,列车出站后报行车调度员;如果折返司机或正线轮值钥匙还是出现卡滞,无法激活驾驶台,报行车调度员,按行车调度员命令执行。

(三)自动广播系统故障

自动广播系统故障时,司机采用人工手动点击报站广播,并报告行车调度员。如人工手动点击报站广播同时故障,可使用驾驶室对客室广播进行报站。如驾驶室对客室广播也发生故障,报告行车调度员,按其指示执行。

(四)列车临时清客

原则上不能连续安排两列同方向的列车在同一个车站临时清客。接载前方被清下来乘客的后续列车,原则上不能安排清客。

(五)车载无线电台故障

车载无线电台故障时,司机应该改用手持无线电台与行车调度员联系。如司机没有配置手持无线电台,则待列车进站停稳后,利用对讲机通知车站,由车站转告行车调度员,并向车站借用行车调度员组的临时无线电台与行车调度员联系。

当出现网络传输故障影响列车调度电话系统使用,司机不能与行车调度员联系,而司机在车站时,通过车站向行车调度员汇报行车信息,听从车站指挥。

列车在区间时停车超过 2min,仍联系不上行车调度员或车站时,司机应该马上通过手机拨打行车调度员外线电话与行车调度员联系。

(六)运营中发现隧道有人

司机发现隧道有人时,立即施加紧急制动,对乘客进行广播。初步判断情况(列车在人之前停车,列车头部已越过,列车头部撞人),并向 OCC 报告有关情况;若列车头部撞人,听从事故处理主任的指挥执行;若列车头部未撞人,则按行车调度员的指示,确认人员已处于不侵限位置,限速 15km/h 运行到前方车站。

课后习题

1. 以下哪种驾驶模式没有退行距离的限制？（   ）
   A. ATO   B. SM   C. RM   D. URM

2. 城市轨道交通使列车运行方向与原运行方向相反的是（   ）。
   A. 退行列车   B. 反方向运行列车   C. 逆向运行列车   D. 封锁区间开行列车

3. 列车（   ）越过固定信号显示位置即为冒进信号。
   A. 驾驶室   B. 前端任何一部分   C. 轮对   D. ATP传感器

4. 遇恶劣天气时，城市轨道交通地面及高架线路，风力波及区段风力达（   ）时列车运行速度不应超过60km/h。
   A. 6级   B. 7级   C. 8级   D. 9级

5. 遇恶劣天气时，城市轨道交通地面及高架线路，风力波及区段风力达（   ）及以上时应停运。
   A. 8级   B. 9级   C. 10级   D. 11级

6. 遇雾、霾、雨、雪、沙尘等恶劣天气，城市轨道交通地面及高架线路，当瞭望距离不足（   ）时，列车运行速度不应超过15km/h。
   A. 5m   B. 30m   C. 50m   D. 100m

7. 当列车内发生群体伤害事件时，原则上（   ）。
   A. 由司机处理
   B. 待列车进站后由车站协助处理
   C. 由车站处理
   D. 由行车调度员处理

8. 正常运行中的列车，人为使用车门紧急解锁手柄后，列车会（   ）。
   A. 运行到下一站后无法动车
   B. 减速
   C. 紧急制动
   D. 正常运行

9. 为了防止乘客偏离清客路线或者被障碍物绊倒，（   ）不用安排员工驻守。
   A. 道岔与交叉口
   B. 隧道口
   C. 客室内
   D. 其他有潜在危险的地方

10. 下列情况属于挤岔的是（   ）。
    A. 车轮挤过或挤坏道岔设备
    B. 列车掉道
    C. 列车冒进且车轮越过道岔防护信号机
    D. 道岔尖轨不密贴

11. 发生主控手柄脱落，在站停车时，应执行（   ）操作。
    A. 申请退出服务
    B. 申请限速15km/h运行
    C. 申请限速25km/h运行
    D. 申请临时停车

12. 车站发生毒气袭击时，若需要疏散车站乘客，在受袭的车站做好乘客广播，（   ），动车前确认站台"好了"信号后，关闭车门、站台门，立即动车，按行车调度员命令执行。
    A. 可上下客   B. 只下不上   C. 只上不下   D. 不可上下

13. 城市轨道交通列车在车站启动后,通过监控或其他方式发现下列哪些危及行车和人身安全情况时,必须采取紧急措施?(   )(多选)
    A. 夹人夹物行车
    B. 发现客室门开启
    C. 其他危及行车和人身安全的情况(必须紧急停车)
    D. 站台有乘客未上车

14. 司机进行隧道疏散的应急处理时,以下(   )做法是正确的。(多选)
    A. 播放广播,安抚乘客,提醒乘客保持镇定
    B. 打开车门,跳下轨道,查看停车的位置,以便向OCC报告
    C. 按行车调度员通知的疏散方向做好疏散准备,并通过广播引导乘客疏散
    D. 打开车门,进入隧道,查看列车情况

15. 城市轨道交通发生乘客坠落站台事故后,以下对司机处置的要求描述正确的有(   )。(多选)
    A. 事故发生后,列车内乘客未疏散前,应及时进行安抚广播,稳定乘客情绪
    B. 接受现场指挥人员动车的指令,并及时将信息传递至行车调度员
    C. 保持与行车调度员的信息沟通,续报事态发展情况和现场处置情况
    D. 密切配合现场勘查人员调查和证据收集

16. 城市轨道交通列车发生冲突正确的处理措施主要有(   )。(多选)
    A. 立即紧急停车
    B. 报告行车调度员及车站值班员(车辆段内报车辆段调度员)
    C. 确认事故现场是否影响其他线路,做好线路及列车的防护工作
    D. 保护现场,坚守岗位

17. (   )应开展列车事故/故障、列车降级运行、列车区间阻塞、设施设备故障清客、火灾、临时调整行车交路、线路运营调整及故障抢修、道岔失表等现场处置方案的经常性演练。
    A. 行车调度员　　　　　　　　B. 电力调度员、环控调度员
    C. 列车司机　　　　　　　　　D. 行车值班员

18. (   )应开展大面积停电、供电区段失电、电力监控系统离线、区间火灾、区间积水等现场处置方案的经常性演练。
    A. 行车调度员　　　　　　　　B. 电力调度员、环控调度员
    C. 列车司机　　　　　　　　　D. 行车值班员

19. (   )应开展列车事故/故障、列车降级运行、区间乘客疏散、列车连挂救援、非正常交路行车等现场处置方案的经常性演练。
    A. 行车调度员　　　　　　　　B. 电力调度员、环控调度员
    C. 列车司机　　　　　　　　　D. 行车值班员

拓展思考

1. 何为反方向运行？简述司机反方向运行时的操作程序。
2. 何为推进运行？列车推进运行时应遵循哪些规定？
3. 何为列车退行？退行时有哪些注意事项？
4. 发现接触网悬挂异物时，司机该如何处理？
5. 列车进入积水区间的速度有何规定？
6. 地面及高架线路遇大风天气时，列车的运行速度有何要求？
7. 列车在地面线路运行遇特殊情况，瞭望困难时，司机该如何处理？
8. 何为清客？
9. 清客有哪些类型？各有什么特点？
10. 简述清客期间的行车限制及特殊规定。
11. 何为挤岔？正线发生挤岔时司机该如何处理？
12. 何为列车分离？确认列车分离后司机该如何处理？
13. 列车在区间或站内发生撞人事故时，司机该如何处理？
14. 处理车门/站台门夹人夹物时，应遵循哪些原则？
15. 发现乘客按列车"报警"按钮时，司机该如何处理？
16. 发现乘客紧急解锁车门时，司机该如何处理？
17. 正线载客列车遇大面积停电时，司机该如何处理？
18. 简述列车在区间发生火灾时司机的处理程序。

项目五

故障情况下的操作与处理

项目说明

城市轨道交通车辆是一个非常复杂的系统,零部件很多,经过一段时间的使用后,随着车辆设备的老化等,不可避免地会出现各种各样的故障,影响列车的正常运行。运行中列车的故障处理受到运行条件、工具配件、司机故障处理能力等因素的限制,而且不可能无时间限制地将列车停在区间处理,这对司机的应急处理能力提出了更高的要求。

本项目要求学生掌握车门类故障、站台门类故障、信号设备故障、轨道电路故障、道岔故障、列车牵引类故障、列车制动类故障的操作与处理方法。

项目目标

▶▶ 知识目标

1. 了解车辆故障产生的原因,熟悉车辆故障处理的思路、原则与方法;
2. 了解车门故障的原因、处理原则,掌握常见车门故障的处理方法;
3. 了解站台门的作用、控制方式,熟悉站台门的故障处理原则,掌握常见站台门故障的处理方法;
4. 掌握 ATS、ATP、ATO 等信号设备故障时的处理方法;
5. 了解轨道电路的故障原因,掌握轨道电路故障的应急处理方法和程序;
6. 熟悉道岔的故障类型,掌握道岔故障的应急处理原则与方法;
7. 熟悉牵引类、制动类、辅助系统、空压机、列车广播等故障的处理方法;
8. 了解列车的救援方式、作业要求,熟悉救援列车开行的规定,掌握列车的救援过程与操作方法。

▶▶ 能力目标

1. 能够根据故障现象判断出故障类型;
2. 能够根据不同故障类型理清故障处理的思路和方法;
3. 具备应对和处理不同类型故障并分析出故障原因的能力;
4. 具备应对列车救援与被救援的能力。

▶▶ 素质目标

1. 培养敏捷准确的思维判断能力;
2. 养成临危不乱、从容应对的职业行为习惯;
3. 培养面对突发情况的应急处置能力。

建议学时

18 学时。

任务一　车辆故障排除基本知识

为了保持列车具有良好的技术状态,充分发挥车辆的技术性能,要求司机熟悉车辆的构造,努力掌握科学的检验技术和合理的检查顺序,具有极其认真的工作态度和强烈的责任心,在所掌握内容和经验积累的基础上,及时正确地判断和处理车辆故障,以确保列车安全、正点运行。

一、故障产生的原因

由于故障原因往往是多方面的,这里仅列举可能性较大的原因。同理,故障的处理办法也是多种多样的,在此也只是举出应急和常用的方法,以供司机在处理故障时参考。

(一)人为性故障

人为性故障是由于相关人员未按操作规程操作、维护造成的。
(1)司机违章操作。
(2)使用、维护不良。
(3)人为损坏、欠修等。

(二)自然性故障

自然性故障是由环境条件恶化、材料缺陷及安装不合理等造成的。
(1)环境条件恶化或设备老化。
(2)零部件不合格。
(3)机件装配调整错误。

正确分析和判别车辆故障的原因是一项重要而细致的工作,不应在未弄清故障原因之前随意、盲目处理。否则不但不能消除故障,反而可能造成新的故障。

二、故障处理的思路

列车运行中出现的故障可以说是具有经常性和突发性的,特别是功能性的故障较多。其中,有的故障比较简单,可以轻易排除,有的则不然。特别是车辆在运行中,故障可能突如其来,即使有常备不懈的思想准备,但如果没有坚实的故障处理基本功,这个不速之客也会使司机束手无策,有可能贻误处理故障的最佳时机而酿成事故。

运行中列车的故障处理受到运行条件、工具配件、司机故障处理能力等因素的限制,而且不可能无时间限制地将列车停在区间处理(区间应急故障处理的时间一般不应超过4min)。因此,应急故障处理的方法应是简明扼要、简便易行的。例如,某城市轨道交通运营企业车辆段内车辆故障和正线运营车辆故障处理流程如图5-1、图5-2所示。

此外,司机学习故障处理时,如果仅就某一故障现象就事论事,而不懂得举一反三,那么

假如故障以另一种形式出现,特别是在紧急情况下,司机仍然不会处理。要解决此问题,应从两方面着手:

(1)深层次了解故障的内在规律,通过现象看本质,思维方式发散,而不是简单地搬用知识。

(2)使学习的知识简而精,注重实用性,由故障的表象推出具体的处理步骤,把复杂的问题简单化。

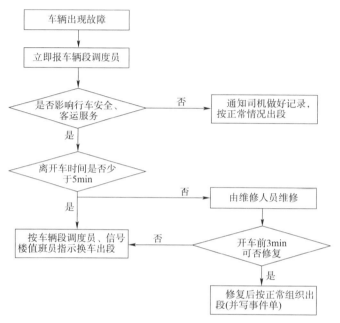

图 5-1 车辆段内车辆故障处理流程

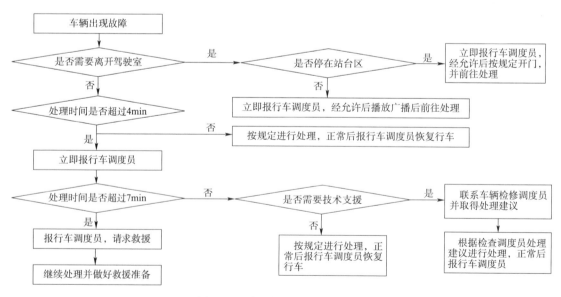

图 5-2 正线运营车辆故障处理流程

为了减少列车故障发生的频率,平时要做好维护工作,司机要规范驾驶列车,合理使用各项功能。一旦发生列车故障,司机要充分发挥自己综合分析、判断和处理故障的能力,迅速、准确地判断出故障位置。查找故障时,要按照故障发生的概率,先检查故障率高的地方,后检查故障率低的地方;按照"先易后难,先近后远,先低压后高压,先分析后处理"的原则进行处理。

在查找故障时,为了缩小查找范围,通常可采用"观""听""辨"等方法。

"观"。眼睛是心灵的窗户,是获取信息的重要工具。车辆有了故障,查找故障点是关键。通常故障发生后,都有一定的表象,司机在故障处理中首先应通过观察MMI显示屏、DDU显示屏、指示灯、制动压力仪表的显示状态及主控手柄的位置,搜集故障的最基本信息,尽可能地缩小和确定故障的大致范围。范围越小,故障位置越容易找出。

"听"。"听"即听列车有无异响,如听DDU的蜂鸣声,听列车操作时继电器吸合、断开的声音,以及行车调度员和其他行车人员对司机进行的呼叫声等。行车过程中司机注意力不可能时刻保持高度集中,因此需要有效利用听觉器官。特别是列车运行过程中,车辆走行部既看不到,也摸不着,因此,"听"走行部有无异响、"听"DDU的蜂鸣声以及继电器的动作声,对早期判断故障有着很重要的意义,司机一定不要忽视。

"辨"。在搜集相关信息后,司机在大脑中还应进行分析判断,辨别现象的真伪,必要时还需通过简单的操作加以辨别,进一步缩小故障范围。

总之,司机通过"观""听""辨",可对故障范围有一个综合的认识。上述方法不仅能提高司机的信心和心理素质,而且能缩短查找和处理故障的时间。

三、故障处理的一般原则

(1)发生车辆故障时,司机要沉着、冷静,要快速地作出正确的判断和处理,尽量缩短在线故障处理时间。

(2)当出现非正常情况时,司机应尽可能进站停车处理。列车故障消失可以继续运行时,司机必须报行车调度员后方能动车。列车仍不能继续运行时,3min内司机必须请求救援,并按规定安排列车防护和防溜。

(3)当出现列车故障应急处理指南中未列出的故障时,若故障原因不明且各空气断路器均在正常位置,司机应在车辆检修调度员或检修中心工程师的指导下采取措施。

(4)遇车载ATC故障须采取URM模式驾驶时,严格按照《车站行车组织规则》行车,运行中加强地面信号的确认,严格按照线路限速运行。

(5)遇非正常情况,按照各类非正常行车办法执行,加强确认各行车凭证。

四、故障处理的基本方法

(一)重试法

重试即再试一次,或换端重试。例如,一列车同一侧有一个或两个车门故障,司机可再次按下"开/关门"按钮,故障的门会尝试再开/关一次。如果车门仍没有打开/关闭,则重复上述动作一次。又如,列车到站后,车门未正常打开时,司机可按下驾驶台"开门"按钮重新开门。

(二)复位法

根据车辆显示屏或仪表、指示灯显示内容,检查有关电气柜里的空气断路器是否落下。

若落下,进行复位处理;若未落下,则重新断合一次。

(三)切除法

有些设备发生故障将会直接影响列车的驾驶性能及安全性能,因此列车在电路设计中对重要部件安装了监控系统,该设备一旦发生故障,车辆监控系统会遵循设备故障导向安全这一设计原则,采取限速运行或停止运行等手段来确保列车安全。司机必须通过故障现象准确查找故障原因,通过切除故障设备不让其工作的方法来维持列车运行,以减小故障对运营的影响。例如,牵引电动机故障接地时,司机可利用显示屏找到故障电动机并将其切除。又如,车门故障关闭不到位时,司机可以切除该车门继续载客运行。

(四)转换法

司机可利用车辆的备用系统和设备进行转换或切换。例如,微机控制系统Ⅰ发生故障,可将设备转换到微机控制系统Ⅱ工作;又如,空气压缩机Ⅰ发生故障,可将其转换到空气压缩机Ⅱ,以维持列车运行。

(五)旁路(隔离)法

车辆某些设备或系统发生故障时,会影响列车驾驶功能,导致列车无法牵引,此时司机必须按故障情况严格区分故障发生的原因,可尝试使用旁路相关设备的方法维持列车运行。例如,车门、紧急疏散门、停车制动、气制动或门锁发生故障时,经行车调度员同意后可进行旁路处理。旁路相关设备发生故障时,一定要仔细检查确认,慎重处理。例如,旁路停放制动和气制动时,司机必须先确定列车制动已真正缓解,再使用旁路制动监控电路的方法排除故障,以防扩大事故。

(六)重启法

控制信号或通信信号发生误差,会造成信息显示紊乱或黑屏,严重的还会影响列车某些设备的正常使用(或称死机)。在这种情况下最好采用重新启动列车或重新启动相关设备的方法,激活故障设备,恢复列车功能。例如,出现 MMI 黑屏或 ATP"打叉"等故障时,可按步骤对驾驶台进行重启。

五、故障处理程序

车辆设备故障时,按照《车站行车组织规则》中关于故障处理的原则进行处理,处理故障应避免等、靠的思想,司机应在第一时间报告行车调度员,判明故障,正确处理。如需到客室处理故障,司机应在离开驾驶室前先将情况简要汇报行车调度员,得到同意后再到客室处理。故障处理程序见表 5-1。

故障处理程序　　　　　　　　　　　　表 5-1

序号	司机处理过程	所需时间	要点
1	向行车调度员汇报	40s	五要素:司机代号、车次、车号、地点、故障现象
	做好故障广播		向乘客说明停车原因

续上表

序号	司机处理过程	所需时间	要点
2	按列车故障处理指南检查各断路器(含设备柜、二位端处断路器)或进行换端处理	40s～3min	按照列车故障处理指南逐一排除故障
3	汇报行车调度员后降弓、休眠、重启	4.5min	降弓15s,关闭钥匙开关,按"休眠"按钮10s,等20s后唤醒。自检需要3min,打开钥匙开关、升弓、信号自检15s
	休眠重启前做好客室广播		吐字清晰,节奏平稳,避免造成乘客恐慌
4	申请旁路	30s	得到行车调度员批准后实施
	做好清客广播		态度诚恳,用语礼貌

列车在运行过程中发生常见故障时,司机不仅需要具备列车构造原理知识和列车故障应急处理知识,更需要通过"观""听""辨"等行之有效的综合诊断和故障处理技巧,循序渐进地进行分析和排查。司机故障处理单项操作时间标准见表5-2。

司机故障处理单项操作时间标准　　　　表5-2

序号	项目	时间(s)	备注
1	故障信息确认与判断	30	
2	向行车调度员汇报	40	实际变化比较大
3	客室广播	10	
4	开关安全门、车门	15	
5	切除一个车门(可拉动/不可拉动)	15/30	
6	切除一个安全门	20	
7	断合主控开关	45	含断合间隔15s
8	降弓、休眠、唤醒	210	
9	本驾驶室电气柜操作	25	
10	ATC柜设备操作	30	
11	二位端低压柜操作	20	BIPS响应加90s
12	驾驶室到A1	10/15/20	①近/中/远:运营方向每节车厢第1、第3、第5个车门,时间为司机通过客室到达时间。②从站台到达A1、B1、C1、C2、B2、A2最远端时间分别为10s、19s、27s、35s、45s、55s,安全门处理参照此时间标准
13	驾驶室到B1	25/30/35	
14	驾驶室到C1	40/45/50	
15	驾驶室到C2	55/60/65	
16	驾驶室到B2	70/75/80	
17	驾驶室到A2	85/90/95	
18	到另一端驾驶室(客室/站台)	105/58	
19	升弓	15	
20	降弓	10	

任务二 车门故障

城市轨道交通站间距短、站点多,列车在运营服务时车门开关频率很高,因此车门故障是列车在运行过程中发生率非常高的故障之一。车门故障会对乘客乘降、列车运行安全和客运服务质量造成较大影响,因此一旦车门发生故障,必须立即采取措施确保乘客的安全和运营工作的顺利进行。

一、车门故障原因

(1)车门的频繁开关致使门控制器故障。
(2)乘客抢门。
(3)乘客吊门。
(4)列车老化导致车门无法正常开启。
(5)车载信号不稳定。
(6)其他故障。

二、车门故障安全风险

对以往的车门故障原因及车门特点进行分析可以知道,列车客室车门故障存在以下几种安全隐患:
(1)车门与站台门之间夹人。
(2)车门开闭过程中夹人。
(3)列车非站台侧车门开启。
(4)列车运营过程中车门意外开启。
(5)切除未锁闭的车门。
客室车门故障初步风险分析见表5-3。

客室车门故障初步风险分析 表5-3

风险类型	故障原因		说明
车门故障及相关事故	自然灾害	地震	地震冲击造成车辆严重变形,车门无法正常打开或关闭
	人为因素	防护措施	列车和ATP对门的监控及联动控制被人为切除,造成诸如开着门启动列车等危险事故
	次生灾害	爆炸、撞车、脱轨、火灾	列车爆炸、撞车、脱轨、火灾等重大事故引起车辆或车门电器或机械损坏,车门无法正常打开或关闭
	设备因素	车门与站台门	车门与站台门控制时序不合理,或者站台门应急设施设计不合理,车门与站台门间隙过大,乘客被夹当中

续上表

风险类型	故障原因		说明
车门故障及相关事故	设备因素	车门与站台	车体与站台边缘间隙过大,车辆地板面与站台高差太大,造成乘客踏空或摔倒
		车门结构	①门页强度、刚度设计不合理,外力作用下变形,移位。 ②车门结构设计缺陷,如锁闭机构不能有效锁闭,导致车门不安全开启。 ③紧急情况下不能通过紧急拉手打开车门。 ④单门故障切除装置设计不合理,不能隔离故障车门并有效锁闭。 ⑤门页设计不当,不能有效检测障碍物,或者造成被夹乘客夹痛、夹伤
		车门安全防护	①车门控制出错或失效,导致左右侧开门错误,或车门无法打开。 ②门状态安全监控回路设计不当或出错,导致车门未锁闭状态下列车起动,或车门安全锁闭状态下,列车不能起动运行。 ③紧急拉手设计不当,或监控出错,影响列车正常运营。 ④零速信息失效,导致列车非零速时开门,或零速情况下打不开。 ⑤开门压力、缓冲控制功能及障碍物探测功能设计不当使乘客夹伤。 ⑥开/关门提示信息不全,使乘客被夹或甩出车门。 ⑦联锁功能设计不当或失效,如门状态监控与牵引、紧急制动的联锁功能设计不合理,导致车门在未可靠关闭的情况下列车起动
		故障降级	各种旁路功能使用,如门状态监控旁路、ATP门监控功能旁路、ATP使能控制旁路等,防护功能失效引起的相关事故

三、车门故障处理原则

(1)尽量缩短在线故障处理时间。

(2)司机需要处理车门故障及处理完毕后都应及时汇报行车调度员。

(3)出现非正常故障时,司机应尽可能进站停车。

(4)客室门不能关闭时,应进行列车清客,站务人员及时做好引导及安抚工作。退出服务时,列车在区间及通过站台时应限速运行。

四、常见的车门故障和应急处理方法

(一)单个车门故障

1. 故障出现于区间

46.单个车门故障

若列车运行未受影响,确认全部车门关好后,继续运行至下一站处理;若列车受影响被迫区间停车,司机前往故障车门处切除故障车门后继续运营。

2. 故障出现于站台

(1)重新开/关车门,若故障消失,则继续运营;若车门仍然没有打开/关闭,则重复上述动作一次。

（2）若故障还未排除,由站务人员用方孔钥匙将故障车门切除(注意:"车门切除"开关在门页下方,按照箭头方向转动方孔钥匙)。

切除车门的步骤:

①使车门关闭:可采用电动或手动方式关闭车门。

②用方孔钥匙转动"隔离"开关,打至"隔离"位。

③用手推门页,确认车门无法打开。

（3）由站务人员贴上"车门故障暂停使用"的字条,维持运行到终点站后退出服务。

车站单个车门故障处理流程见表5-4。

47.故障车门的切除

车站单个车门故障处理流程　　　　表5-4

顺序	司机	车站
1	司机发现某车门故障不能正常开启或关闭时,再次开关车门一次。如果故障仍然存在,司机通过车辆显示屏确认故障车门的位置,并记录在纸上	车站接到司机的呼叫后,迅速派人到站台协助司机处理
2	报告行车调度员及车控室(站台岗),再次打开车门(站台门),并做好广播,安抚乘客	准备好两张车门故障纸
3	到达故障车门处确认门槽内无异物,关好故障车门后,将故障车门切除,与车站工作人员共同确认切除车门锁闭良好,确定车站人员张贴两张故障纸	确认故障车门关闭后,反推故障车门,确认故障车门关好后,贴上车门故障纸
4	从其他车门下车,返回驾驶室关闭车门(站台门)	维持好站台乘客的秩序
5	确认车站工作人员显示"好了"信号及行车条件后动车	确认车门(站台门)关闭无异常情况及站台安全后,向司机显示"好了"信号
6	动车后报告行车调度员	

3. 故障车门无法正常关闭,并且用方孔钥匙也不能切除

司机确认车门不能关闭,并且用方孔钥匙也不能切除。此时,司机应根据行车调度员的指示就近清客,使用司机座椅后电气柜内立柱上的"重要控制旁路"开关,将其打到"车门旁路"位,按两下"ATC开门允许"按钮,模式开关打到"限速向前"牵引;当列车速度超过零速时,模式开关可以转动到"手动"驾驶,使列车运行到终点后退出服务。

4. 司机关门后出现车门紧急解锁

（1）司机确认"门关好"灯是否亮,若亮则为假故障,继续运行。

（2）"门关好"灯不亮,根据故障指示找到相应车门,用方孔钥匙将车门右侧立柱上的红色紧急解锁手柄复位到水平位置;"门关好"灯亮,继续运行。

（3）若"门关好"灯仍不亮,确认车门已关闭,用方孔钥匙将车门切除,"门关好"灯亮,继续运行。

（4）若在运行过程中出现车门紧急解锁,列车发生紧急制动(ATP保护),列车停车后司机对相应车门进行处理。

（二）对标停车后整列车单侧车门无法打开

（1）发现单侧车门无法打开时，确认 HMI 显示屏上故障信息，检查车门控制微动开关是否跳闸。若跳闸则恢复，继续运营。

48.整列车单侧车门故障

（2）若未跳闸，则转换车门操作模式开关至手动开门模式，按"开门"按钮尝试开门，正常则继续运营。

（3）若无效，按下"强制开门"按钮，正常则继续运营。

（4）按下"强制开门"按钮，若发现灯不亮，按下"灯测试"按钮，强制"开门"按钮不亮，则将车门控制模式开关打至"网络"位，再次尝试开门，若成功则继续运营。

（5）若仍无效，则闭合"门零速旁路"开关，再次尝试开门。若成功则将"门零速旁路"开关打至"分"位，继续运营。若无效则手动解锁车门，清客退出服务。

（三）整列车单侧车门不能关闭

处理办法：

（1）尝试按驾驶台上的备用"关门"按钮及"重关门"按钮。若车门关好，继续运营。

（2）若车门不能关闭，则降级尝试关门，若成功则继续运营。

（3）若车门仍不能关闭，则将车门控制模式开关打至"网络"位，再次尝试关门。若成功则继续运营，否则清客，分断两端驾驶室内的车门控制微动开关，车门关闭后合"门关好旁路"开关，退出服务。

（四）车门关闭后，关门指示灯不亮

处理办法：

（1）按"灯测试"按钮，若灯测试不亮，确认车辆显示屏上无其他故障信息，继续运营。

（2）若灯测试亮，重新开关门一次，恢复正常则继续运营。

（3）若故障未恢复，且 ATO 模式可以动车，则继续运营。

（4）若故障未恢复，且 ATO 模式无法动车，则合"门关好旁路开关"，报行车调度员，根据其指示运行。

技能拓展

城市轨道交通乘务 1+X 中级工实操考核要点——车门类故障处理流程

（1）单个车门故障处理流程见表 5-5。

单个车门故障处理流程　　　　　　　表 5-5

名称	步骤	内容
单个车门故障 （车门关好后车辆显示屏显示 C1 车单个车门打开）	1	重新按"开左/右门"按钮，开门后，再按"关左/右门"按钮，按按钮需保持 3s 以上
	2	接通电话：司机手持联控电话，按"车载台"上的"调度"按键，接通行车调度员电话
	3	报告行车调度员："行调，××次在××站上/下行列车单个车门关闭故障，司机申请到现场处理。"
	4	等待行车调度员回复："××次，司机申请到现场处理，行调同意。"

续上表

名称	步骤	内容
单个车门故障（车门关好后车辆显示屏显示C1车单个车门打开）	5	结束通话:司机挂断电话
	6	紧急广播:通过车辆显示屏选择播放预置的"临时停车"紧急广播
	7	记录:用纸笔记录故障车门的编号
	8	作业:按"开左/右门"按钮开启车门、站台门
	9	通过虚拟列车故障处理系统,到达故障车门处,解锁车门,手动关闭车门,恢复解锁手柄,用方孔钥匙将车门切除
	10	手指眼看:车门上方的红灯亮和车门切除装置在水平位
	11	口呼:红灯亮,车门切除
	12	作业:返回司机驾驶台点击车辆显示屏"车辆状态",查看车门状态界面,确认小锁切除图标
	13	口呼:××门切除图标有,已切除
	14	动车:按作业程序关门动车
	15	紧急广播:通过广播控制盒选择播放预置的"列车再次启动"紧急广播,而后启动列车
	16	接通电话:司机手持联控电话,按车载台上的"调度"按键,接通行车调度员电话
	17	报告行车调度员:司机报告:"××次在××站,司机进行了××车门切除操作,现已动车。"
	18	等待行车调度员回复:"××次,切除××车门成功,现已动车,行调收到。"
	19	结束通话:挂断电话

（2）整侧车门无法打开处理流程见表5-6。

整侧车门无法打开处理流程　　　　　表5-6

名称	步骤	内容
整侧车门无法打开	1	手指眼看:停车标、信号显示屏
	2	口呼:停车到位,"车门允许"
	3	按下"开左/右门"按钮并保持3s以上
	4	接通电话:司机手持联控电话,按车载台上的"调度"按键,接通行车调度员电话
	5	报告行车调度员:"行调,××次在××站上/下行,整列车门无法打开,司机申请执行车辆故障处理流程。"
	6	等待行车调度员回复:"××次,申请执行车辆故障处理流程,行调同意。"
	7	结束通话:司机挂断电话
	8	紧急广播:通过车辆显示屏选择播放预置的"临时停车"紧急广播
	9	作业:按下站台侧的"强制开门"按钮,然后按下"开左/右门"按钮尝试开门,以及按下"强制开门"按钮和"备用开左/右门"按钮尝试开门,按时需保持3s以上

续上表

名称	步骤	内容
整侧车门无法打开	10	手指眼看:后墙柜车门控制(=81 – F101)微动开关
	11	口呼:车门控制微动开关正常
	12	手指眼看:"开关门模式切换"开关
	13	口呼:"开关门模式切换"开关至"网络"位
	14	作业:将"开关门模式切换"打至"网络"位
	15	手指眼看:主控钥匙
	16	口呼:复位主控钥匙
	17	作业:将方向模式手柄转至"OFF"位,然后将主控钥匙旋转至"OFF"位,3s后重新旋转主控钥匙至"ON"位,方向模式手柄打至"PM"位
	18	尝试开门:按下"强行开门"按钮后,按"开左门"按钮,尝试开门
	19	手指眼看:后墙柜门零速旁路开关(=81 – S109)
	20	口呼:"门零速旁路"开关至"合"位
	21	作业:将后墙柜"门零速旁路开关(=81 – S109)"转向"合"位
	22	尝试开门:按下"强行开门"按钮后,按"开左门"按钮,尝试开门
	23	手指眼看:"门零速旁路"开关
	24	口呼:"门零速旁路"开关至"分"位
	25	作业:将"门零速旁路"打至"分"位
	26	接通电话:司机手持联控电话,按车载台上的"调度"按键,接通行车调度员电话
	27	报告行车调度员:"行调,××次在××站上/下行,司机操作"门零速开关"后列车能开门,现已完成站台作业并动车,司机申请运行至终点站后清客退出服务。"
	28	等待行车调度员回复:"××次,司机申请运行至终点站后清客退出服务,行调同意。"
	29	结束通话:挂断电话

(3)整侧车门无法关闭处理流程见表5-7。

整侧车门无法关闭处理流程 表5-7

名称	步骤	内容
整侧车门无法关闭	1	作业:重新按2次"关门"按钮,按的时间应大于2s
	2	作业:按"重开门"按钮,按的时间应大于2s
	3	手指眼看:后墙柜车门控制(=81 – F101)微动开关
	4	口呼:车门控制微动开关正常
	5	接通电话:司机手持联控电话,按车载台上的"调度"按键,接通行车调度员电话
	6	报告行车调度员:"行调,××次在××站上/下行,整列车门无法关闭,司机申请执行车辆故障处理流程。"

续上表

名称	步骤	内容
整侧车门无法关闭	7	等待行车调度员回复:"××次,申请执行车辆故障处理流程,行调同意。"
	8	结束通话:司机挂断电话
	9	紧急广播:通过车辆显示屏选择播放预置的"临时停车"紧急广播
	10	手指眼看:"开关门模式切换"开关
	11	口呼:"开关门模式切换"开关至"网络"位
	12	作业:将"开关门模式切换"打至"网络"位
	13	手指眼看:主控钥匙
	14	口呼:复位主控钥匙
	15	作业:将方向模式手柄转至"OFF"位,然后将主控钥匙旋转至"OFF"位,3s后重新旋转主控钥匙至"ON"位,方向模式手柄打至"PM"位
	16	尝试开门:重新按"关左门"按钮,尝试关门
	17	紧急广播:通过广播控制盒选择播放预置的"列车再次启动"紧急广播,而后启动列车
	18	接通电话:司机手持联控电话,按车载台上的"调度"按键,接通行车调度员电话
	19	报告行车调度员:"行调,××次在××站上/下行,司机操作主控钥匙复位列车能关门,司机申请运行至终点站后清客退出服务。"
	20	等待行车调度员回复:"××次,司机申请运行至终点站后清客退出服务,行调同意。"
	21	结束通话:挂断电话

(4)"所有车门关闭"指示灯不亮处理流程见表5-8。

"所有车门关闭"指示灯不亮处理流程　　　　　　　　表5-8

名称	步骤	内容
"所有车门关闭"指示灯不亮	1	手指眼看:"关左/右门"灯亮、"所有车门关闭"灯不亮
	2	口呼:"关左/右门"绿灯亮、"所有车门关闭"灯不亮
	3	试灯:按"灯测试"按钮
	4	口呼:"所有车门关闭"绿灯亮
	5	作业:点击车辆显示屏"车辆状态",查看车门状态界面
	6	口呼:所有车门关闭正常
	7	接通电话:司机手持联控电话,按车载台上的"调度"按键,接通行车调度员电话
	8	报告行车调度员:"行调,××次在××站上/下行,所有车门关闭灯不亮,列车无法动车,司机申请执行车辆故障处理流程。"
	9	等待行车调度员回复:"××次,司机申请执行车辆故障处理流程,行调同意。"
	10	结束通话:司机挂断电话
	11	紧急广播:通过车辆显示屏选择播放预置的"临时停车"紧急广播

续上表

名称	步骤	内容
"所有车门关闭"指示灯不亮	12	重新按"开左/右门"按钮,开门后,再按"关左/右门"按钮,按钮需保持3s以上
	13	手指眼看:主控钥匙
	14	口呼:复位主控钥匙
	15	作业:将方向模式手柄转至"OFF"位,然后将主控钥匙旋转至"OFF"位,3s后重新旋转主控钥匙至"ON"位,方向模式手柄打至"PM"位
	16	手指眼看:"所有车门关闭"灯不亮
	17	口呼:"所有车门关闭"灯不亮
	18	作业:点击车辆显示屏"车辆状态",查看车门状态界面
	19	口呼:所有车门关闭正常
	20	手指眼看:"车门旁路"开关
	21	口呼:"车门旁路"至"合"位
	22	作业:将"车门旁路"开关打至"合"位,尝试动车
	23	紧急广播:通过广播控制盒选择播放预置的"列车再次启动"紧急广播,而后启动列车
	24	接通电话:司机手持联控电话,按车载台上的"调度"按键,接通行车调度员电话
	25	报告行车调度员:"行调,××次在××站上/下行,司机操作'车门旁路'后现已动车,列车运行正常。"
	26	等待行车调度员回复:"××次,切除××车门成功,现已动车,行调收到。"
	27	结束通话:挂断电话

任务三 站台门故障

新型轨道交通车站一般都安装有站台门系统,设于站台边缘的有效站台长度范围内,在站台中心线两端对称布置,将列车运行区域与站台区域隔断。

站台门系统由机械部分和电气部分组成。机械部分包括门体结构(由承重结构、滑动门、固定门、应急门、端门、门槛、顶箱组成)和门机系统(由电动机、减速器、传动装置和锁紧装置等组成),如图5-3所示。当列车停靠在正确的位置时,站台门的滑动门与列车的车门相对应。电气部分包括电源系统和控制系统。电源系统由驱动电源和控制电源等组成;控制系统由中央控制盘、远程监控设备、就地控制盘(PSL)、综合后备盘(IBP)、门机控制单元(DCU)组成。

一、站台门的作用

(1)保证乘客的人身安全。站台门隔断了车站区域与轨道区域,可以把候车乘客阻断在站台区,防止乘客掉落轨道。而且站台门只有在列车到站停妥后才能开启,随着列车门的关闭而关闭,这就保证了乘客在站台上下车的安全,有效防止伤亡事故的发生。

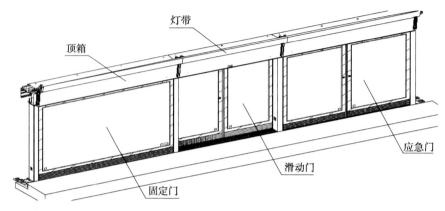

图 5-3　站台门门体部分

(2) 节约能源,降低噪声。在车站,站台门系统的隔断作用减少了列车在隧道内运行带来的冷气流与站台区域热气流的交换,可以节约车站环控设施的能源。同时站台门的阻隔可以降低列车的噪声,使乘客候车环境更加舒适。

(3) 节省人力资源。站台门能完全阻断站台与轨道,能保证乘客人身安全,因此,可以减少站台的接发列车人员,大大节省了人力资源。

二、站台门的控制方式

站台门控制系统具有三级控制方式:系统级控制、站台级控制和手动操作。手动操作优先级最高,系统级最低。

(1) 系统级控制是在正常运行模式下由信号系统直接对站台门进行控制的方式,可实现站台门与列车车门的同步自动开关。

(2) 站台级控制是由站务人员、司机在站台头端墙 PSL 盘上对站台门进行控制的方式。当系统级控制不能正常实现时,可进行站台级控制。

(3) 手动操作是由站台人员或乘客对站台门进行的操作。当系统级和站台级控制都不能实现站台门的开关时,站台工作人员在站台侧用三角钥匙或乘客在列车内用开门把手打开站台门,实现站台门的手动控制。

三、站台门系统故障的安全隐患

站台门系统故障主要会带来下列安全隐患:
(1) 站台门突然开关,导致乘客跌落站台。
(2) 站台门玻璃脱落,玻璃碎渣砸伤乘客或者掉入轨道影响行车安全。
(3) 站台门倒塌,导致乘客跌落站台。
(4) 站台门漏电,导致乘客触电。
(5) 站台门门槛突起,导致乘客上下车时被绊倒。

(6) 应急门无法打开,紧急情况下导致疏散受阻。

(7) 滑动门无法打开,影响乘客上下车,导致列车晚点。

(8) 端头门被列车进入站台时产生的气压推倒,使乘客和站务员掉下路轨,造成伤亡。

(9) 站台门振荡,导致列车与站台门碰撞,造成乘客及员工受伤或死亡。

(10) 站台门燃烧冒烟,导致站台失火,引起人员伤亡。

(11) 乘客被站台门和车门夹住或撞击,正常情况下影响乘客上下车,延误列车运行;紧急情况下延误疏散。

(12) 站台门在无列车进入站台时开启,导致乘客或员工跌入轨道。

四、站台门系统故障处理原则和方法

49.就地控制盘(PSL)的操作

(1) 发生站台门故障时,要按照"先通车后恢复"的原则进行处理,在保证安全的前提下,车站人员要尽快处理,及时向司机显示"好了"信号。司机在确保安全的情况下按时刻表的要求行车,确保站台乘客人身安全,列车准点运行。

(2) 与信号系统联锁后,在 RM 模式、SM 模式、ATO 模式下站台门均可实现与车门同步开关;在反方向运行及 URM 模式下,必须使用 PSL 盘开关站台门。

PSL 盘的技术要求:

①开门时,要在"门关闭"位停顿 1s,再打到"门打开"位,并在"门打开"位保持 5s,确保站台门全部打开。

②关门时,要在"门关闭"位保持 5s,确保门全部关闭,站台门 PSL 盘"ASD/EED 门关闭"绿灯亮后,才可将钥匙转到禁止位,拔出钥匙。

③操作尾端 PSL 盘仅是在钥匙断在头端墙 PSL 盘锁孔时使用。

(3) 单个或少数站台门的滑动门故障时,由站台站务员使用专有钥匙及时将故障的滑动门切除。

(4) 较多站台门的滑动门故障,或站台门检测回路故障,影响站台门系统与信号系统的互锁关系,导致列车不能正常运行时,用专用钥匙切除站台门与信号系统的互锁关系(在 PSL 盘上激活"互锁解除"按钮),恢复列车运行。

(5) 对不能关闭的单个或多个滑动门,必须设置安全防护栏或安排专人看护。专人看护时,原则上每个人可监护五档相邻站台门。

(6) 整侧站台门不能开关时,车站安排不少于 3 人到现场支援。

(7) 当一节车厢对应站台门全部不能正常开启时,需要至少手动打开一档滑动门,并将其隔离(旁路)和断电,引导乘客上下车。

(8) 站台门故障时,站务员须同时做好乘客广播及引导工作,让乘客从正常的站台门上下车。当多对站台门故障时,应保证没有连续不能开启或关闭的滑动门出现,以避免影响乘客上下车。

(9) 故障站台门修复后,由行车调度员负责组织,车站和司机配合,利用下一列车进行一次相应侧的站台门开关门试验。

五、站台门常见故障处理程序

当隧道内无列车及列车在区间运行时,车站站台门处于关闭状态。列车进站停稳后,通过司机一人操作,列车门开启,站台门打开。为了保证站台门动作可靠,站台门自动打开后,列车不能移动,直到接收到关门信息才能动车。乘客上下车完毕后,仍由司机一人操纵。列车门关闭后,站台门随即自动关闭,列车才能驶离车站。

50.站台门常见故障处理程序

另外,在正常停车的情况下,列车驾驶室门处于站台门端外,能不受阻碍地开放,这样就能保证发生故障或灾害时,乘客能安全疏散。

(一)车门与站台门不能联动

车载 ATO 故障,车门与站台门不能联动时,当列车离前方终点站 5 个站及以上时,行车调度员通知下一车站派站务人员上驾驶室担任站台门操作员,协助司机开关站台门。

该情况下,司机负责驾驶列车和操作列车相关设备;站台门操作员负责操作站台门的开关,协助司机瞭望进路,监督司机按规定速度运行。列车在投入客运服务前,须把"开门状态"开关打到"手动"位。列车在车站停稳后,应迅速打开驾驶室门,先由站台门操作员操作打开站台门,后由司机打开客室门;当距开车时间 15～12s 时,先关闭站台门,再关闭客室门,并确认无夹人夹物时,进入驾驶室开车。

(二)站台门不能打开/关闭

1. 司机手动操作可打开/关闭整侧站台门

司机到站后/出站时按列车"开门/关门"按钮,发现站台门不能打开/关闭时,再按一次"开门/关门"按钮,如果站台门仍然不能打开/关闭,操作发车端的 PSL 盘进行手动开门/关门,如图 5-4 所示。将随身携带的钥匙插入 PSL 盘,转到"开门/关门"位置,打开/关闭整侧站台门后取出钥匙,同时向 OCC 的行车调度员报告,行车调度员通知维修单位到该车站排除故障。

图 5-4 PSL 盘示意图

2. 司机手动操作只能打开部分站台门

使用 PSL 盘打开站台门,如果仍有一个或多个站台门不能打开,司机应报告行车调度员,并广播通知乘客从其他车门下车。行车调度员通知整条线路上的列车进行速度控制并做好广播安抚乘客的工作,安排维修单位到该车站排除故障。待维修人员排除故障后,必须经手动开关门试验,才能转到自动控制。

3. 司机手动操作只能关闭部分站台门

使用 PSL 盘关闭站台门,如果仍有一个或多个站台门不能关闭,司机应报告行车调度员。行车调度员通知全线列车,并安排维修。车站张贴告示并设好护栏,对乘客进行安全广播。对不能关闭的站台门使用钥匙切换到隔离位置,将该滑动门进行隔离处理。手动关闭滑动门,对不能关闭的站台门进行监护。如果列车不能收到站台门关闭信号,无法出站,使用钥匙操纵 PSL 盘上的"互锁解除"开关,模拟关闭锁紧信号,待列车驶离车站后松手。故障排除后,手动开关门测试良好,转为自动控制,撤除隔离,向行车调度员报告,全线列车正常运行。

4. 司机手动操作,整侧站台门不能打开

使用 PSL 盘打开站台门,如果整侧站台门不能打开,司机应通知车站"××站台所有站台门不能开启",然后报告行车调度员,广播通知乘客:"因站台门故障,请乘客按站台门上的说明按住开门把手,自行推开站台门后下车。"

故障发生后的第一趟列车发车时,司机报告行车调度员后凭车站"好了"信号以 RM 模式动车。随后车站派人前往站台协助处理,按规定在 PSL 盘上打站台门旁路,解除互锁接发列车,后续列车司机凭车站"好了"信号以 ATO 模式/SM 模式出站。

5. 司机手动操作,整侧站台门不能关闭

使用 PSL 盘关闭站台门,如果整侧站台门不能关上,司机应通知车站,报告行车调度员。车站派人前往站台协助处理,张贴告示并设好护栏,对乘客进行安全广播,保持整侧站台门的开启状态,加强监控与防护;按规定在 PSL 盘上打站台门旁路,解除互锁,便于列车进出车站。行车调度员通知全线列车,并安排维修。

故障发生后的第一趟列车发车时,司机报告行车调度员后凭车站"好了"信号以 RM 模式动车。后续列车司机凭车站"好了"信号以 ATO 模式/SM 模式出站,动车时注意确认车门与站台门之间的空隙安全。

车站故障排除后,对整侧站台门测试,状态良好则转为自动控制,撤除隔离,向行车调度员报告,全线列车恢复正常运行。

(三)站台门"互锁解除"信息失效,影响列车发车

(1)车站人员操作 PSL 盘"互锁解除"功能失效,列车不能发车,行车值班员立即报告行车调度员,行车调度员通知司机"准许红灯发车"。

(2)司机得到行车调度员发车的允许后转换至 RM 模式发车。

技能拓展

城市轨道交通乘务 1+X 中级工实操考核要点——站台门类故障处理流程

车门关闭时站台门不联动处理流程见表 5-9。

车门关闭时站台门不联动处理流程　　　　　　　　　　　　表 5-9

名称	步骤	内容
车门关闭时站台门不联动	1	再次按"关左/右门"按钮,保持至少 3s
	2	手指眼看:PSL 盘操作允许钥匙
	3	作业:将 PSL 盘操作允许钥匙打到"手动允许"位
	4	手指眼看:PSL 盘"关门"按钮
	5	作业:按下 PSL 盘"关门"按钮保持至少 2s
	6	手指眼看:站台门动作并关闭,站台门全关闭且锁紧指示灯点亮
	7	作业:将 PSL 盘操作允许钥匙恢复至"自动"位

任务四　信号设备故障

一、正线 ATS 故障

ATS 系统的主要功能是控制和监督列车运行。ATS 系统按列车计划运行图指挥列车运行,办理列车进路,控制发车时刻,及时收集和记录列车运行信息,跟踪列车位置、车次,绘制列车运行图,并在 OCC 的模拟盘上显示列车信息及线路情况。

ATS 系统发生故障,会影响列车位置、车次等列车运行信息的记录,进而影响列车运行图的自动绘制。故 ATS 设备故障时,司机应人工输入车次号,换向运行时,输入新的车次;各规定报点站向行车调度员报告各次列车的到开点,行车调度员以报点站为单位人工铺画列车运行图。

正线发生 ATS 故障的可能表现有:需司机人工输入车次及目的地码;车站的停车点在列车关门后不会自动取消或在列车进站时突然取消;DTI 无显示;两端终点站无折返信号,列车在区间能以 ATO 模式运行。

(一)输入目的地码的要求

ATS 故障时,除行车调度员群呼要求司机在终点站输入车次及目的地码外,其他情况严禁输入目的地码、车次。在输入车次及目的地码前,司机与行车调度员共同确认,确保准确无误,严禁盲目输入目的地码及车次,做到不清楚就问。

(二)进站驾驶模式及监控的要求

列车在区间用 ATO 模式驾驶,根据需要进站采用 SM 模式。列车在进站时加强监控,防止信号突变冲出站台。

在 ATS 故障出现紧急制动时,必须严格执行紧急制动的处理程序;使用 RM 模式动车时必须得到行车调度员的同意,严禁臆测行车。

在车站停车后,如 DTI 无显示时,司机要掌握好关门时机,确认无乘客上下车后关闭站台门、车门。车门关好后,如仍未取消停车点,司机需要及时与行车调度员和车站联系。在取消不了停车点时,司机必须得到行车调度员的授权,确认地面信号正确后以 RM 模式动车,收到速度码后转 ATO 模式驾驶。

(三)两端站作业要求

如终点站有折返信号,按 ATO 模式人工折返执行;如无折返信号,按无折返信号的程序折返。

(四)停车点的判断

目前,城市轨道交通系统采用的信号设备不同,故停车点的判断与处理也不尽相同。下面以广州地铁为例,介绍 ATS 故障下停车点的判断与处理。

列车进站,车站有停车点(停车点未取消)时,列车进站信号显示屏的显示推荐速度为 57.5km/h 并不断下降,目标速度为 0km/h,目标距离的图标为红色且小于 150m。

列车进站前停车点已取消时,列车进站信号显示屏的显示推荐速度为 60km/h,目标速度为 60km/h,目标距离的图标为绿色或黄色。

列车进站过程中停车点突然取消时,目标距离的图标为绿色,列车加速。司机应马上采取紧急措施停车。

列车在进站前如果已接到行车调度员的通知,列车在下一站停车点已经取消,要求司机以 SM 模式进站对标停车时,司机在进站时要集中精力,尽量做到早拉少拉,控制好速度,严格按列车的推荐速度驾驶,防止列车冲出站台。

二、ATP 设备发生故障

ATP 子系统是确保列车运行安全的关键设备,由轨旁地面设备和车载设备组成。列车通过地面 ATP 设备接收运行于该区段列车的目标速度,保证列车在不超过此目标速度的情况下运行,从而保证后续列车与先行列车之间的安全间隔距离。对联锁车站,ATP 系统可确保只有一条进路有效。ATP 系统同时监督列车车门和车站站台门的开启和关闭,保证操作安全。

(一)ATP 轨旁设备故障

当 ATP 轨旁设备发生故障时,则 ATO 车载设备接收不到限速命令,无法按自动闭塞法行车。此时,如果是小范围的设备故障,可由行车调度员确认故障区间空闲后,命令司机在故障区间以 RM 模式限速运行;出清故障区段经过两个轨道电路还未恢复 ATO 模式时,以 RM 模式驾驶至前方车站或终点站。如果是大范围的设备故障,须停止使用自动闭塞法,改为车站控制,按电话闭塞法组织行车。

(二)ATP 车载设备故障

1. 司机的操作与注意事项

ATP 车载设备发生故障时,因故障列车无法接收 ATP 限速命令,此时主要解决列车的驾驶模式问题。一般 ATP 车载设备发生故障时,司机根据行车调度员命令人工驾驶限速运行,即以 URM 模式(有限速规定)驾驶列车至前方站。列车到达前方站(或在车站发生故障)仍不能修复时,由车站派行车人员上驾驶室添乘,沿途协助司机瞭望,监控速度表。如遇到超速,行车人员提醒司机控制速度,必要时,立即按"紧急停车"按钮;在有站台门的车站,行车人员须协助司机开关站台门。司机以 URM 模式按规定的限制速度继续驾驶列车至前方终点站退出服务。

行车调度员应随时注意 ATP 车载设备故障列车的运行情况,严格控制速度以确保列车与列车之间的最小间隔在一个区间及以上,遇到两列车进入同一个区间时,应采取紧急措施,扣停后面的列车。

列车在运行中因道岔显示故障造成紧急停车(停在岔区)时,车站应报行车调度员通知信号检修人员。车站人员到现场将道岔锁定后,司机根据行车调度员命令限速离开岔区。

如果列车在站台发车前收不到 ATP 速度码,司机应报行车调度员,在得到行车调度员同意后方可使用 RM 模式动车。

2. 车站值班员(或值班站长)**进驾驶室添乘监控的程序**

(1)接受行车调度员的命令。

(2)携带行车调度员无线对讲机。

(3)向司机报告:URM 监控并报命令号。

(4)司机在听到车站值班员(或值班站长)的报告,确认其身份和命令号后,记下其员工号,允许其进驾驶室监控,并开车。

(5)列车到达前方终点站退出服务后,车站值班员(或值班站长)要向行车调度员汇报沿途运行情况再返回车站。

三、ATO 子系统发生故障

ATO 子系统的主要功能是站间运行控制、列车按时刻表的时间和最大可能的节能原则自动调整实际运行时分和在站内的停留时间、在车站的定位停车控制、车门控制及站台门的开启等。

当 ATO 子系统发生故障时,列车自动运行功能不能实现,此时列车改为 SM 模式驾驶,在 ATP 车载设备的监护下,按车内速度信号显示运行。

四、联锁系统发生故障

(一)联锁系统故障的特点

联锁系统在城市轨道交通信号系统中起着非常重要的作用,其作用对象主要包括轨道电路、信号机和道岔。联锁系统按要求不间断地对这三个部分进行检测,表现出来的结果为一条进路是建立还是取消。联锁系统的信息交换对象除了 ATS 外还有轨旁 ATP。通常情况下只有当联锁系统给出某个轨道电路区段被征用的信号后,轨旁 ATP 才会在该轨道电路区段设定推荐速度,引导列车行进。因而,一旦联锁系统故障,ATS 系统和 ATP 系统将失去数据交换功能,从而导致信号系统瘫痪。

当联锁系统发生故障时,ATC 系统会立即失效,行车调度员和行车值班员将得不到任何关于列车位置、道岔位置、进路锁闭和运营列车的开停状态等安全信息,行车安全将失去设备保障。虽然联锁系统发生故障的概率较其他信号类设备故障明显偏低,但由于联锁系统故障对城市轨道交通运营秩序影响较大,行车指挥人员应该对联锁系统故障的处理方法熟练掌握。

国内城市轨道交通联锁系统除修建较早的线路外,基本采用计算机联锁,轨道交通线路通常每三四个车站划分为一个联锁区,每个联锁区设有一个集中站,每个集中站设有联锁计算机,分别控制管理各自联锁区域的安全行车。联锁计算机通常采用冗余设计,具有很高的可靠性和实用性。

车站联锁系统发生故障时,一般会出现某联锁区(或全线)在调度中心 MMI 上无法显示、车站工作站(LOW)无显示、通向故障区的进路无法排列、列车在故障区内收不到速度码,或发生紧急制动等现象。根据联锁系统故障发生的范围可以将其分为全线联锁设备故障和集中站联锁设备故障两种。无论出现哪种故障,基本的处理方法都是行车调度员下达给故障区段按电话闭塞法(或电话联系法)行车的调度命令,在非故障区段行车组织方法不变。

(二)联锁系统故障的处理方法

联锁设备出现故障时,正常的进路无法排列,信号无法开放,所有的移动、准移动、自动闭塞都无法实现。在这种情况下,城市轨道交通企业主要是在故障区段采用电话闭塞法或电话联系法组织行车。

1. 电话闭塞法组织行车

电话闭塞法是在没有机械、电气设备控制的条件下,仅凭电话联系来保证列车空间间隔的行车闭塞法,安全程度较低。

1)电话闭塞法行车时司机的操作与注意事项

司机接到行车调度员关于电话闭塞法的行车命令后,首先应当复诵和记录调度命令,确认实行电话闭塞的站间区间范围及其他事项。

司机按照电话闭塞法的限制速度操作列车运行,注意瞭望线路和道岔情况,发现紧急情况立即采取相应措施并汇报行车调度员。区间分界点信号机、顺向阻挡信号机停用。遇防护信号机显示红灯时,司机在该信号机前停车,按引导信号的显示运行。若引导信号无显示,司机则与行车调度员联系,按其指示运行,通过该区段限速 15km/h。

司机进站停稳列车后,须使用 PSL 钥匙手动打开站台门,进行乘降作业,等待综控员发放的行车凭证:若出站信号机正常,则凭信号机的绿色或黄色灯光进入前方闭塞区间;遇出站信号机因故不能开放时,司机在收到路票后,看到发车手信号,才能启动列车出站。如果等该发车凭证造成晚点,向行车调度员报告。

电话闭塞下的道岔状态有可能通过人工扳动来改变,因此司机在出站时还应贯彻执行"呼唤应答"制度,仔细确认道岔方向,防止事故发生。进入区间运行后,司机一定要严守速度,发现影响行车的异常情况立即紧急制动。

2)手摇道岔标准作业程序

城市轨道交通企业总结出了手摇道岔的标准作业程序,即"手摇道岔六部曲":

一看:看道岔开通位置是否正确,是否需要改变位置。
二开:开盖板及钩锁器的锁,拆下钩锁器。
三摇:摇道岔转向所需的位置,在听到落槽声后停止。
四确认:手指尖轨,口呼"尖轨密贴开通×位",并和另一人共同确认。
五加锁:另一人在确认道岔位置开通正确后,用钩锁器锁定道岔尖轨。
六汇报:向车站行车控制室汇报道岔开通位置正确。

2. 电话联系法组织行车

当某联锁站计算机联锁系统发生故障采用站间电话联系法组织行车时,行车调度员应及时向有关车站发布命令:"从××时间起,在××站至××站间采用站间电话联系法组织行车。"行车调度员亲自或通过车站通知司机口头调度命令的内容。司机接到行车调度员的调度命令时复诵并把命令内容记录在"司机日志"上。

车站和行车调度员共同确认第一趟发出的列车运行前方的车站和区间空闲,此时列车在故障区段范围内的行车凭证是行车调度员的口头命令,列车采用 RM 驾驶模式。故障区段运行中进路防护信号机的信号显示无效,列车进站时按规定对标停车,列车在站关门凭车站的发车指示信号关门,动车凭车站显示发车信号发车。每一站间区间及前方站内线路内只允许一趟列车占用。

正线某联锁站 SICAS 故障,正在故障联锁区段运行的列车,发生紧急制动。若列车在站内,报 OCC,确认进路安全,RM 模式动车对标停车开门;若列车在区间发生紧急制动则报行车调度员,经行车调度员同意后,确认进路安全以 RM 模式动车。

在 SICAS 故障时,列车不能自动报站,列车到达站名标时,司机人工点击车辆显示屏上的信息广播进行报站广播。列车在站停车时间超过 1min 时,司机应进行"临时停车"广播,安抚乘客;列车在区间以 RM 模式限速 25km/h 运行时,司机应进行"限速行车"广播,安抚乘客。

列车在运行中,司机应加强瞭望,严格控制速度,严禁超速,确认呼唤道岔位置,发现异常立即停车,并报告行车调度员。在同一区间发现前方有车(包括站内)时,司机应立即停车,报告行车调度员,按行车调度员的指示执行。

任务五 轨道电路故障

轨道电路是反映该段线路是否空闲的装备,它为开放信号、建立进路或构成闭塞提供依据。利用轨道电路监督列车在区间或站内的占用,是最常用的方法,任何一个轨道电路发生故障,都会直接影响列车的正常运行。

一、轨道电路工作状态

在调度控制中心的 MMI 或车站 LOW 上,每一个轨道电路的设备状态都有相关显示,遇到轨道电路故障时也会及时显示设备故障报警提示。

轨道电路区段（含道岔轨道电路区段）根据不同的工作状态可以显示七种颜色，从高到低分别为灰色、深蓝色、红色、粉红色、淡绿色、绿色、黄色。各种颜色在行车工作中的含义如下：

（1）灰色——无数据（轨道电路设备与 SICAS 计算机连接中断，一般是联锁系统发生故障）。

（2）深蓝色——表示该区段已被封锁，拒绝通过该区段排列进路。如果轨道中部深蓝色闪烁，表示该区段已进行封锁操作，但对下一条进路有效。

（3）红色——物理占用。

（4）粉红色——逻辑占用。

（5）淡绿色——空闲、被进路征用为保护区段。

（6）绿色——空闲、被进路征用。

（7）黄色——常态、空闲，没有被进路征用。

在以上这些轨道电路区段的颜色中，黄色、绿色、淡绿色、深蓝色和红色是列车运行时从排列进路到列车占用再到进路出清的过程中正常显示的颜色。当轨道电路区段显示粉红色时表示"逻辑占用"，即操作员发出的指令只到达联锁逻辑层，是计算机联锁逻辑计算故障所致，操作员一般可以通过"轨区逻空"（或"岔区逻空"）命令将故障清除。

在没有列车占用时，如果轨道电路区段显示红光带则表示"物理占用"，这种情况和轨道电路区段出现粉红光带不同，一般是操作员的指令到达现场设备层后出现电路故障所致，也有可能是钢轨出现水淹、断轨等突发情况，需要立即派人到现场检修。本书主要讨论轨道电路区段非正常显示红光带和粉红光带的处理方法。

二、轨道电路故障原因

导致轨道电路区段出现红光带的原因有很多，但对于行车岗位的人员来说，可以简单地归为以下两大类：一是导体将两根钢轨接通（如列车轮对占用、水淹等），二是轨道电路电气回路中的设备故障（包括断轨）。因此，当轨道电路区段出现非正常红光带时，行车指挥人员最关心的就是现场钢轨的状态是否有问题，有无异物搭在钢轨上、有无断轨、有无水淹。如果查明现场情况正常，即可初步判断造成红光带的原因为电路故障。

三、轨道电路故障处理方法

当轨道电路区段出现红（粉红）光带时，进路监控区段的信号机无法开放，以 ATO 模式或 SM 模式运行的接近列车将自动停车或发生紧急制动，故障区内列车收不到速度码。但一般来说，单个轨道电路区段出现红（粉红）光带不会对行车造成大的影响，出现粉红光带时，行车调度员可以通过指令使车站执行"轨区逻空"命令；出现非正常红光带时，行车调度员可以在初步查明原因后命令司机以 RM 模式谨慎驾驶通过故障区段。

但如果整个联锁区的轨道电路区段出现红（粉红）光带，由于列车在整个联锁区都无法收到速度码，而命令司机以 RM 模式又会使行车速度大为降低，有时还必须改用站间电话联系法(或电话闭塞法)组织行车,这样就会对行车工作产生较大影响。轨道电路故障应急处理方法见表5-10。

轨道电路故障应急处理方法　　　　　　　表5-10

故障现象	可能原因	处理方法或步骤说明
轨道电路粉红光带	①方向转换继电器接点跳动或接触不良。 ②轨道继电器接点跳动或接触不良。 ③室外轨道电路被瞬间分路。 ④轻车尾部跳动。 ⑤道岔绝缘不良。 ⑥其他一些连接部件接触不良	当轨道电路出现粉红光带(整个联锁区的轨道电路都出现粉红光带的情况除外)故障时,行车调度员或车站值班员应立即对该轨道区段实施"逻辑空闲"的操作
轨道电路红光带	①电源或电源熔断器故障。 ②室内方向转换设备故障。 ③室外发送或接收设备故障。 ④室外调谐或转换设备故障。 ⑤继电器故障。 ⑥室外电气绝缘节失效。 ⑦道岔绝缘失效。 ⑧连接电缆故障。 ⑨断轨	当轨道电路出现红光带故障时,第一趟受影响的列车将会在故障区段的第一个区段的停车点停车或在故障区段所属进路的始端信号机前方停车。此时,行车调度员或车站值班员对受影响的第一趟及后续列车可按以下方式进行处理: ①当列车在区间内停车时,应立即通知该列车司机以RM模式动车通过该故障区段。当列车驾驶模式转为SM模式后,司机以SM/ATO模式驾驶列车。 ②当列车在进路防护信号机前方停车时,若能自动开放信号,则让司机以SM/ATO模式驾驶列车在故障区段前自动停车后转为RM模式驾驶通过该区段。在列车驾驶模式转为SM模式后,司机再以SM/ATO模式驾驶列车。若不能开放信号,则应人工开放引导信号,通知司机以RM模式驾驶列车通过故障区段至列车驾驶模式转为SM模式后,司机再以SM/ATO模式驾驶列车。 ③如果故障区段在道岔轨道电路区段,在进路排列前,该道岔位置与进路开通位置不一致,应立即执行"强行转岔"的安全相关命令,先将道岔位置转到进路开通的位置,然后人工开放引导信号,通知司机以RM模式进站(出站)。在列车驾驶模式转为SM模式后,司机以SM/ATO模式驾驶列车。若列车已越过进路防护信号机停车,则行车调度员立即通知司机以RM模式进站(出站)。在列车驾驶模式转为SM模式后,司机以SM/ATO模式驾驶列车。 ④对于后续列车,行车调度员或车站值班员应提前通知司机故障区段的所在位置,以及将要采取哪些行车措施,让后续列车司机有所准备,以减少不必要的时间延误。 ⑤对于地面站的轨道电路红光带故障,行车调度员应允许信号维护人员在运营时间下现场处理,在做好安全防护的前提下,应尽量简化手续,为信号维护人员尽快处理好故障恢复正常行车提供有利条件

需要强调的是，当整个联锁区粉红光带故障时，由于列车占用的轨道电路区段正常显示红光带，列车的位置是可见的，在车站执行"全区逻空"命令后一般能恢复正常。若短时间内不能恢复，行车调度员则须按轨旁 ATP 故障处理程序进行处理，即在行车指挥人员的监督下，司机以 RM 模式驾驶列车通过故障联锁区。

当整个联锁区红光带故障时，道岔可以由车站的行车值班员在 LOW 上通过执行"强行转岔"命令进行转换。但这种方式列车位置不可见，行车指挥人员无法对列车的运行进行监控，仅仅命令司机以 RM 模式驾驶列车，存在不安全因素，因此必须按联锁系统故障时的应急处理方法，采用站间电话联系法（或电话闭塞法）组织行车，对正线道岔则无须钩锁器钩锁，车站在 LOW 人工办理进路。

四、轨道电路故障应急处理程序

当轨道电路出现故障时，各运营相关岗位的人员一般应按照以下程序进行应急处理。

（一）发现故障

1. 司机

列车在故障轨道电路区段停车后，司机向行车调度员报告列车车次号、未收到速度码、列车停车位置、列车状态正常、没有显示故障情况等。

2. 行车值班员

当道岔区段出现红光带造成进路排不出时，行车值班员（联锁站）应立即汇报行车调度员、信号工区、值班站长（站长），并在设备故障检修（施工）登记本上记录。

（二）确认故障并下放 LOW 控制权

1. 行车调度员

（1）接到司机或行车值班员的故障报告，同时在调度中心显示屏 MMI 上确定：

①确定该列车所停位置的前方区段还有另外红光带的"占用（或发生故障）"状态。

②检查在该"占用（或发生故障）"的轨道电路区段确实没有任何列车占用。

③确定该区段红光带是故障状态。

（2）报告调度控制中心值班主任，并经其同意后按以下执行：

①通知车辆检修调度员严密监视故障事态的进展；下放控制权给该故障区段的 LOW 工作站，并继续监督。

②指示司机必须用 RM 模式，慢速小心地进入故障区段，以便遇到危险情况时能够随时停车。

③指示所有司机和行车值班员用广播向乘客及时通报运营调整信息。

2. OCC 值班主任

接收设备故障状态信息，同意行车调度员采取措施进行处理。

3. 司机

执行行车调度员的指示，以 RM 模式小心进入故障的轨道区段运行，注意周围情况，谨慎驾驶。

4. 行车值班员

(1) 接受下放给该故障区段 LOW 工作站的控制权。

(2) 向车站乘客通报运营调整信息。

(三) 谨慎驾驶通过故障区段

1. 司机

(1) 等列车驶出故障区段,未发现任何异常情况后,报告行车调度员"列车通过该轨道区段,未发现任何异常情况"。

(2) 再经前方两个轨道区段,列车收到速度码,自动(或手动)转换为 SM/ATO 模式,恢复正常运行。

2. 行车调度员

接收列车已通过故障区段,未发现轨道有重大异常情况报告后,指示所有后续列车用 RM 模式通过该故障区段。

(四) 故障抢修

1. 行车调度员

(1) 在确定故障性质后,立即通知车辆检修调度员派维修人员进行抢修。

(2) 指示有关行车值班员配合维修人员进行抢修。

2. 维修人员

接到车辆检修调度员通知后在有关车站办理维修登记手续,到相应设备室检查判断故障。

(1) 如果是室内故障,则快速查找并排除。如需短时间影响行车,必须经行车值班员报行车调度员同意后才能抢修。

(2) 若是室外故障,请车辆检修调度员安排进入轨道抢修时间及办理进入区间工作的手续。

(五) 设备修复并收回 LOW 控制权

1. 维修人员

排除轨道电路设备故障后,经行车值班员试验设备正常后,报告车辆检修调度员,然后在有关车站办理维修登记手续和维修销点手续。

2. 行车调度员

收到车辆检修调度员通报,调度中心 MMI 上红光带已变为粉红光带,确认已排除轨道故障。

(1) 通知该站行车值班员,在 LOW 工作站进行"轨区逻空(或岔区逻空)"操作。

(2) 报告 OCC 值班主任设备故障已排除。

3. 行车值班员

在 LOW 工作站进行"轨区逻空(或岔区逻空)"操作后,报告行车调度员。

4. OCC 值班主任

收到行车调度员已排除故障的汇报并予以确认。

5. 行车调度员

通知行车值班员,收回该 LOW 工作站控制权。

6. 行车值班员

按程序办理,交回该 LOW 工作站控制权。

(六)恢复正常运行

1. 行车调度员

收回 LOW 工作站控制权后,按规定的工作程序进行,包括以下几点:
(1)排列有关进路。
(2)指示第一列后继列车司机用 SM 模式通过该区段。
(3)要求第一列后继列车司机及时反馈列车在原故障区段的运行情况。

2. 第一列后继列车司机

执行行车调度员指示,用 SM 模式通过该区段后,并报告行车调度员"情况正常"。

3. 行车调度员

(1)收到第一列后继列车司机的报告后,报告 OCC 值班主任"系统已恢复正常"。
(2)通知所有列车司机和行车值班员:
①故障已经排除,系统恢复正常操作。
②向乘客广播运营恢复正常的信息。

4. 司机

所有列车司机向列车乘客通报运营恢复正常的信息。

5. 行车值班员

所有行车值班员向本站乘客通报运营恢复正常的信息。

任务六 道岔故障

城市轨道交通道岔是列车折返、变更进路时必须使用的行车关键设备,一旦道岔故障影响正线进路,列车将难以绕行通过故障点。故障道岔钩锁后,自动列车被迫降级到人工模式限速通过,故障点通过能力降低将持续影响全线列车。与此同时,设备抢修不能中断正线行车,抢修时间、空间又受到明显限制,尤其是折返站咽喉道岔故障,其影响范围广,应急处理难度大。

一、道岔故障的类型

转辙机故障时,常导致道岔尖轨左右位都不密贴,故障处理需到轨旁进行。而道岔表示器故障时,道岔尖轨会密贴在一个位置,故障处理常常在信号设备房进行。

(一)单个道岔故障

单个道岔故障包括不能转动、左(或右)位转不到位、道岔左右位均无表示等,出现故障时需要尝试转换道岔两个来回。

故障不能恢复时,车站人员要下线路确认(手摇)道岔到需要的位置并加钩锁器,列车以自动模式或人工模式通过道岔。

(二)联锁区内所有道岔故障

联锁故障时,联锁区内所有道岔位置失去表示,道岔不能电子转动。故障区内要按区间间隔控制列车运行,所有道岔要现场手摇、钩锁在正确位置,列车以人工模式通过道岔。

二、道岔故障的应急处理原则与方法

运营期间使用辅助线调整列车进路时,中间站道岔才会转动,道岔使用完毕后将转回直股。中间站道岔转动次数少,故障概率低。

运营期间折返站道岔,每列车折返都需要转动,使用频率高,故障概率大,多数抢修要到轨旁处理。运营部门必须按照"先通后复"的原则,尽量创造便利的抢修条件,边抢修边运营,最大限度地控制故障影响。各条线路辅助线设置不同,但都可以按以下原则分类处理。

(一)中间站道岔故障

道岔故障时,行车调度员首先要取消之前的进路,尝试转动故障道岔两个来回,不能恢复时,再交权给 LOW 工作站转动两个来回,即道岔故障 2~3min 后,才确定要下线路钩锁道岔。如果故障第一时间能够平行作业,车站人员带齐备品到达站台端墙内待令,就能减少故障处理时间。

中间站或站前折返道岔故障时,行车调度员组织车站人员将故障道岔加锁至正线位置,到达安全位置后,由行车调度员组织列车运行。

(二)折返非必须使用道岔故障

折返非必须使用的道岔是指列车变更站前折返或变更折返股道后,可避免使用的道岔。遇此类道岔故障,变更折返路径能有效降低故障影响,行车调度员应优先考虑是否变更进路。如有变更进路按变更进路组织列车运行;如无变更进路需加锁行车,由道岔所属车站负责加锁。

(三)折返必经道岔故障

折返必经道岔包括必须转动道岔和不需转动道岔。列车折返必须经过且必须转动的道岔出现故障时,为减少沟通环节,应优先采用调车方式折返。调车方式是指在非正常情况下列车需要转线时,由行车调度员发布有关命令采用站级控制,由车站负责准备列车进路,司机凭车站的道岔开通"好了"信号(或信号机显示)及动车指令进行动车的一种行车组织方式。

列车折返必经但不是必须转动的道岔出现故障时,应尽量避免手摇道岔,直接钩锁道岔在折返进路位置。各线可结合信号设备特点和线路具体情况,选择调车方式或行车调度员控制方式组织列车折返。

(四)调车折返边抢修边运营时

(1)根据"先通后复"的原则,以组织行车工作为主,同时组织现场抢修人员利用行车间隔进行抢修。抢修不能造成道岔转动,不能影响人工准备进路及行车安全。道岔故障影响列车进站对标时,列车到达站外停车时马上停止抢修作业,人员到达安全位置避让,司机进站对标停车后,抢修人员根据列车停站时分继续抢修。

(2)当要求抢修人员出清线路时,车站人员和抢修人员要共同确认处于抢修中的设备满足行车要求,原则上30s内到达指定安全位置避让列车。

(3)司机执行现场车站人员动车指令,凭道岔开通手信号或地面信号动车。

(五)道岔故障时列车的速度要求

道岔因故首列车通过道岔故障区段须限速25km/h运行,司机须加强线路检查,如发现异常,及时采取措施并报行车调度员处理;如未发现其他异常,后续列车按驾驶模式要求速度运行。

列车停在故障道岔上时,车站人员确认道岔安全后向行车调度员汇报,司机凭行车调度员命令限速5km/h缓慢离开岔区。运营期间无须转动的道岔故障处理完毕后,原则上待运营结束后将钩锁器拆除。

三、人工转换道岔的作业程序

(1)作业人员进入轨行区必须请示行车调度员并得到行车调度员的许可。

(2)车控室值班人员向准备进路人员布置任务。

(3)值班站长和站务员两人穿荧光衣、戴手套,并携带有关备品,如信号灯/旗、手摇把、道岔钥匙、端墙门钥匙、钩锁器、扳手、对讲机、无线调度电台和手电筒等。

(4)下线路前得到行车调度员允许,人工准备进路必须从距列车最远的道岔开始,由远及近依次排列。

(5)现场确认道岔,需要转向时应一人操作,另一人防护、确认。操作者用工具按正确程序打开盖板(须先切断电源),手摇道岔,准备好进路,另一人确认道岔位置正确后加锁。

(6)确认进路上各道岔的开通位置时,相互用对讲机联络,同时用手信号显示正确情况。

(7)当上(下)行线路的进路准备妥当并出清线路后,报告车控室,再准备下(上)行线路进路。

(8)行车值班员接到进路准备妥当、线路出清的汇报后,立即做好相应线路的接车或发车准备工作并报告行车调度员。

(9)人工摇动道岔时,须严格执行"手摇道岔六部曲"程序,执行互控、他控程序。

如果是折返线的道岔,站务员在完成手摇道岔的作业程序后,还需站在安全位置向列车司机发出动车信号(昼间是卷起的黄色信号旗高举头上左右摇摆,夜间是白色灯光高举头上),并且送列车通过道岔。当列车通过道岔后,站务员还应留在安全位置,手持无线调度电台,继续在折返线等候行车值班员的命令,直到任务结束。任务结束后,站务员应在收集全部工具,且确保没有遗留任何材料后,返回车站并向行车值班员报告。

任务七 其他故障

一、牵引供电系统故障

(一)牵引供电中断的原因

牵引供电中断的原因要么是列车本身故障,要么是牵引变电所或接触网故障。

(二)列车在运行中发生牵引供电中断

列车在运行中发生牵引供电中断时,司机应尽可能维持列车进站对标停车,对标停车后降弓,报告行车调度员,按行车调度员指示执行。

(三)列车被迫在区间内停车

列车在运行过程中发生牵引供电中断,被迫在区间内停车时,司机应广播安抚乘客;报告行车调度员,按行车调度员指示执行;若停车时间超过30min,蓄电池电压低于90V,司机应建议行车调度员进行区间疏散。

列车在正线出现主断跳开时,司机未得到行车调度员同意,严禁擅自合主断。

(四)列车在站台发生紧急制动

列车在运行过程中发生牵引供电中断,在站台发生紧急制动时,司机应确认车辆显示屏及车门状态,联系车站是否激活站台ESB,报行车调度员;确认站台区域安全,申请以RM模式对标停车,对标停稳后按"强行开门"按钮,人工开门;如果按"强行开门"按钮无法给出门释放信号,按整列车门不能打开程序处理。

二、无人自动折返(DTRO)故障

列车在自动折返过程中,驾驶台操纵权在进折返线端,牵引列车至折返线停稳后,推进列车驶出折返线,至站台停稳。

若列车在自动折返过程中出现异常停车,说明自动折返失败。这就需要司机去破坏折返。首先将进折返线端的驾驶模式由ATO位转到RM位,此时车辆显示屏黑屏说明破坏折返成功,驾驶台操纵权将自动移交到另一端,至另一端凭可用模式动车。若车辆显示屏未黑屏,则需要重启进折返端CC。此时若列车未至折返线停稳,则以URM模式动车;若列车驶出折返线则至另一端以RM模式动车。需要注意的是,破坏折返成功之后应恢复所有开关至正常模式。

三、牵引类故障

(一)牵引电机故障

1. 1个牵引电机故障

首先分合一次高速断路器,若故障未消失,到前方终点站分合相应牵引控制微动开关。若成功则继续运营,否则在终点站退出服务。

2. 2个及以上牵引电动机故障

首先分合一次高速断路器,若故障消失则继续运营。若故障未消失,复位一次多功能车辆总线,若复位后故障消失则继续运行。若仍有1~2个电动机故障,则运行至就近站退出服务。若有3个及以上牵引电动机故障,则紧急牵引至就近站退出服务。

(二)URM模式下车辆显示屏无任何故障信息显示,整列车无法牵引

处理办法:

(1)主控手柄回"零"后再次尝试牵引,如故障消失,继续运行。

(2)如故障依然存在,则申请采用紧急牵引模式动车。如无效,请求救援。

(三)高速断路器闭合指示灯不亮(按灯测试确认指示灯正常)

处理办法:

(1)检查车辆显示屏上高速断路器的状态,若有高速断路器没有闭合,在站内重新分合一次,如故障消除继续运行。

(2)如故障未消除,有1个高速断路器没有闭合,继续运营,运行至终点站检查相应B车高速断路器控制微动开关或C车高速断路器控制微动开关的状态,如有跳闸则闭合,成功则继续运营,否则退出服务。若有2个高速断路器没有闭合,运行至就近站退出服务。若有3~4个高速断路器没有闭合,则启用紧急牵引至就近站退出服务。

技能拓展

城市轨道交通乘务1+X中级工实操考核要点——牵引类故障处理流程

(1)列车无方向导致牵引封锁故障处理流程见表5-11。

列车无方向导致牵引封锁故障处理流程　　　　　表5-11

名称	步骤	内容
列车无方向导致牵引封锁	1	手指眼看:车辆显示屏显示紧急制动、牵引封锁,列车未显示向前
	2	口呼:"车辆紧急制动、牵引封锁,无运行方向显示。"
	3	作业:进入提示界面,点击"牵引封锁","牵引封锁条件"中提示"无方向信号或方向冲突"
	4	紧急广播:通过车辆显示屏选择播放预置的"临时停车"紧急广播
	5	作业:重新将方向(模式)手柄转至"OFF"位后再转至"PM"位或"RMF"位,观察车辆显示屏上列车运行状态是否正常

续上表

名称	步骤	内容
列车无方向导致牵引封锁	6	作业:操作强制向前旁路开关(=22-S11)至"合"位,观察车辆显示屏上列车运行方向是否恢复至"向前"
	7	手指眼看:车辆显示屏运行方向状态"向前",紧急制动和牵引封锁提示消失
	8	尝试动车作业:推牵引手柄尝试动车,继续运营到终点站退出服务
	9	接通电话:司机手持联控电话,按车载台上的"调度"按键,接通行车调度员电话
	10	报告行车调度员:"××次在××站—××站上/下行区间列车无方向导致牵引封锁,司机操作了强制向前旋钮,目前已可以动车。司机申请运行至终点站后清客退出服务,完毕。"
	11	等待行车调度员回复:"××次,司机申请运行至终点站后清客退出服务,行调同意。"
	12	结束通话:挂断电话

(2)牵引电机故障处理见表5-12。

牵引电机故障处理流程 表5-12

名称	步骤	内容
牵引电机故障(B1车1个牵引设备图标红点)	1	手指眼看:车辆显示屏"车辆状态"界面查看牵引系统图标
	2	口呼:"存在B1车1个牵引设备图标红点。"
	3	接通电话:司机手持联控电话,按车载台上的"调度"按键,接通行车调度员电话
	4	报告行车调度员:"行调,××次在××站—××站上/下行区间列车出现牵引系统1个红点故障,可以继续运行。"
	5	等待行车调度员回复:"××次,维持运行至前方车站,执行车辆故障处理流程。"
	6	结束通话:司机挂断电话
	7	维持运行至前方车站
	8	手指眼看:DCU/SIV复位按钮(=41-S101,位于驾驶室后墙柜)
	9	口呼:复位DCU/SIV按钮
	10	作业:按"DCU/SIV"复位按钮(至少持续2s)
	11	接通电话:司机手持联控电话,按车载台上的"调度"按键,接通行车调度员电话
	12	报告行车调度员:"××次在××站,司机进行了'DCU/SIV'按钮复位操作,列车牵引设备恢复正常,列车可以继续正常运行。"
	13	等待行车调度员回复:"××次,行调收到,维持正常运行。"
	14	结束通话:挂断电话

四、制动类故障

(一)URM模式下紧急制动

处理办法:

(1)检查车辆显示屏显示信息、驾驶台状态指示灯及风压表,无异常则重新牵引,若紧急制动消失,继续运营。

(2)若有相关故障信息指示,则对相应系统进行检查和应急(如旁路)处理后,再尝试动车。

(3)若不能动车,则紧急牵引,在本站退出服务。

(二)紧急牵引模式下无法动车

处理办法:

(1)显示紧急制动,缓解紧急制动后,重新建立紧急牵引模式。

(2)车辆显示屏未显示紧急制动,则重复紧急牵引操作步骤,尝试动车。

(3)如果4个牵引图标全部显示红色,则根据实际情况复位2~4个牵引控制微动开关,重新尝试紧急牵引。

(4)如故障仍未消失,分合列车激活,重启列车,本站退出服务。如无效,请求救援。

(三)车辆显示屏显示两个受电弓降下,发生紧急制动

处理办法:

(1)检查车辆显示屏网压是否正常。若网压正常,重新按"受电弓升弓"按钮,若故障消除,继续运营,否则就近站退出服务。

(2)若网压不正常,检查驾驶室占有端"紧急停车"按钮是否被按下。若按下,复位后尝试重新升弓,正常后继续运营。

(3)若"紧急停车"按钮未被按下,检查确认占有端A车受电弓控制微动开关及两端B车受电弓控制微动开关是否跳闸。若跳闸则闭合,闭合后重新按"升弓"按钮;若正常,则继续运营。否则,合"升弓允许旁路"开关,重新按"升弓"按钮。若网压正常,就近站退出服务。若受电弓仍不能升起,请求救援。

(四)气制动显示黄点或红点

处理办法:

(1)按车辆显示屏制动系统图标进入制动系统菜单,检查确认哪个制动单元存在故障。

(2)如果列车能够正常缓解、牵引和制动,则继续运营,到前方终点站后,分合相应车制动系统的微动开关、A车智能阀网关阀、B车智能阀、C车智能阀网关阀。

(3)若列车不能正常动车,则切除相应车的转向架,截断塞门,动车。

(4)若气制动仍不能缓解,则合所有制动旁路开关,在本站或下一站清客后,打紧急牵引就近存车线停放。

(五)"停放制动缓解"灯不亮

处理办法:

(1)按"灯测试"开关,"停放制动缓解"灯不亮。若车辆显示屏上所有停放制动状态图标均显示"缓解状态",则继续运营。

(2)若试灯亮且车辆显示屏上部分停放制动状态图标显示"P"(施加状态),则重新施加、缓解停放制动,继续运营。

(3)如无效,则合停放制动缓解旁路,尝试动车,本站或下一站清客后退出服务。

(六)"停放制动缓解"灯亮,车辆显示屏显示停放制动状态为"P"

处理办法:

(1)合停放制动缓解旁路,限速运行到本站或下一站清客退出服务。

(2)合停放制动缓解旁路后,仍无效则按紧急牵引退出服务。

(3)其他类故障。

技能拓展

城市轨道交通乘务1+X中级工实操考核要点——制动类故障处理流程

(1)列车紧急制动不缓解故障处理流程见表5-13。

列车紧急制动不缓解故障处理流程　　　　表5-13

名称	步骤	内容
列车紧制不缓解（不明原因故障引起紧急制动）	1	手指眼看:"HSCB合"绿灯亮、"升靴"绿灯亮、"停放制动缓解"绿灯亮、"所有车门关好"绿灯亮
	2	口呼:"各指示灯状态正常。"
	3	手指眼看:"气压表"白色指针指向2.3Bar
	4	口呼:"制动缸气压2.3Bar。"
	5	手指眼看:"车辆显示屏状态":网压显示××伏正常,"车门状态"界面显示所有车门关闭,制动系统无故障图标显示。"提示"界面中选择"紧急制动"界面查看可能的紧急原因中无条目
	6	口呼:"网压正常,车门状态正常,各车制动系统无故障提示,'紧急制动信息提示'界面无原因提示。"
	7	紧急广播:通过广播控制盒选择播放预置的"临时停车"紧急广播
	8	接通电话:司机手持联控电话,按车载台上的"调度"按键,接通行车调度员电话
	9	报告行车调度员:"行调,××次在××站—××站上/下行区间列车突发紧急制动,无法动车,司机申请中央缓解紧急制动。"
	10	等待行车调度员回复:"××次,申请中央缓解紧急制动,行调收到。"
	11	等待行车调度员回复:"××次,中央无法缓解紧制,司机执行车辆故障处理流程。"
	12	司机手持联控电话并复诵:"中央无法缓解紧制,执行车辆故障处理流程,司机明白,申请操作警惕旁路开关或安全旁路后尝试动车。"
	13	等待行车调度员回复:"××次,申请操作警惕旁路后或安全旁路开关后尝试动车,行调收到。"
	14	结束通话:挂断电话
	15	手指眼看:主控钥匙
	16	口呼:复位主控钥匙

续上表

名称	步骤	内容
列车紧制不缓解（不明原因故障引起紧急制动）	17	作业:将方向模式手柄转至"OFF"位,然后将主控钥匙旋转至"OFF"位,3s后重新旋转主控钥匙至"ON"位,方向模式手柄转至"PM"位
	18	手指眼看:后墙柜警惕旁路旋钮开关(=22 – S120,位于驾驶室电气柜)
	19	口呼:"警惕旁路旋钮开关'合'位。"
	20	作业:操作警惕旁路(=22 – S120,位于驾驶室电气柜),打开驾驶室后墙柜,解开"警惕旁路旋钮"铅封,将警惕旁路旋钮旋转至"合"位,牵引手柄置于"零"位。按"ATC紧急制动复位"按钮,按下时间大于0.5s,观察列车紧急制动状态
	21	手指眼看:安全回路旁路旋钮开关(=22 – S120,位于驾驶室电气柜)
	22	口呼:"安全回路旁路旋钮开关'合'位。"
	23	作业:解开"安全回路旁路"铅封并操作旋钮开关至"合"位。牵引手柄置于"零"位。按"ATC紧急制动复位"按钮,按下时间大于0.5s,观察列车紧急制动状态
	24	手指眼看:后墙柜"ATC切除旋钮"开关
	25	口呼:"ATC切除旋钮开关至'合'位。"
	26	作业:"ATC切除"旋钮开关解除铅封并打至"合"位,尝试牵引动车
	27	紧急广播:通过广播控制盒选择播放预置的"列车再次启动"紧急广播
	28	接通电话:司机手持联控电话,按"车载台"上的"调度"按键,接通行车调度员电话
	29	报告行车调度员:"行调,××次在××站—××站上/下行区间列车已动车,司机操作'安全回路旁路'至'合'位,'ATC切除'开关至'合'位,申请限速退出服务。"
	30	等待行车调度员回复:"××次,申请限速退出服务,行调同意。"
	31	结束通话:挂断电话

（2）列车气制动图标显示红点故障处理流程见表5-14。

列车气制动图标显示红点故障处理流程　　　　表5-14

名称	步骤	内容
列车气制动图标显示红点（B1车）	1	手指眼看:车辆显示屏"车辆状态"界面查看制动图标界面
	2	口呼:"操纵端B车气制动图标显示红点。"
	3	接通电话:司机手持联控电话,按车载台上的"调度"按键,接通行车调度员电话
	4	报告行车调度员:"行调,××次在××站—××站上/下行区间,列车操纵端B车气制动图标显示红点,无法动车,司机申请执行车辆故障处理流程。"
	5	等待行车调度员回复:"××次,申请执行车辆故障处理流程,行调同意。"
	6	结束通话:司机挂断电话
	7	紧急广播:通过广播控制盒选择播放预置的"临时停车"紧急广播

续上表

名称	步骤	内容
列车气制动图标显示红点（B1车）	8	手指眼看：B1车继电器柜的"智能阀+网关阀"开关
	9	口呼："'智能阀+网关阀'无跳闸。"
	10	接通电话：司机手持联控电话，按车载台上的"调度"按键，接通行车调度员电话
	11	报告行车调度员："行调，××次司机申请前往操纵端B车切除B09。"
	12	等待行车调度员回复："××次，司机申请前往操纵端B车切除B09，行调同意。"
	13	结束通话：挂断电话
	14	作业：方向手柄置于"OFF"位，离开驾驶室，通过虚拟列车故障处理系统终端进行B1车1位转向架B09切除
	15	作业：返回驾驶室，车辆显示屏"车辆状态"界面查看相应车转向架制动状态
	16	口呼：B1车1位转向架气制动已切除
	17	作业：尝试动车
	18	手指眼看：气制动旁路（=27-S104，位于驾驶室后墙柜）
	19	口呼："气制动旁路旋钮开关'合'位。"
	20	作业：解开气制动旁路开关铅封并操作旋钮开关至"合"位，以不超过3km/h的速度做溜动试验，确认是否存在制动施加状态
	21	紧急广播：通过广播控制盒选择播放预置的"列车再次启动"紧急广播
	22	接通电话：司机手持联控电话，按车载台上的"调度"按键，接通行车调度员电话
	23	报告行车调度员："××次在××站—××站上/下行区间列车已动车，列车设备正常，司机进行了B1车1位转向架B09切除和气制动旁路操作，列车无抱闸现象，司机申请运行至终点站后清客退出服务。"
	24	等待行车调度员回复："××次，司机申请运行至终点站后清客退出服务，行调同意。"
	25	结束通话：挂断电话

（3）列车"停放制动施加"灯、"停放制动缓解"灯不亮故障处理流程见表5-15。

列车"停放制动施加"灯、"停放制动缓解"灯不亮故障处理流程　　表5-15

名称	步骤	内容
列车"停放制动施加"灯、"停放制动缓解"灯不亮	1	作业：按"试灯"按钮（=73-S05）进行试灯
	2	手指眼看："停放制动缓解"灯、"停放制动施加"灯
	3	口呼：试灯亮
	4	接通电话：司机手持联控电话，按车载台上的"调度"按键，接通行车调度员电话
	5	报告行车调度员："行调，××次在××站—××站上/下行区间列车出现'停放制动施加'灯、'停放制动缓解'灯不亮，司机申请执行车辆故障处理流程。"
	6	等待行车调度员回复："××次，申请执行车辆故障处理流程，行调同意。"

续上表

名称	步骤	内容
列车"停放制动施加"灯、"停放制动缓解"灯不亮	7	结束通话:司机挂断电话
	8	紧急广播:通过广播控制盒选择播放预置的"临时停车"紧急广播
	9	手指眼看:"停放制动缓解"灯、"停放制动施加"灯
	10	口呼:"重新缓解停放制动。"
	11	作业:按"停放制动缓解"按钮重新缓解停放制动
	12	手指眼看:点击HMI屏上"车辆状态",查看"停放制动状态"界面,图标显示为"P"
	13	口呼:停放制动状态图标显示为'P'(施加状态)。"
	14	手指眼看:"停放制动旁路"开关
	15	口呼:"'停放制动旁路'开关至'合'位(在设备柜中)。"
	16	作业:解除铅封,将"停放制动旁路"打至"合"位,以不超过3km/h的速度做溜动试验,确认停放制动状态
	17	口呼:列车无抱闸
	18	紧急广播:通过广播控制盒选择播放预置的"列车再次启动"紧急广播
	19	接通电话:司机手持联控电话,按车载台上的"调度"按键,接通行车调度员电话
	20	报告行车调度员:"××次在××站—××站上/下行区间列车已动车,列车设备正常,司机操作了'停放制动旁路',列车无抱闸现象,司机申请限速××km/h运行至下一站后清客后退出服务。"
	21	等待行车调度员回复:"××次,申请限速45km/h运行至下一后清客退出服务,行调同意。"
	22	结束通话:挂断电话

(4)列车所有气制动缓解灯不亮故障处理流程见表5-16。

列车所有气制动缓解灯不亮故障处理流程 表5-16

名称	步骤	内容
列车所有"气制动缓解"灯不亮	1	手指眼看:"HSCB 合"绿灯亮、"升靴"绿灯亮、"停放制动缓解"绿灯亮、"所有门关好"绿灯亮,"气制动施加"红灯亮,所有"气制动缓解"灯不亮
	2	口呼:"所有'气制动缓解'灯不亮。"
	3	作业:按"试灯"按钮(=73-S05)进行试灯
	4	手指眼看:"气制动施加"灯、所有"气制动缓解"灯
	5	口呼:试灯亮
	6	接通电话:司机手持联控电话,按车载台上的"调度"按键,接通行车调度员电话
	7	报告行车调度员:"行调,××次在××站—××站上/下行区间列车所有制动缓解指示灯不亮,司机申请执行车辆故障处理流程。"

续上表

名称	步骤	内容
列车所有"气制动缓解"灯不亮	8	等待行车调度员回复："××次,申请执行车辆故障处理流程,行调同意。"
	9	结束通话:司机挂断电话
	10	紧急广播:通过广播控制盒选择播放预置的"临时停车"紧急广播
	11	手指眼看:气制动旁路(=27-S104,位于驾驶室后墙柜)
	12	口呼:"气制动旁路旋钮开关'合'位。"
	13	作业:解开气制动旁路开关铅封并操作旋钮开关至"合"位,以不超过3km/h的速度做溜动试验,确认是否存在制动施加状态
	14	紧急广播:通过广播控制盒选择播放预置的"列车再次启动"紧急广播
	15	接通电话:司机手持联控电话,按车载台上的"调度"按键,接通行车调度员电话
	16	报告行车调度员:"××次在××站—××站上/下行区间列车已动车,列车设备正常,司机进行了气制动旁路操作,列车无抱闸现象,司机申请运行至终点站后清客退出服务。"
	17	等待行车调度员回复:"××次,司机申请运行至终点站后清客退出服务,行调同意。"
	18	结束通话;挂断电话

五、车辆显示屏黑屏、卡滞、触摸无反应

处理办法:

检查驾驶室继电器柜的车辆显示屏控制开关,如果跳闸则闭合,未跳闸分合一次微动开关,如故障消除,继续运营。如黑屏无法恢复,本站退出服务。

六、整列车广播故障

处理办法:

(1)半自动广播故障,人工广播正常:分合驾驶室继电器柜内音频控制系统单元微动开关,若故障消失则继续运营。若故障无法消除或反复出现,则采用人工广播继续运营。

(2)半自动广播及人工广播均故障:分合驾驶室继电器柜内音频控制系统单元微动开关,若故障消失则继续运营。若故障依然存在,则关闭故障端驾驶室继电器柜内音频控制系统单元微动开关,运行到终点站退出服务。

七、空压机故障

处理办法:

(1)一个空压机故障时,到前方终点站后,检查相应C车继电器柜微动开关压缩机控制是否跳闸,若跳闸应闭合。若无跳闸或者闭合不成功,则在终点站退出服务。

(2)两个空压机故障时,列车未发生紧急制动,重新分合两个C车的压缩机微动开关,分合成功则继续运营。分合不成功,观察气压表,若大于7bar并且气压能持续上升,则到前

方终点站退出服务。否则,本站或者下一站清客,退出服务。

八、辅助系统故障

处理办法:

(1)一个辅助逆变器故障,终点站分合相应辅助逆变器微动开关,如果故障消失则继续运营,否则退出服务。

(2)两个辅助逆变器故障,分合相应辅助逆变器微动开关,如果至少有一个辅助逆变器故障消失,则继续运营至终点站。否则列车维持进站,退出服务。

技能拓展

城市轨道交通乘务1+X中级工实操考核要点——其他类故障处理流程

(1)车辆显示屏黑屏故障处理流程见表5-17。

车辆显示屏黑屏故障处理流程　　　　　　　　　　　　　　表5-17

名称	步骤	内容
车辆显示屏黑屏	1	手指眼看:车辆显示屏
	2	口呼:"车辆屏黑屏无显示。"
	3	手指眼看:方向手柄,主控钥匙
	4	作业:将方向模式手柄转至"OFF"位,然后将主控钥匙旋转至"OFF"位,3s后重新旋转主控钥匙至"ON"位,方向模式手柄转至"PM"位
	5	口呼:方向手柄"OFF"位,复位主控钥匙
	6	紧急广播:通过车辆显示屏选择播放预置的"临时停车"紧急广播
	7	接通电话:司机手持联控电话,按车载台上的"调度"按键,接通行车调度员电话
	8	报告行车调度员:"行调,××次在××站上/下行,车辆屏黑屏,列车无法动车,司机申请执行车辆故障处理流程。"
	9	等待行车调度员回复:"××次,司机申请执行车辆故障处理流程,行调同意。"
	10	结束通话:司机挂断电话
	11	手指眼看:驾驶室电气柜A车IO模块微动开关(=41-F101)
	12	口呼:"A车IO模块微动开关(=41-F101)未跳闸。"
	13	手指眼看:驾驶室电气设备柜"紧急牵引"模式旋钮
	14	作业:将"紧急牵引"模式旋钮转至"合"位
	15	口呼:"闭合'紧急牵引'模式。"
	16	尝试动车:推牵引手柄尝试动车,限速60km/h
	17	接通电话:司机手持联控电话,按车载台上的"调度"按键,接通行车调度员电话
	18	报告行车调度员:"行调,××次在××站上/下行,车辆屏黑屏,目前已操作紧急牵引模式旋钮动车,完毕。"

续上表

名称	步骤	内容
车辆显示屏黑屏	19	等待行车调度员回复："××次,司机已操作紧急牵引模式动车,限速60,行调同意。"
	20	司机回复："××次,限速60,司机明白,完毕。"
	21	结束通话:司机挂断电话

（2）"HSCB合"灯不亮故障处理流程见表5-18。

"HSCB合"灯不亮故障处理流程　　　表5-18

名称	步骤	内容
"HSCB合"灯不亮（B1/C1/C2车高速断路器图标出现白点）	1	手指眼看:车辆显示屏"B1/C1/C2"高速断路器图标白点、"HSCB合"灯不亮
	2	口呼:"'B1/C1/C2'高速断路器图标白点、'HSCB合'灯不亮。"
	3	维持进站:高速断路器图标出现白点,列车如在区间,则尽量维持进站
	4	进站停稳后,查看车辆显示屏牵引图标是否异常,如是,则优先处理牵引设备故障
	5	眼看手指:车辆显示屏牵引设备图标
	6	口呼:"牵引设备图标正常,无故障。"
	7	作业:尝试动车,尝试推牵引手柄至牵引区
	8	紧急广播:通过车辆显示屏选择播放预置的"临时停车"紧急广播
	9	接通电话:司机手持联控电话,按车载台上的"调度"按键,接通行车调度员电话
	10	报告行车调度员:"行调,××次在××站上/下行,'B1/C1/C2'高速断路器图标白点、'HSCB合'灯不亮,列车无法动车,司机申请执行车辆故障处理流程。"
	11	等待行车调度员回复："××次,司机申请执行车辆故障处理流程,行调同意。"
	12	结束通话:司机挂断电话
	13	接通电话:司机手持联控电话,按车载台上的"车站"按键,接通车站电话
	14	报告车站:"车站,××次在××站上/下行,'B1/C1/C2'高速断路器图标白点、'HSCB合'灯不亮,列车无法动车,司机申请执行车辆故障处理流程,请求车站工作人员协助做好乘客安抚作。"
	15	车站回复:"××次,列车在××站上/下行站台无法动车,司机申请执行车辆故障处理流程,请求车站工作人员协助做好乘客安抚工作,车站收到。"
	16	结束通话:司机挂断电话
	17	作业:按驾驶台左侧面板上的"HSCB合"按钮保持2s左右
	18	手指眼看:车辆显示屏故障车HSCB高速断路器图标白色
	19	口呼:"HSCB未能闭合。"
	20	手指眼看:驾驶室电气设备柜"紧急牵引"模式旋钮
	21	作业:将"紧急牵引"模式旋钮转至"合"位
	22	口呼:"闭合'紧急牵引'模式。"

续上表

名称	步骤	内容
"HSCB合"灯不亮（B1/C1/C2车高速断路器图标出现白点）	23	手指眼看：车辆显示屏"B1/C1/C2"高速断路器图标已闭合，显示紧急牵引模式，限速60km/h
	24	口呼："紧急牵引模式强制闭合高速断路器，限速60km/h。"
	25	尝试动车：推牵引手柄尝试动车，限速60km/h
	26	接通电话：司机手持联控电话，按车载台上的"行调"按键，接通行车调度员电话
	27	报告行车调度员："行调，××次在××站上/下行，'B1/C1/C2'高速断路器图标白点、'HSCB合'灯不亮，目前已操作紧急牵引模式旋钮动车，限速60km/h，完毕。"
	28	行车调度员回复："××次，司机已操作紧急牵引模式动车，限60km/h，行调同意。"
	29	结束通话：司机挂断电话

任务八　列车救援的操作

因城市轨道交通大多采用双线单方向运行，列车在正线故障处理后仍无法动车，会直接导致整条线路的行车堵塞，造成城市轨道交通运营晚点和客流积压，甚至会影响整个线网的运营秩序。因此，高效地恢复行车秩序是有效开展列车救援工作的根本目的。

列车在运行过程中出现故障时，如故障车能进行牵引运行，则组织空车回车辆段，动用备用车或车辆段出车替换故障车。如故障车不能运行，则须组织救援，需要开行救援列车去故障列车迫停点，救援列车连挂故障车，牵引或推送故障车到指定地点。

一、救援方式

（1）按救援类型，救援可分为工程车救援和客车救援两类。由于工程车救援会打乱正常的行车组织且效率较低，原则上采用客车救援。如果使用运行中的客车组织救援，须先清客后用空车进行救援。

（2）按救援形式，救援可分为推进救援和牵引救援两类。列车救援一般遵循正向救援的准则，多采用推进救援，以确保其他正线列车正常运行。

51.救援方式

（3）按救援地点，救援可分为车站救援和区间救援。车站救援是指列车连挂位置在站内的救援。列车在车站救援时，按有车线接车办理，凭综控员的调车手信号引导进站。区间救援指列车连挂位置在区间的救援。列车在区间救援时，须将相关线路封锁，救援列车凭调度命令和综控员手信号进入封锁区间。

二、救援列车的开行规定

(一)救援列车的请求

列车运行中遇到故障,首先由司机判明是否能维持运行。如不致危及行车安全,应继续运行至有条件处理的处所,尽可能靠近车站,并及时向OCC行车调度员报告,防止阻塞正线,影响后续列车运行。

列车在区间被迫停车,不能继续运行时,司机要立即向OCC行车调度员报告,征得OCC行车调度员同意后,及时判明故障部位,并确定是否能自己处理。如果列车故障在规定时间内未能排除,且不能动车,司机要立即使用无线电话向OCC行车调度员申请救援,不得动车并做好防护。

行车调度员得到救援申请后,应编制救援计划向OCC值班主任申请,由OCC值班主任批准确定处理办法。当决定救援时,司机做好救援的防护连挂工作。救援结束后,OCC行车调度员应尽快恢复正常运营。

一般来说,遇到下列几种情况,司机可以请求救援:

(1)列车发生故障,进行处理后前方驾驶室仍不能牵引全列车维持运行时。
(2)制动系统发生故障致使全列车不能缓解时。
(3)列车发生火灾,处理后无法运行时。
(4)发生严重故障有危及行车安全的可能,司机认为须救援时。

(二)请求救援的报告

司机根据车辆故障情况认为不能继续运行时,应立即以列车无线电话、手持电台或其他有效方式向行车调度员或有关综控员请求救援,请求救援的报告内容应包括:

(1)列车车次、车号。
(2)请求救援的事由。
(3)迫停的时间、地点(区间以百米标为准)。
(4)是否妨碍邻线。
(5)是否需要救援。
(6)有无人员伤亡及其他有必要说明的事项。

(三)救援的处理

1. 了解情况

接到救援请求后,行车调度员首先要了解现场情况,掌握第一手资料,然后才能作出正确的安排,如询问司机在驾驶室内看到的指示灯情况、车门异常的迹象、是否发现或接到报告有人跌出车外、有无任何要求协助等。

2. 救援的通知

行车调度员接到司机的救援请求决定救援后,使用无线调度电话向有关车站、司机(DCC、运转值班员)发布开行救援列车的调度命令,及时组织备用车上线;也可以采用正线上运行的列车就近安排,承担救援任务。调度命令内容包括清客地点(救援列车承担救援任务时须清客)、救援任务(连挂地点、运行径路、被救援列车清客地)、救援列车车次及注意事项等。

向封锁线路发出救援列车时,不办理行车闭塞手续,以行车调度员命令作为进入该封锁线路的许可。在未接到开通封锁线路的调度命令前,不得将救援列车以外的其他列车开往该线路。在确定救援列车开来方向后,行车调度员应向故障车司机说明。

3. 乘客需要疏散的处理

请求救援列车需要疏散乘客时,行车调度员发出口头命令通知司机和有关车站,要做好乘客疏散及救援工作。司机除引导乘客下车外,还必须做好列车的防护及协助救援工作。

必须开行救援列车接载乘客或输送救援人员时,应限速25km/h,行车调度员与现场负责人员确定乘客位置,并转告救援列车司机。救援列车司机应加强瞭望并做好随时停车的准备。行车调度员将后续列车扣停在后方站,以防止其停在两站间。

(四)救援准备

故障列车司机发出救援请求,得到行车调度员关于救援的指示后,应当为列车救援做好准备,具体工作包括以下几点:

(1)司机应尽量将列车停在平直道上,并靠近车站停车,在等待救援列车期间不得动车。

(2)故障列车若在坡道迫停,应做好制动防溜措施,如打好止轮器,做好防护,如图5-5所示。

图5-5 止轮器防溜措施

(3)使用列车广播设备向乘客广播,做好安抚乘客的工作,根据行车调度员的命令决定是否清客。若迫停区间,须在区间与救援列车进行连挂,广播内容为:"列车故障不能继续运行,请您坐好扶牢,救援列车准备连挂救援。"

救援连挂后的列车到达车站或故障车迫停车站时,使用人工广播播放:"列车故障不能继续运行,请您下车换乘下次列车,谢谢您的合作。"

(4)司机将列车制动好,按规定穿戴好防护用品(图5-6),携带通信设备、驾驶室钥匙,必要时带好照明用品(图5-7),迅速到达救援列车开来方向的驾驶室,打开前照灯进行防护,做好引导接车准备。

a)绝缘手套　　　　　b)绝缘鞋

图5-6 防护用品　　　　　图5-7 手提灯

(5)在弯道上迫停且遇瞭望距离不足50m时,司机应在距离救援列车开来方向50m处向救援列车显示停车手信号(无红色信号灯或信号旗时,两臂高举头上向两侧上下急剧摇动),并引导救援列车与被救援列车连挂。

三、救援列车作业要求

(一)救援列车清客的安排

原则上救援列车空车前往救援。若救援列车是从车站派出的,救援列车司机接到救援命令后,在车站进行清客广播,做好清客和乘客解释工作,方准担任救援任务:"各位乘客,前方列车故障堵塞运行,需本次列车救援,以便尽快开通运行。为避免在救援过程中发生意外伤害,请您立即下车,等候下次列车,感谢您的合作。"若使用在区间运行的列车担任救援列车,应在前方最近车站清客。

故障列车停在站台或部分已进入站台,必须进行清客作业。如故障列车处于站间(车上仍有乘客),在完成连挂作业后应立即前往就近站台进行清客作业,故障列车被救援至车站后进行清客时由车站负责。

(二)建立无线通信

救援列车、故障列车与行车调度员之间建立无线通信,进行通话测试。在任何情况下,救援列车司机及故障列车司机都必须保持联络,如遇突发事件应立即停车了解实况,直至完成救援作业。

(三)选择驾驶模式

(1)如果使用牵引救援方式,完成清客作业后,救援列车司机应前往另一端的驾驶室,得到行车调度员授权后,选用 RM 模式前往故障列车现场,并在故障列车前不小于规定距离处停车,然后以调车方法与故障列车连挂。

(2)如果使用正向推进救援方式,完成清客作业后,司机以 ATO 模式前往故障列车现场;接近故障列车时,必须得到行车调度员授权,选用 RM 模式并停在故障列车前不小于规定距离处,然后挂接。

(四)进路的确认

救援列车牵引运行时,前方进路的确认由救援列车司机负责。

救援列车推进运行时,前方进路的确认、运行安全由故障列车司机负责,故障列车司机在前端引导,负责指挥全列救援列车的运行,在发生紧急情况时可按"紧急停车"按钮停车。推进运行过程中,故障列车司机不间断地与后方救援列车司机联系,给予其相应的速度指引。救援列车司机服从故障列车司机指挥,密切与其联系,掌握运行前方信息,严格准确控制运行速度。常用联控用语有"进路安全""信号开放""推进""坡道""距前方车站300m/200m/站名标""三车""两车""一车""10m""5m""减速""停车"等。运行期间不间断联控,联控中断立即停车。

四、列车救援的过程与操作

(一)救援列车司机的工作

(1)救援列车司机接到行车调度员关于救援的任务,清客完毕后,与行车调度员确认救援列车车次、故障列车停留位置、救援方式、目的地、驾驶模式、动车凭证、限速要求,并简要记录命令内容,按行车调度员的指示驾驶列

52.列车救援的过程与操作

车按规定限速前往救援地点。

（2）运行到距故障列车15m处一度停车，鸣笛，听到故障车鸣笛回示后，确认安全，限速5km/h运行。

（3）由被救援列车司机引导，在距被救援列车5m处停车，确认两车钩状态无异常。

（4）在距被救援车1m时再度停车，看到被救援列车司机给出的连挂信号后，以3km/h的速度连挂；连挂后，进行制动机简略试验（用于证明列车制动管连接状态和基础制动性能的试验），并试验驾驶室联络对讲设备，确认连挂妥当、通信良好后，可以动车。

（5）与故障列车司机确认目的地、行车凭证、救援方式等注意事项，启动列车，密切观察线路和列车状态，与被救援列车司机保持联络（优先驾驶室对讲），发现异常立即紧急停车。

（6）若列车连挂好后故障列车需要在前方站清客，救援列车推进运行时，救援列车司机听从故障列车司机的指挥，按"三、二、一车"的限速要求推进故障车对标停车，提醒并确认故障车已施加停放制动，通知故障车可以开门清客。清客完毕，确认站台岗的清客"好了"信号后关门（有信号的确认进路防护信号的显示），继续推进故障车运行到目的地。

（7）到达目的地列车停稳后，确认故障车已做好防溜，得到故障列车司机通知解钩后复诵，并按"解钩"按钮解钩。解钩后缓解停放制动，并离钩，报告行车调度员，按行车调度员的指示恢复设备，继续投入正线运营。

（二）被救援列车司机的工作

（1）当行车调度员决定救援时，被救援列车司机报告行车调度员列车具体位置（上下行线、车站、区间、百米标），并向行车调度员确认救援列车来车方向、救援方式、目的地、动车凭证等。

（2）列车在站台故障时，通知车站派人协助清客。清客完毕凭车站"好了"信号关门（若在区间则广播安抚乘客，救援运行进站，做好防溜后，进行清客）。

（3）切除驾驶室的ATP（运行头端），施加停放制动，关主控钥匙，保留连挂端转向架截断塞门（以下简称转向架截断塞门），切除剩余车的转向架截断塞门。到达连挂端，开主控钥匙，确认停放制动施加，并将连挂端方向手柄推至向前位（目的是为故障车做好防护，并提醒救援列车司机注意停车），等候救援列车。

（4）救援列车在距离故障列车15m处停车，听到救援车鸣笛，将方向手柄回"零"，并鸣笛回示。救援列车在距离故障列车1m处停车，确认故障列车做好防溜，指挥救援车连挂（标准用语：故障列车已做好防溜，可以连挂）。手持台故障时用对讲机或手信号指挥连挂。

（5）密切关注连挂过程，确保两列车准确连挂，在车钩连挂上后，给出手势。待制动机简略试验正常后，回到驾驶室，与救援列车司机确认目的地、动车凭证、对讲设备通信等注意事项。

（6）在运行中加强瞭望，与救援列车司机不间断地联系，发现紧急情况立即按"紧急停车"按钮停车，并通知救援列车司机。

（7）到达目的地确认对标停稳后，施加停放制动，恢复就近端A车转向架截断塞门。通知救援列车司机解钩（标准用语：故障车已做好防溜，可以解钩）并离钩。解钩完毕后恢复所有车的转向架截断塞门，报行车调度员，按其指示执行。

（三）连挂作业及连挂后的运行

救援过程中，救援列车司机听从救援负责人（被救援列车司机）的指挥连挂，行车调度员须通过 ATS 系统监视列车当前状况。

（1）救援列车司机必须确定故障列车已将故障切除,方可进行连挂作业。故障列车司机必须确定故障部分已被切除,并向救援列车司机通报有关情况。

（2）完成连挂后,救援列车司机、故障列车司机必须将"列车连挂"开关扳到"通"位,并经相互确定后,进行制动系统测试。确定制动系统作用正常及故障列车的制动系统已缓解后,及时通报行车调度员。

（3）得到行车调度员授权后,救援列车司机可使用以下驾驶模式及指定速度使故障列车驶离正线。

①使用正向牵引方式:救援列车司机可使用 SM 模式以不高于指定速度驾驶列车。

②使用推进运行方式:救援列车司机可使用 RM 模式以不高于指定速度驾驶列车。在途中救援列车司机必须依据故障列车司机指示驾驶。如在规定时间(如 5s)内得不到故障列车司机指示,救援列车司机必须停车。

（4）救援模式为 URM 模式,推进救援限速 25km/h,牵引救援限速 30km/h,辅助线限速 15km/h。

（5）在救援过程中,故障列车司机应根据救援方式及进程,掌握列车紧急电源(蓄电池)供电的期限。列车蓄电池可维持 45min 的紧急照明及紧急通风,必要时报告可关断蓄电池。

（6）严格执行行车组织规则有关规定,严格控制好速度,在接近目的地或前方停车信号前,及早降低速度,注意后部无动力列车冲动。

（7）需正线进行解钩作业的救援列车,在被救援列车全列在停车库线内停稳后,由救援列车司机及被救援列车司机共同负责将救援列车和被救援列车解钩分离,救援列车凭调度命令继续运行。

（四）救援注意事项

（1）救援列车全列进站后,司机得到行车调度员赋予的救援车次后,方可继续运行。

（2）已请求救援的列车不得擅自移动,故障列车司机(车长)应打开被救援列车两端的标志灯作为防护信号,并注意与救援列车的连接。故障排除不再需要救援时,应及时与行车调度员联系,得到准许后方可继续运行。

（3）当列车在区间故障请求救援时,自行车调度员指定承担救援的列车起,被救援列车所在区间即进入封锁状态。救援完毕、救援列车全列出清封锁区间后,封锁区间解除封锁。

（4）连挂后"解钩"灯亮,操作任一驾驶室的"停放制动"按钮(除故障车连挂端)对两列车都有效,救援列车连挂端打拖动模式(列车增大牵引力)后,操作任一驾驶室的"紧急停车"按钮对两列车都有效。

（5）列车推进运行至前方站清客前,故障列车司机须先施加停放制动,防止救援列车司机误动车。

五、列车救援作业程序

列车故障种类多、原因复杂,救援作业程序也各不相同。下面以广州地铁为例,介绍列车在制动系统故障及制动系统无故障情况下的救援作业程序如表 5-19、表 5-20 所示。

项目五 故障情况下的操作与处理

某列车制动系统故障时的救援作业程序（推进/牵引）

表 5-19

故障列车司机		救援列车司机		备注
步骤	内容	步骤	内容	
1. 广播安抚清客	当行调决定救援时司机复通并简要抄到司机手册上，报告行调故障列车的停留位置（区间、百米标或站名），与行调确认救援的方向，前往的目的地。若在区间则广播安抚乘客，若在车站则要求车站协助清客	1. 清客、确认命令	接到救援指令后司机复通并简要抄到司机手册上，到达指定车站清客，向行调确明确故障列车停留位置（区间、公里标或站名）及其他注意事项	在连挂之前可继续排除故障，但不能动车，故障排除后报告行调解除救援
2. 防溜	报行调（×号、×号线把手持行调电台合调"×频"），施加停放制动，关闭驾驶台，保留连挂端A车的两个气制动塞门（本例以B09为例），切除剩余车辆的所有B09	2. 前往连挂	报行调（×号、×号把手持行调电台合调到"×频"），在车站清客完毕，具备动车条件后以ATO模式前往救援地点。列车自动停车距故障列车15m处一度停车，确认安全后以RM模式距离故障车在距故障车1m外停车	故障车可通过显示屏确认列车所有B09的状态（A2/A3车型）。整列车切除四节车及以上的B09，列车启动联锁激活，但不影响列车救援
3. 防护	在连挂端驾驶室等候救援列车，打开列车两端的标志灯作为防护			故障列车若下两受电弓，在连挂端驾驶台放置红闪灯作为防护。动车前撤除防护
4. 指挥连挂	救援列车1m外一度停车后，在连挂端驾驶室用对讲机/手持台指挥救援列车连挂（标准用语：故障列车已做好防溜措施，可以连挂）	3. 限速连挂	距故障列车1m外停车，若故障列车司机未到连挂端则提醒故障车司机做好防溜，等待故障连挂，驾驶室听从其指挥连挂的指令，将"工作状态"开关打至"慢行"位，限速3km/h进行连挂	如对讲机故障，在连挂好信号。A2或A3车型连挂后，驾驶室对讲点亮通话完毕后要灭，才能听到对方的复诵
5. 确认试拉撤防溜	在连挂端确认连挂好后，关闭主控钥匙，迅速跑到另一端驾驶室激活驾驶台除剩余的B09，驾驶室激活驾驶台（若牵引运行则换端在本端），缓解故障车停放制动	4. 试拉	确认车钩连挂后，报行调授权切除ATP准备推进运行（若牵引运行则立即换端后准备以RM模式或SM模式运行）	试拉后确认两车钩密贴，对中线成一直线。救援时，两列车连挂好后，A2/A3车型数援列车还须将连挂"7S04拖动模式"开关打到"合"位。若操作7S04后出现救援车降弓和紧急制动的现象，立即恢复该开关，改用RM模式推进

续上表

故障列车司机		救援列车司机		备注
步骤	内容	步骤	内容	
6. 联系动车	确认进路、道岔正确,信号已开放,"气制动缓解"绿灯亮,满足动车条件后指挥救援列车司机动车(标准用语:故障列车"气制动缓解"绿灯亮,全部制动已缓解,进路信号绿黄灯亮,道岔好,可以推进到×目的地)。若牵引救援,运行中加强瞭望,和救援列车司机不间断地联系,发现异常立即通知救援司机并采取停车措施	5. 确认动车	复诵故障列车司机允许动车指令,以 URM 模式限速 30km/h 推进,以 SM 模式限速 45km/h 牵引运中加强与故障列车司机的联系,发现异常立即采取紧急停车措施(若牵引运行,若亭制动灯亮,全部制动已缓解后再动车。若救援动缓解"绿灯亮"都好了后再动车。动车五要素"都好了后再动车	①在推进或牵引运行发现异常时,如 A2/A3 车型救援,则立即按"紧急停车"按钮,其他情况则按"停车增加"按钮 ②如救援列车为载客列车推进运行,使用的驾驶模式是 RM
7. 对位清客、关车门动车	列车在区间故障需要在车站清客时,车司机控制速度,准备对标;施加停车制动,对位停车标;清客完毕,确认站台"好了"信号,关车门,车门清客,关站台门,标准用语,故障列车清客完毕,可以动车。标准用语,列车全部制动已缓解"绿灯亮,气制动缓解,可以动车	6. 对位停车,按令动车	故障列车需要在车站清客时,按故障列车司机指令准确停车待令,复诵故障列车司机允许动车的指令后继续运行	推进或牵引运行时接近停车位置一车距离时,按限速 3km/h 运行
8. 对位、清客、施加制动、解钩	即将到达目的地一车距离时限速 3km/h 运行,不同断地汇报故障列车离车标的距离,施加停车制动,恢复剩余 B09 停车制动,救援列车司机负责解钩。若牵引救援由连挂端司机负责解钩(标准用语:列车已做好防溜措施,报告剩余 B09),恢复剩余 B09,报告执行	7. 对位离钩	即将到达目的地一车距离时限速 3km/h 运行,在故障车位置 10m 时,做好随时立即停车的准备,听到故障列车司机通知同时做好必要的防护,停车制动已施加,由连挂端驾驶室负责解钩,解钩后缓解停车制动,离钩约 30cm 后停车,立即换端或按指示执行	如果按"解钩"按钮不能解钩,压钩/拉钩后重新解钩。若不行则通知故障列车司机下车进行人工解钩,并注意人身安全。离钩后确认两车钩的对中线不在同一直线上

项目五　故障情况下的操作与处理

某列车制动系统无故障时的救援作业程序（推进/牵引）（TRB模式缓解故障列车）

表5-20

步骤	故障列车司机内容	步骤	救援列车司机内容	备注
1.广播安抚清客	当行调决定救援时司机复诵并简要抄到司机手册上，报告行调故障列车的停留位置（区间、公里标、百米标或站名），与行调确认救援的方向，若在车站则要求车站协助清客	1.清客、确认命令	接到救援指令后司机复诵并简要抄到司机手册上，到达指定车站清客，向行调明确故障列车停留位置（区间、公里标、百米标或站名）及其他注意事项	在连挂之前司机继续排除故障，但不能动车，故障排除后报告行调解除救援
2.调"x频"、防溜	报行调把手持行调电台调到"x频"，向行确认救援方向，前往目的地；直接在本端驾驶室确认主风缸压力大于7.5bar后，分主断路器，缓解停车制动，切除ATP，操作"2518"开关至"合"位；进行制动缓解试验，确认气制动可以缓解（若有一节车气制动故障则切除该故障，若多于一节车气制动故障则按切除所有车B09的方法未进行救援）放制动，做好防溜	2.调"x频"、前往连挂	报行调把手持行调电台调到"x频"，在车站清客完毕，具备自动车条件后以RM模式前往救援地点，列车自动停车后以RM模式运行至距故障列车15m处一度停车，确认安全后以RM模式距故障列车1m外停车	若有一节车气制动故障则切除故障，若多于一节车故障则按切除所有车B09的方法未进行救援
3.防护	向行调问清楚救援的内容（明确救援方向，前往的目的地），打开列车两端的标志灯并作为防护，在本端驾驶室等待救援列车在后端连挂			
4.指挥连挂	救援列车在1m外一度停车后，在连挂端驾驶室用对讲机/手持电台与现场指挥救援司机连挂（标准用语、故障列车已做好防溜清挂，可以连挂）	3.限速连挂	距故障列车1m外停车后，在连挂端驾驶室未到立即用行调电台"x频"通知其"列车准备连挂"的信息，在未得到故障车连挂驾驶室"同意连挂"的通知并复诵后，将"三位"开关打至"慢行"位限速3km/h连挂	如对讲机故障，在连挂端驾驶室向救援列车司机显示连挂手信号

续上表

故障列车司机		救援列车司机		备注
步骤	内容	步骤	内容	
5. 确认试拉后撤防溜	通过行调电台与救援列车司机确认连挂好后，缓解手车停车制动，并报救援列车司机所有制动已经缓解和进路情况	4. 试拉	确认车钩连挂后，进行试动，试拉好后，将"拖动模式"开关打到"合"位，通知故障列车司机。报行调授权切除ATP准备推进运行（若牵引运行则立即唤醒端准备以RM模式或SM模式运行）。若操作7S04后出现救援车降弓和紧急制动的现象，立即恢复该开关改用RM模式推进	试拉后确认两车钩密贴，对中线成一直线。两列车连挂好后，救援列车还须将连挂7S04"拖动模式"开关打到"合"位
6. 联系动车	确认进路、道岔正确，信号已开放，以TRB模式缓解列车。确认"2H02"灯亮后，通知救援列车司机绿/黄灯好，道岔好，道岔已全部已缓解，进路信号好，道岔好，可以牵引到××目的地（标准用语为：故障列车制动全部已缓解，制动全部已缓解，指挥救援列车司机牵引到××目的地）	5. 确认动车	复诵故障列车司机允许动车指令，以URM模式限速30km/h推进（若牵引，以SM模式限45km/h运行）。途中加强与故障列车司机的联系，发现异常立即采取紧急停车措施	①在推进运行发现异常时，如新车与故障车救援，则立即按"紧急停车"按钮。其他情况则按"停车制动施加"按钮。②列车救援时只能使用RM模式推进
7. 对位清客，关门动车	列车在区间故障需要在前方车站清客时，指挥救援列车司机控制速度，准确对标；施加停放制动，开启站台门、车门清客，清客完毕，缓解停车制动，信号关站台门、车门，缓解停车制动，指挥救援列车司机牵引动车，制动已全部已缓解（标准用语：故障列车清客完毕，关门动车）	6. 对位停车，按令动车	故障列车需要在车站清客待、按故障列车司机够位通知停车的准备，听到故障列车司机够位通知立即停车、复诵与故障列车司机允许动车的指令准确确认停车措施、复诵故障列车司机允许动车指令后继续运行	推进或牵引运行接近停车位置一车距离时，按限速3km/h运行
8. 对位、施加制动、解钩	即将到目的地一车距离时限速3km/h运行，不同断地汇报故障列车离停车标的距离，对位停车后主控手柄回"零"位，施加停放制动，通知救援列车司机。若牵引救援，由连挂端停车负责进行解钩操作，解钩后做好防溜措施，可以解钩（标准用语：列车已做好防溜措施，可以解钩）。恢复剩余的B09，报告行调	7. 对位离钩	即将到达目的地一车距离位置10m时，做好随时立即停车的准备，听到故障列车司机够位通知停车、在故障列车司机够位通知停车、由连挂端停车驾驶室进行停车制动后施加，由连挂端停车负责进行解钩操作，解钩后缓解停车制动，离钩约30cm后停车，立即换钩端或按行调指示执行	如果按"解钩"按钮不能解钩，压钩/拉钩后重新解钩，不行则通知故障列车司机。同时做好必要的防护，下车进行人工解钩，注意人身安全。离钩后确认两车钩的对中线不在同一条直线

课后习题

1. 列车故障查找及判断的基本方法是（　　）。
   A. 灯、电、屏、柜　　B. 灯、压、屏、柜　　C. 电、压、屏、柜　　D. 灯、压、屏、箱

2. （　　）通过短接旁路开关的方法，使列车不再检查故障单元部分。
   A. 复位法　　　　　B. 重试法　　　　　C. 切除法　　　　　D. 旁路法

3. 不能关门故障是指OCC站台门监控界面（仅适用于APM天线）、（　　）或IBP发出关门指令后，站台门或安全门不执行关门动作的故障。
   A. 监控系统、ATP　　　　　　　　　B. 信号系统、PSL
   C. 安全系统、ATO　　　　　　　　　D. 控制系统、关门按钮

4. 处理全列车门打不开的故障时，无关的操作步骤是（　　）。
   A. 查看对位停车显示　　　　　　　B. 确认列车驾驶室的占用状态
   C. 查看总风压力表的压力显示　　　D. 查看门允许灯的状态

5. 列车车门故障（所有门关好指示灯不亮），判断故障时首先应（　　）。
   A. 断电　　　　　　B. 重启　　　　　　C. 试灯　　　　　　D. 退出运行

6. 列车驾驶室侧门故障，无法关闭时应先确认（　　）。
   A. 车门状态　　　B. 门槽是否异物　　C. 车门编号　　　D. 是否可以动车

7. 车门切除后，车门紧急解锁装置和门切除隔离开关分别在（　　）位置。
   A. 解锁-隔离　　B. 解锁-复位　　　C. 复位-隔离　　　D. 复位-复位

8. 车门在连续三次关门过程中均检测到障碍物后，车门将（　　）。
   A. 指示灯闪烁，持续关门直至车门锁闭　　B. 指示灯长亮，持续关门直至车门锁闭
   C. 指示灯闪烁，车门打开　　　　　　　　D. 指示灯长亮，车门打开

9. 1A车1位端左侧第一个车门为（　　）。
   A. 1号门　　　　　B. 2号门　　　　　C. 7号门　　　　　D. 8号门

10. 发生站台门故障时，要按照（　　）的原则进行处理，在保证安全的前提下，确保列车正点进行。
    A. 先恢复后通车　　　　　　　　　B. 先通车后恢复
    C. 快处理、快开通　　　　　　　　D. 边抢修边运营

11. 站台门系统的三种控制方式，其优先级从高到低依次为（　　）。
    A. 手动操作—站台级控制—系统级控制
    B. 站台级控制—手动操作—系统级控制
    C. 手动操作—系统级控制—站台级控制
    D. 站台级控制—系统级控制—手动操作

12. 障碍物探测次数为（　　）。
    A. 1　　　　　　　B. 2　　　　　　　C. 3　　　　　　　D. 4

13. 两道及以上站台门无法关闭时，站务员操作（　　）。
    A. 手动关　　　　B. 手动开　　　　　C. 隔离　　　　　D. 互锁解除

14. 故障站台门修复后,需对相应侧的站台门进行( )次开关门试验。
    A. 一   B. 二   C. 三   D. 四

15. 两个牵引设备严重故障或无法检测,根据列车所处位置,在( )(如在区间则在下一站)清客退出服务。
    A. 下一站   B. 终点站   C. 本站   D. 折返线

16. 列车辅助逆变器 AC/DC 严重故障或无法检测,故障影响是( )。
    A. 影响列车蓄电池110V供电及客室照明
    B. 影响列车空压机及空调工作
    C. 影响列车客室温度,蓄电池充电
    D. 蓄电池110V供电及客室温度

17. 列车紧急制动不能缓解故障,可能导致( )。
    A. 空调损坏   B. 通风故障   C. 清客或救援   D. 车门无法打开

18. 若列车空压机故障,则( )。
    A. 无法动车   B. 列车无法制暖
    C. 空调失效   D. 主风缸无压力

19. 若车辆显示屏显示网压异常,空调、空压机等工作不正常,则车辆显示屏显示列车受电弓( )故障。
    A. 红色   B. 白色   C. 绿色   D. 蓝色

20. 下列故障允许运营列车请求救援的是( )。
    A. 驾驶端两个前大灯全部故障,视线不足,无法确认线路
    B. 列车产生异味
    C. 制动系统发生故障使全列车不能缓解
    D. 全列车三分之一以上的动车失去牵引力

21. 列车救援前司机需向行车调度员汇各项具体内容,以下哪项是不需要的?( )
    A. 车次和车号
    B. 故障地点(区间以百米标为准)
    C. 故障情况及是否妨碍临线
    D. 列车救援进路

22. 救援列车在接近故障车约多少米一度停车?( )
    A. 15m   B. 20m   C. 25m   D. 30m

23. 以下不属于救援列车在作业前向行车调度员确认的是( )。
    A. 故障车具体停车位置   B. 救援车驾驶模式
    C. 故障列车司机情况   D. 救援方式

24. 在对故障列车进行救援联挂时,一般列车限速为( )。
    A. 1km/h   B. 3km/h   C. 5km/h   D. 15km/h

25. 已经请求救援的列车,未经( )准许不能动车。
    A. 调度主任   B. 车站值班员   C. 行调   D. 救援列车司机

拓展思考

1. 故障处理的基本方法有哪些?
2. 引起车门故障的原因有哪些?
3. 处理车门故障时应遵循哪些原则?
4. 简述列车在站台出现单个车门故障时的处理程序。
5. 站台门有哪些作用?
6. 站台门的控制方式有哪些?
7. 简述车门与站台门不能联动时的处理程序。
8. 轨旁 ATP 设备故障时,该如何处理?
9. 车载 ATP 设备故障时,该如何处理?
10. "手摇道岔六部曲"是什么?
11. 引起轨道电路故障的原因有哪些?
12. 道岔故障有哪些类型?
13. 列车折返必须经过且必须转动的道岔出现故障时,该如何处理?
14. 调车折返边抢修边运营时的处理原则是什么?
15. 整列车广播故障时,该如何处理?
16. 辅助系统故障时,该如何处理?
17. 哪些情况下,司机可以请求救援?
18. 对救援列车的驾驶模式有何要求?
19. 救援列车的进路如何确认?
20. 简述救援过程中救援列车司机的处理程序。
21. 简述救援过程中被救援列车司机的处理程序。

项目六

行车事故的预防与处理

项目说明

城市轨道交通由于运量大、密度大,一旦发生事故,后果是不堪设想的。近年来,全球城市轨道交通事故不断发生,我国各城市轨道交通也常有事故发生,因此,分析城市轨道交通运营事故的影响因素,制定预防事故相关对策以及突发事故后的救援措施,对改善城市轨道交通运营的安全现状、预防事故和减少事故损失都具有十分重要的意义。

本项目要求学生掌握行车事故的判定与处理、事故的防范措施、各种应急设备的使用方法。

项目目标

▶▶ **知识目标**

1. 掌握行车事故的定义及分类方法;
2. 了解应急预案救援机制,熟悉事故的防范措施,掌握应急设备的使用方法;
3. 熟悉行车事故的分析、判定、调查与处理;
4. 了解典型的行车事故案例。

▶▶ **能力目标**

1. 能够分辨出不同类型的行车事故;
2. 能够熟练使用各种应急设备;
3. 具备分析、判定、调查与处理行车事故的能力。

▶▶ **素质目标**

1. 严格秉承"严密、严格、严谨"的安全管控要求;
2. 牢固树立"安全第一、生命至上"的理念,做城市轨道交通安全的守护者;
3. 养成临危不乱、从容应对的职业行为习惯。

建议学时

8学时。

任务一　行车事故的定义及分类

安全是城市轨道交通运营的生命线,行车安全是城市轨道交通运营安全中最重要、最核心的部分,行车安全与否是衡量城市轨道交通运营管理水平和各部门工作质量的主要指标之一。认真贯彻"安全第一,预防为主,综合治理"的方针,时时、事事、处处讲安全,是城市轨道交通运营单位应尽的职责,也是每一个城市轨道交通员工应尽的责任和义务。

目前,各公司均已形成城市轨道交通运营行车安全管理的基本架构,如图6-1所示。

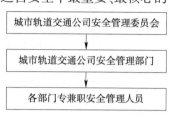

图6-1　行车安全管理框架

一、行车事故的定义

凡在正线和配线范围内由城市轨道交通自身原因造成乘客伤亡、车辆和设备损坏、中断行车或危及运营安全的情况,均构成行车事故。但在城市轨道交通对外营业区域范围内,由乘客自身原因或发生治安案件造成的伤亡或不良后果,均不列入城市轨道交通运营行车事故统计范围。

良好的车辆、设备是保证安全运营的物质基础,由车辆、设备漏检、漏修、维修不到位造成威胁安全运营的严重质量问题,按事故论处。

城市轨道交通系统内任何单位和个人在"高度集中、统一指挥"的原则下,均有尽快处理故障或事故的责任和义务。发生各类故障或事故时,有关单位和人员应相互配合、积极处理、迅速抢救,尽量减少损失和影响,尽快恢复正常运营。对于由失职或推诿扯皮而贻误时机造成不良后果的人员,要追究其责任。

城市轨道交通行车事故在城市轨道交通运营中时有发生,可导致生命危险,其危害性显而易见。为减少事故的发生,城市轨道交通工作人员必须做到防患于未然,严格按照有关规定行车,对于事故通报工作,还应加强安全生产管理。通常来说,行车事故的管理要遵循以下原则:

(1)以"安全第一,预防为主,综合治理"为安全生产方针。各级领导要把安全工作当作首要任务去抓,加强安全管理和安全思想教育,强化员工安全意识;严肃劳动纪律和作业纪律,教育员工自觉执行各项规章制度。

(2)做好员工技术培训,提高技术业务水平,加强安全检查,及时消除各类隐患。搞好设备维修保养,提高设备质量;深入开展增产节约活动和安全正点、优质服务的竞赛,确保城市轨道交通安全运营。

(3)发生行车事故时,要积极采取措施,迅速抢救,尽快恢复运营,尽量减少损失。

(4)事故发生后,要按照"三不放过"的原则(事故原因分析不清不放过,责任者和群众没有受到教育不放过,没有制定防范措施不放过)处理,找出原因,分清责任,吸取教训,制定措施,防止同类事故再次发生。

(5)对事故责任者,应根据事故性质和情节分别给予严肃的批评教育、经济处罚,直至纪律处分、法律制裁。对事故性质严重的要逐级追究领导责任。

(6)对事故分析处理拖延、推脱责任、姑息纵容、隐瞒不报或不如实反映事故情况者,应予以严肃的批评教育和纪律处分。

二、行车事故的分类

由于我国各城市的城市轨道交通在设备、规章上并没有完全统一,我国城市轨道交通系统没有统一的行车事故分类标准。借鉴铁路的行车事故分类标准,以部分城市轨道交通系统为例,城市轨道交通系统行车事故按照事故的性质、损失及对行车造成的影响,可大致分为重大事故、大事故、险性事故、一般事故和事故苗头。

(一)重大事故

(1)列车发生冲突、脱轨、火灾或爆炸,造成下列后果之一时,构成重大事故:

①人员死亡3人或死亡、重伤5人及以上者。

②列车中破一辆。

③中断正线(上下行正线之一)行车180min及以上者。

(2)其他列车发生冲突、脱轨、火灾或爆炸,造成下列后果之一时,构成重大事故:

①人员死亡3人或死亡、重伤5人及以上者。

②内燃机车大破一辆或轨道车报废一辆。

③中断正线(上下行正线之一)行车180min及以上者。

(3)调车作业(包括整备作业)发生冲突、脱轨,造成(1)(2)款各项后果之一时,构成重大事故。

(4)城市轨道交通技术设备、其他临时设备破损或工程车货物装载不良致使城市轨道交通技术设备破损,造成(1)(2)款各项后果之一时,构成重大事故。

(二)大事故

(1)列车发生冲突、脱轨、火灾或爆炸,造成下列后果之一时,构成大事故:

①人员死亡1人或重伤2人及以上者。

②列车小破一辆。

③中断正线(上下行正线之一)行车120min及以上者。

(2)其他列车发生冲突、脱轨、火灾或爆炸,造成下列后果之一时,构成大事故:

①人员死亡1人或重伤2人及以上者。

②内燃机车中破一辆或轨道车大破一辆。

③中断正线(上下行正线之一)行车120min及以上者。

(3)调车作业(包括整备作业)发生冲突、脱轨,造成(1)(2)款各项后果之一时,构成大事故。

(4)城市轨道交通技术设备、其他临时设备破损或工程车货物装载不良致使城市轨道交通技术设备破损,造成(1)(2)款各项后果之一时,构成大事故。

(三)险性事故

在城市轨道交通运营工作中,凡事故性质严重,但未造成损害后果或损害后果不构成大事故及以上事故且符合下列条件之一时,构成险性事故:

(1)运营线列车冲突。

(2)运营线列车脱轨。

(3)运营线列车分离。

(4)列车冒进禁行信号。

(5)未经允许列车载客进入非运营线。

(6)列车反方向运行未经引导自行进站。

(7)列车擅自退行。

(8)列车溜走。

(9)列车运行中擅自切除车载安全防护装置。

(10)列车错开车门。

(11)列车未关闭车门行车。

(12)列车运行中开启车门。

(13)列车夹人行车。

(14)列车运行中,齿轮箱吊挂装置、关节轴承销轴、空压机、牵引电动机等车辆重要部件脱落。

(15)电话闭塞出站信号故障时无凭证发车。

(16)其他(性质严重的运营故障、安全隐患,经城市轨道交通运营安全委员会认定,列入本项)。

(四)一般事故

在城市轨道交通运营工作中,造成下列后果之一,但损害后果不构成大事故、险性事故及以上事故条件时,构成一般事故:

(1)非运营线列车冲突。

(2)非运营线列车脱轨。

(3)非运营线列车分离。

(4)调车冒进信号。

(5)应停列车全列越过显示绿色灯光的出站信号机。

(6)应停列车在站通过。

(7)列车擅自在不具备条件的车站停车,开启客室车门。

(8)漏乘造成列车车长未上车发车。

(9)列车未撤除防溜铁鞋或止轮器开车。

(10)列车客室内的设施、设备、器材松动脱落等异常情况,造成乘客受伤。

(11)运营线列车空气系统(空压机、风缸)安全装置失去作用造成破损爆裂。

（12）列车或列车载物超出列车轮廓限界。
（13）中断运营正线行车每满 20min。
（14）直接经济损失在 1 万元及以上。
（15）其他（经城市轨道交通运营安全委员会认定的安全隐患及问题，列入本项）。

(五)事故苗头

在城市轨道交通运营工作中，发生或存在安全隐患，但其性质或损害后果不构成事故条件且符合下列条件之一时，构成事故苗头：

（1）列车救援。
（2）在站应停列车部分冒进信号机。
（3）通过列车在站停车进行乘降作业。
（4）列车夹物走车。
（5）运行中列车超过规定的限制速度运行。
（6）列车在终点站未经允许进行带人折返作业。
（7）对车辆故障隐患未查出、未彻底治理，造成盲目出库上线运行影响运营。
（8）列车乘客报警装置作用不良。
（9）列车司机与车长通话和指令装置同时失去作用。
（10）车长或副司机在列车关门后启动时未进行车站瞭望。
（11）值乘中未按规定要求执行呼唤制度。
（12）列车信号、通信设备故障，未及时报告、修理。
（13）车辆、设备人为责任破损，经济损失 2000 元以上。
（14）车内行车备品不齐全。
（15）错发、错收、错传或漏发、漏收、漏传行车命令。
（16）其他（经城市轨道交通运营安全委员会认定的其他安全问题和隐患，列入本项）。

(六)其他认定

因其他原因严重危及行车安全，城市轨道交通安全机构认为有必要时可定为事故，也有权对事故重新认定。

任务二　应急预案及事故预防

一、应急预案的法律法规标准

根据我国有关法律、法规等要求，企业和各级政府都应针对重大危险源制定有效的应急预案。加强应急救援，提高防范处置突发事件能力是落实"安全第一，预防为主，综合治理"方针的主要工作，以"一案三制"（应急预案，应急管理法制、体制和机制）为主线，从规划、投入、教育等基础环节入手。

(一)法律

《中华人民共和国安全生产法》第五章生产安全事故的应急救援与调查处理指出:事故应急救援预案、应急救援体系对发生事故后及时组织抢救、防止事故扩大、减少人员伤亡和财产损失具有十分重要的作用。其中,第八十条要求:县级以上地方各级人民政府应当组织有关部门制定本行政区域内生产安全应急救援预案,建立应急救援体系。

《中华人民共和国突发事件应对法》第十七条规定:地方各级人民政府和县级以上地方各级人民政府有关部门根据有关法律、法规、规章、上级人民政府及其有关部门的应急预案以及本地区的实际情况,制定相应的突发事件应急预案。第十八条规定:应急预案应当根据本法和其他有关法律、法规的规定,针对突发事件的性质、特点和可能造成的社会危害,具体规定突发事件应急管理工作的组织指挥体系与职责和突发事件的预防与预警机制、处置程序、应急保障措施及事后恢复与重建措施等内容。

(二)法规

《城市轨道交通运营管理办法》第四章应急管理也有相关的要求,其中,第二十四条明确指出:城市人民政府轨道交通主管部门应当会同有关部门制定处理突发事件的应急预案;城市轨道交通运营单位应当根据实际运营情况制定地震、火灾、浸水、停电、反恐、防爆等分专题的应急预案,建立应急救援组织,配备救援器材设备,并定期组织演练。当发生地震、火灾或者其他突发事件时,城市轨道交通运营单位和工作人员应当立即报警和疏散人员,采取相应的紧急救援措施。

(三)标准

《国家突发公共事件总体应急预案》明确了各类突发公共事件的分级分类和预案框架体系,是指导、预防和处置各类突发公共事件的规范性文件。国务院相继发布了《国家安全生产事故灾难应急预案》《国家处置城市地铁事故灾难应急预案》等共9个事故灾难类突发公共事件专项应急预案。其中,《国家处置城市地铁事故灾难应急预案》的目的是:做好城市地铁事故灾难的防范与处置工作,保证及时、有序、高效、妥善地处置城市地铁事故灾难,最大限度地减少人员伤亡和财产损失,维护社会稳定,支持和保障经济发展。

二、应急预案的救援机制

城市轨道交通系统中可能发生或存在多种潜在的突发事件和紧急情况,如大面积停电、火灾、水灾、地震、危险物质泄漏、恐怖袭击、行车事故、大客流等。因此,在建设城市轨道交通应急救援体系时,就必须进行合理策划。既要做到突出重点,准确反映城市轨道交通的重大事故风险,又要合理地编制各类预案,避免各类预案间相互孤立、交叉和矛盾,从而使任何可能发生的事故局部化,尽可能地消除、减少事故造成的人员伤亡和财产损失,尽快恢复城市轨道交通的正常运营。

应急救援活动一般划分为应急准备、初级反应、扩大反应和应急恢复四个阶段。救援机制与这些应急救援活动密切相关。救援机制主要由统一指挥、分级响应、属地为主和公众动员四个基本机制组成。

统一指挥是应急救援活动的最基本原则。统一指挥一般可分为集中指挥、现场指挥、场外指挥、场内指挥几种形式。无论采用哪种指挥形式都必须实行统一指挥模式；无论应急救援活动涉及单位级别高低，隶属关系如何，都必须在救援指挥中心的统一组织协调下开展相关工作，使各参与单位既能充分发挥自己的作用，又能相互配合，提高整体效能。

分级响应是指在初级反应到扩大反应和应急恢复的过程中，根据事故的严重程度、发展趋势采取相匹配的应急预案。扩大或提高应急响应级别的主要依据是事故灾难的危险程度、事故灾难的影响范围、事故灾难的控制能力。而事故灾难的控制能力是"升级"的最基本条件，扩大反应主要是提高指挥级别、扩大应急范围等。

属地为主是强调"第一反应"的思想，强化属地部门在应急救援管理工作中的主导作用，以提高应急救援工作的时效。

公众动员是应急救援机制的基础，也是最薄弱、最难以控制的环节。这种机制是当事故超出本单位的处置能力时，向本单位外寻求其他社会力量支援的一种方式。

城市轨道交通事故灾害大致可分为安全事故、自然灾害、人为突发事件三类。针对每一类灾害的具体措施可能千差万别。同时，事故、事件在发展的过程中爆发速度、持续时间、范围和强度等都不相同。因此，应制订具有较强针对性的专项应急预案。为了保证各种类型预案之间的整体协调和层次清晰，实现共性和个性、通用性与专业性、层次性和专项性的结合，结合以上的应急预案机制以及城市轨道交通事故灾害的特性可建立起相应的应急预案框架，如图6-2所示。

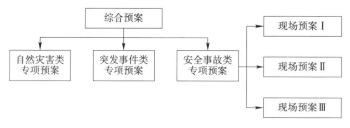

图6-2 应急预案框架

应急预案编制的内容应包括以下几项：抢险组织、主办单位职责、协办单位职责、抢险器具操作程序、配备工器具清单、培训及演练要求。

三、城市轨道交通应急设备

(一)列车应急设备

1. 应急疏散门

应急疏散门安装于驾驶室左顶部的水平轴上，垂直向上开启。手动解锁后，通过气动弹簧执行机构的机械动作，可推下专门的接近轨道的紧急梯。应急疏散门装有挡风玻璃、一个刮雨器和清洗器，当运营区间发生故障时，司机可以通过前后的应急疏散门疏散乘客。通过该门，乘客可以快速、有序地疏导至隧道，进而逃生，如图6-3所示。

2. 紧急报警装置

紧急报警装置安装于列车的车厢内。一般情况下，列车的每节车厢至少安装两个紧急报警装置,包括"报警"按钮和紧急对讲器。当车厢发生乘客冲突、有人昏厥、火灾等紧急状况时,乘客可以立即使用此装置通知司机,以便司机根据现场情况采取相关措施进行处理,如图6-4所示。

图6-3 应急疏散门

图6-4 紧急报警装置

3. 灭火器

城市轨道交通列车是运送乘客的大型封闭载客工具,一旦发生火灾,后果不堪设想。因此,在每节车厢均配有灭火器。一般情况下,车厢内配备的灭火器规格均为6kg,放置于乘客底座下或前后两端的专门设备内。当列车发生火灾初期或较小火灾时,乘客可自行利用灭火器进行灭火,防止较大火情的出现,如图6-5所示。

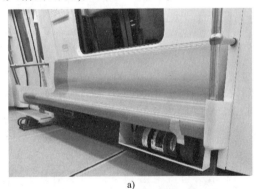

a)

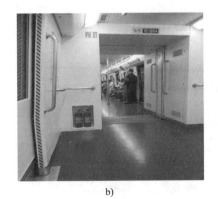

b)　　　　　　　　　　　　　　c)

图6-5 灭火器

4. 紧急开门装置

列车的每个车门上均安装了紧急开门装置,当列车遇故障或紧急情况,需要人工开门时使用。每节车厢每个门内部提供一套紧急设备,每节车厢提供两套从外部进入的紧急设备。

内部紧急设备是一个带锁的曲柄,可由乘客手动操作,也可由司机用方孔钥匙操作;外部紧急设备是一个方孔钥匙孔。司机可在客室内使用方孔钥匙或手动使紧急设备复位。司机在客室外只能使用方孔钥匙复位外部紧急设备,如图6-6所示。

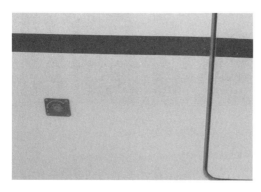

图6-6 紧急开门装置

(二)车站应急设备

车站应急设备分为事故救援应急设备和车站机电设备应急装置。

1. 事故救援应急设备

1)呼吸器

呼吸器如图6-7所示,车站应定期组织员工演练,掌握其使用方法,定期进行检查,保证气瓶压力在规定允许使用的范围,压力不足及时向安全科通报,确保突发情况发生时其能够正常使用(呼吸器正常使用范围为呼吸器压力表指针读数×2 – 10min。呼吸器压力表指针接近红色区域时,表明呼吸器只能维持10min的正常呼吸,佩戴人员应立即撤出危险地带)。

2)逃生面具

逃生面具如图6-8所示,车站所有员工必须掌握其使用方法。逃生面具保存期为3年,安全使用时间为15min,超过期限应立即上报安全保卫科并更换。车站每岗一具随岗配发,随岗交接,各岗主岗人员负责保管并定期检查逃生面具真空包装的完好情况。有不符合标准的及时报安全保卫科。

图6-7 呼吸器　　图6-8 逃生面具

3）应急灯

应急灯（图6-9）存放于各岗位，车站要定期检查其性能，按其使用说明及时进行充电，专人管理建立充电登记制度，确保做到随取随用。

4）担架

担架（图6-10）每站一个，统一放置于车站行车值班室，指定专人保管。

图6-9　应急灯　　　　　　　　　　　图6-10　担架

5）存尸袋

存尸袋每站一个，统一放置于车站行车值班室，指定专人保管。

6）便携式扶梯

便携式扶梯每站4个，分别放置于车站行车值班室和行车副室，每处2个，指定专人保管。

7）湿毛巾

湿毛巾每站150条，当车站发生火灾、生化恐怖袭击时，分发给乘客使用。湿毛巾分别存放于车站两个售票室和行车值班室处，每处50条。

8）抢险锤

抢险锤每站一只，统一放置于车站行车值班室，指定专人保管。

9）防汛铁锹

防汛铁锹统一放置于车站仓库，指定专人保管。

车站应急抢险器材要由专人保管，不得随意挪作他用，当出现故障、损坏或数量不足时应立即上报有关部门，如人为因素导致器材出现故障、损坏或数量不足，必须由肇事者照价赔偿。

2. 车站机电设备应急装置

车站机电设备应急装置主要有火灾紧急报警器、自动扶梯紧停装置、"紧急停车"按钮、站台门紧急开关等。其安装位置和数量因城市轨道交通系统的建设要求不同而有所不同，各类应急设备必须在发生危及列车行车安全或危及人身安全的紧急情况下能够启用。

四、行车事故的防范措施

(一)全面提升从业人员业务素质

城市轨道交通在行车过程中难免出现意外情况，处理得当是对城市轨道交通行车的从业人员的一大考验，这就要求城市轨道交通行车的从业人员不仅要有过硬的心理素质、成熟的处置经验，而且要具备相关的科学知识，能够合理解决问题，并找出相关原因。因此，必须加强城市轨道交通从业人员的业务能力和综合素养,定期对其进行相应的业务培训和心理辅导,借鉴国外先进的业务技能,全面提升城市轨道交通运行的服务水平和能力。

(二)加强城市轨道交通行车的自动化管理

建立城市轨道交通行车智能平台是实现城市轨道交通行车调度规范化、科学化、现代化的技术保障。随着科技的不断发展,城市轨道交通行车调度设备自动化也在不断发展和完善,但也存在一定的问题,因此,要加大对其研发力度,使其在警报、列车站前折返等方面实现全面智能化,以减少人工介入而造成的意外。全面实现城市轨道交通行车调度的自动化不仅能够全面掌握线路上列车的运行状况,还能够对中途发生的事件作出及时提醒和纠错,这将大大提高城市轨道交通行车的可靠性和智能性,也能提供更安全的保障。城市轨道交通的运营涉及众多人员和先进的设备,车辆因素、线路问题、信号标志等都直接关系到列车的安全运行。车辆所使用的阻燃材料是否合格、安全装置是否充足有效、车辆是否符合运行要求、车辆技术状况的好与坏都会直接影响城市轨道交通的运行安全。另外,还应该将安全线改为自动安全门,以杜绝坠落城市轨道交通事故的发生;建立和完善设备状况计量检测体系,确保设备运作的安全度;对已发现的事故苗头、灾害险情要及时记录,用系统安全工程的方法进行评价,及时制定切实可行的整改措施,把工作落到实处,尽量把事故和灾害消灭在萌芽状态。

(三)健全和完善科学规范的城市轨道交通行车调度体系

城市轨道交通欲实现现代化的转变就要有一个科学规范的行车调度体系做保障,以此来确保整个城市轨道交通运行在平稳安全的状态下进行。首先,加强城市轨道交通行车调度安全生产体系的建设,全面落实城市轨道交通行车的安全规章制度和操作规程,在实际工作中,严格按照城市轨道交通的安全操作流程来进行合理的行车调度。其次,规范城市轨道交通快速安全反应机制,吸取以往的安全教训,结合实际情况制订一套有效的应急预案,并且要勤加练习,及时调整,在实际操作中,严格规范和管理操作人员的操作流程,要在问题发生时,及时把握住关键时间点,抓住问题的主要矛盾并拿出解决方案和措施,做到报告快、处置快。

(四)构建安全生产制度

企业应根据自身的实际情况制定符合自身条件的安全生产制度,设立安全生产管理机构,由专人负责,切实履行各自的职责,负责全面管理和监督安全生产,将各项安全生产管理工作落实到每个班组和个人,保证每个员工的安全思路与公司的目标一致。

(五)加强城市轨道交通安保部门工作

安全检查是城市轨道交通安保部门管理工作的重要内容,也是发现问题、排查安全隐患、防止事故发生的重要手段。各层级部门要定期和不定期地进行全面排查或重点突击检查,在元旦、劳动节、国庆节等节假日开展各阶层的联合节前安全大检查,对于查到的问题及时通报并要求责任区负责人限期整改,由安全委员会或相关安全部门负责对整改情况进行确认。各层级部门要通过企业各层级的安全检查,强化各员工的安全意识,增强员工的安全责任,确保各项安全防范措施落到实处,消除事故隐患,保障城市轨道交通运营安全。加强城市轨道交通安全检查,减少社会治安事件发生的可能性也是确保城市轨道交通行车安全的重要手段。例如,伦敦地铁推行了飞机式安全安检系统,X光安检机和警犬在城市轨道交通车站逐步出现,并在城市轨道交通车站安装新型高科技安保设备和闭路监控系统;纽约地铁耗资2亿美元安装了3000个摄像头,用于监控纽约地铁。另外,隧道安装加固设备,可抵御炸弹爆炸和洪水的冲击。

任务三 行车事故的分析与处理

城市轨道交通具有方便、快捷等优势,正在成为各大城市的重要公共交通方式,我国许多城市目前都在大力建设城市轨道交通。但城市轨道交通的运量大、行车密度大,一旦发生事故,其后果是不堪设想的,因此城市轨道交通安全的重要性不言而喻。近年来,全球城市轨道交通事故不断发生,我国各城市轨道交通也常有事故发生,因此,分析城市轨道交通运营事故的影响因素,制定预防事故相关对策以及突发事故后的救援措施,对改善城市轨道交通运营的安全现状、预防事故和降低事故损失都具有十分重要的意义。

根据著名的海因里希法则,在看似偶然的背后存在必然的规律,从发生的事故中吸取教训,避免同类事故再次发生,这是运输安全实现有序可控、基本稳定目标的重要途径。城市轨道交通公司安全管理的疏漏是造成行车事故的主要原因,而对行车事故分析的不完善、对安全管理漏洞的忽视,将为同类事故的再度发生埋下祸根。

行车事故发生后,应组织相关人员对事故进行深刻的原因分析,针对该事故提出若干防范措施,避免今后发生同类事故。为减少事故的发生,做到防患于未然,应加强安全生产管理。坚持"安全第一,预防为主,综合治理"的方针,各级领导要把安全工作作为首要任务去抓,加强安全管理和安全思想教育,使全体员工牢固树立安全思想,强化员工安全意识,严肃劳动纪律和作业纪律,教育员工自觉执行各项规章制度;做好员工的技术培训工作,加强员工的日常技能演练和考核工作,不断提高员工的业务水平;加强安全检查,及时消除隐患,搞好设备维护,提高设备质量,确保城市轨道交通安全运营。

一、城市轨道交通系统行车安全影响因素分析

影响列车行车安全的因素很多,有些是非常复杂的。为了保证列车的行车安全,需从系统工程的角度进行分析。影响列车行车安全的因素可分为三类:外部环境突变、运输设备故障和工作人员人为失误。这三类因素是相互关联、相互制约的,事故的发生也受到这三方面因素的综合影响。

(一)外部环境突变

外部环境包括轨道运输企业面临的自然环境和社会环境,这些都有可能对列车安全行车构成影响。自然环境指的是天气、季节、时间及地质条件等因素,还包括一些自然灾害,如暴雪、暴雨等。由于列车是全年运营,这些因素是不能人为改变的,并且这些因素都可能对

列车安全行车造成不利影响。社会环境指的是经济、法律、政治和社会风气等因素,这些因素也会对列车行车安全造成不利影响。

(二)运输设备故障

列车作为城市轨道交通安全行车的载体,在发生故障时往往会对行车安全造成不利影响。现代城市轨道交通运用先进的技术为行车安全提供了保障,与此同时,这些设备的可靠运行离不开工作人员的规范操作。目前,现代化的调车设备、通信设备和信号设备都已经应用到城市轨道交通系统中,而这些设备都必须有相应的安全保障措施。否则,一旦发生故障,将会威胁列车乘客的生命财产安全。目前,对于这些智能化新技术,必须配备相应的专业使用人才,并且城市轨道交通运营公司要保证充足的设备维修费用,两方面缺一不可,否则将会影响上述设备的正常使用。这些潜在因素都有可能造成城市轨道交通运输设备的失控,诱发行车事故。

(三)工作人员人为失误

运输人员的工作态度和专业素质将会对列车行车安全产生非常大的影响。从以往的行车事故案例可以看出,大部分行车事故都是由人为失误造成的。因此,人的因素是轨道行车安全的最关键因素,人为失误的具体表现主要分为以下几个方面。

1. 领导层安全管理不到位

行车安全事故屡禁不止的主要原因是相关工作人员未按章程办事,更深层次的原因是个别领导安全把控不严。一些部门搞形式主义,对于事故采取回避态度,空喊口号不解决实际问题。这使得一些安全措施难以认真实施,成为造成行车事故的重要隐患。

2. 违章指挥与作业

一些工作人员值班时不在岗或睡觉,将一些作业程序进行简化,乘务人员没有认真确认信号或自己臆测行车等都会造成行车安全事故。

3. 工作人员素质偏低

一些关键工种的员工文化素质偏低,专业技能掌握不熟,导致在发生事故时应对能力不足。还有一些员工缺乏责任心,对待自己的工作不认真,做事消极,在事故发生以后,不是积极吸取教训而是推卸责任,互相隐瞒。管理手段和方法落后,一些安全部门的规章制度没有进行相应的完善。

分析上述各因素之间的相互关系可以得知,影响城市轨道交通行车安全的因素主要为外部环境突变、设备故障和工作人员人为失误。这三方面的因素与城市轨道交通行车安全的关系如图 6-11 所示。

在实际工作中,三方面的因素是相互联系的,如图 6-12 所示。图中交叉部分指的是极易发生事故的部分,需要重点预防。

各城市轨道交通运营企业结合自身的实际情况均会制定相应的安全风险管理实施办法,要以确保载客列车安全为重点,以推进安全生产标准化为载体,以落实安全生产责任制为保证,全面引入风险管理的理念和方法,构建安全风险控制体系,把风险管理与既有安全管理有机融合,切实强化安全生产过程控制和超前防范,严格落实"作业标准化、管理规范化",最大限度地降低安全风险,使安全工作更具超前性、针对性和主动性,促进安全管理的规范化、系统化和科学化。针对识别出的安全风险,各业务部门、车站都会制定安全风险控制表,每个岗位都会制定岗位安全风险控制卡,作为安全风险卡控重点,实施常态化管理,重点包括风险名称、风险等级、控制措施、责任分工等内容,把安全风险的管控责任落实到各层级、各岗位,做到全面覆盖、全员、全过程管理。根据各个部门的生产实际,对照相应风险控制措施,作业层对每一条要不折不扣地贯彻执行,管理层对每一条要进行量化监督检查,严格卡控。对贯彻落实不力的责任部门、单位和人员,各级都要严肃追究责任。通过抓落实,达到列车风险逐步降低、有效控制行车事故的目的。

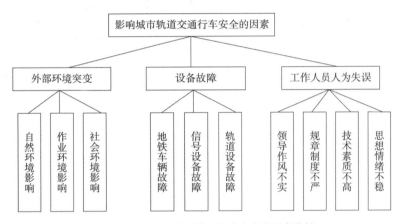

图 6-11 影响城市轨道交通行车安全的因素分析

二、城市轨道交通系统行车事故分析

城市轨道交通运营的安全不仅需要先进的现代化智能设备作为保障,还必须有系统的安全规章和制度保障。一般来说,人员因素、设备因素及社会灾害等是城市轨道交通事故的主要因素。

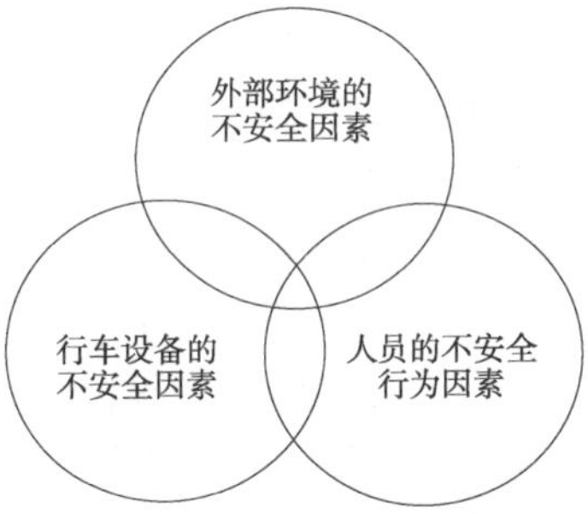

图 6-12 人-机-环境系统

(一)人员因素

乘客和工作人员不遵守规章制度或者疏忽大意造成的事故时有发生,发生事故后,城市轨道交通工作人员应急处理不当也会使事故后果进一步扩大。我们通过对一些行车事故的分析统计发现,一般性事故主要是乘客未遵守安全乘车规则造成的,而险性事故多是工作人员疏忽引发的。人员因素是导致城市轨道交通事故的主要原因,其中包括以下几个方面。

1. 拥挤

在大客流的情况下,站台会十分拥挤,若站台上没有相应的保护设施,乘客可能被挤下轨道,发生事故。

针对此类事故,城市轨道交通运营企业可以通过在站台上装设站台门来减少此类事故的发生。

2. 不慎落入和故意跳入轨道

在城市轨道交通运行过程中,乘客或乘务人员意外或有意进入轨道区域也会影响正常行车秩序,造成事故。

乘客进入轨行区的原因各种各样,但大部分为乘客缺乏相关的安全意识及法律常识,对此城市轨道交通运营企业可适当增加安全知识的宣传力度。

3. 工作人员处理措施不得当

韩国大邱地铁2003年的火灾事故司机和综合调度室人员负有不可推卸的责任。当前方车站已经发生火灾后,另一辆1080号列车继续驶入烟雾弥漫的站台,在车站已经断电、列车不能行驶的情况下,司机没有采取任何措施果断疏散乘客,却车门紧闭,而且仍请示行车调度员该如何处理。行车调度员在事故发生5min后,甚至仍然下达"允许1080号车出发"的指令。此次事故中,司机与行车调度员均不具备岗位所需的业务素养及技能,是造成这次事故严重后果的主要原因。

(二)设备因素

城市轨道交通一般都采用先进的现代化智能设备,设备的状态不良等原因造成的事故也时有发生。一般来说,设备因素主要有车辆因素、轨道因素、供电因素和信号系统因素。

1. 车辆因素

1)列车出轨

2003年1月25日,伦敦地铁一列挂有8节车厢的中央线列车在行经伦敦市中心一地铁站时出轨并撞在隧道墙上,最后3节车厢撞在站台上,32名乘客受轻伤。同年9月,一列慢速行驶的列车在国王十字站出轨,导致地铁停运数小时。2014年,莫斯科地铁在早高峰时段发生列车车厢脱轨事故,造成22人死亡,129人受伤。

2)其他车辆因素

2003年3月20日,某地铁3号线闸门自动解锁拖钩故障,停运1个多小时;2002年4月4日,某地铁2号线因机械故障车门无法开启,停运半小时。

2. 轨道因素

2013年4月,某地铁站道岔故障造成到晚点5min以上4列,中途清人折返1列,加开临客1列,加开回空1列,调表13个。

3. 供电因素

2003年7月15日,某地铁列车突然停电,被迫停运62min。经查是牵引变电站直流开关跳闸,列车蓄电池亏电过量,致使列车无法正常启动。2003年8月28日,英国首都伦敦和英格兰东南部部分地区突然发生重大停电事故,伦敦近2/3地铁停运,大约25万人被困在地铁中。

4. 信号系统因素

2003年3月17日,某地铁线信号控制系统突然发生故障,停运8min。2003年2月14日,某地铁线中央控制室自动信号系统发生故障,停运20min。

要杜绝此类事故的发生,必须建立健全设备的安全使用制度,定期对设备进行检修,保证设备的良好状态。

(三)社会灾害

城市轨道交通车站及列车是人流密集的公众聚集场所,一旦发生爆炸、毒气、火灾等突发事件,会造成群死群伤或重大损失,严重影响社会秩序的稳定。

三、行车事故的判断

发生城市轨道交通行车事故之后,作为相关负责人必须先了解事故概况,包括行车事故发生的时间、地点、涉及的人员、造成的乘客伤亡情况、列车车辆等设备破损情况和中断的行车时间等内容;在清楚掌握这些情况之后,再根据城市轨道交通行车事故的分类标准以及影响城市轨道交通系统行车安全的主要因素,来判断行车事故的类别和性质。

行车安全受到很多因素的影响,这些因素存在一定的联系。在城市轨道交通行车安全事故中,人为失误是造成事故的主要因素。设备故障和环境因素也会对行车安全造成不利影响。对各类事故发生的原因进行深刻剖析并提出针对性的预防措施,能为研究城市轨道交通行车安全提供有效的理论依据。

实现城市轨道交通行车安全需要采取多方面的措施。第一是考虑管理因素,用先进的管理理念和管理方法建立相应的制度,提高卡控风险的能力,规避风险,最终实现转移风险的目的,真正做到有制度、有落实、有考核,全面提高管理能力。第二是尽量减少人为失误,因为人为失误是造成列车事故的关键因素。要提高职工的安全意识和专业素养,严格按标作业,落实岗位标准,加强各类型事故的应急处理,在非正常情况下能够正确对事故进行处理。第三是保证城市轨道交通设备的可靠性,要从设计开始就加强行车设备的安全性与可靠性。第四是加强环境方面的整治,对于恶劣天气及时预警,做好针对性的部署和准备。第五是加强管理创新,对于已经发生的事故要进行详细分析,建立和完善相关事故树;同时,建立行车安全的检查监测保障体系,保证列车的行车安全。

四、行车事故的通报及调查处理

(一)行车事故报告程序

1. 报告原则

行车事故发生在区间时,由司机立即报告行车调度员。行车事故发生在车站内或车辆段时,由车站值班站长或车辆段调度员报告行车调度员。

发生人员伤亡、火灾、爆炸、毒气袭击等事故,需要报告火警、急救中心或公安时,由值班站长、事故现场人员或目击者在第一时间报告;如果没有电话直接报告(如司机),则立即报告OCC,由OCC报告火警、急救中心或公安。

2. 报告事项

(1)时间(月、日、时、分)。

(2)地点(区间、百米标和上下行正线)。

(3)列车车次,车组号,相关人员姓名、职务。
(4)事故概况及原因。
(5)人员伤亡情况及车辆、线路等设备损坏情况。
(6)是否需要救援。
(7)是否影响邻线运行。
(8)其他必须说明的内容及要求。

3. 行车调度员接到事故报告后应做的工作

(1)积极设法防止事故扩大,积极组织救援,同时最大限度地维持运营。
(2)立即报告OCC值班主任。
(3)按照"先通后复"的原则组织指挥事故处理。
(4)对每件行车事故及时填写行车事故概况,报相关部门。

(二)行车事故处理方式

1. 重大事故、大事故调查和处理程序

(1)重大事故、大事故发生后,事故调查处理小组到达事故现场前,若事故发生在区间,由司机负责。当就近车站值班站长(或行车值班员)到达现场后,由该值班站长负责。若事故发生在车站或车辆段,由值班站长(或行车值班员)或车辆段调度员负责,其任务是负责指挥抢救伤员,做好救援准备工作,尽快开通线路,并查看现场,保存可疑物证,查找事故见证人,做好记录,待事故调查处理小组到达后如实汇报。

(2)接到重大事故、大事故报告后,立即组成事故调查处理小组迅速赶赴现场,组织指挥有关人员积极抢救伤员,采取一切措施,迅速恢复运营,同时,做好以下工作:

①保护、勘察现场,详细检查车辆、线路及其他设备,做好调查记录;绘制现场示意图,摄影录像,如技术设备破损,应保存其实物。

②若事故地点的线路破坏严重,无法检查线路质量,则应对事故地点前后不少于50m的线路进行测量,作为衡量事故地点线路质量的参考依据。

③对事故关系人员分别进行调查,由本人写出书面材料。

④检查有关技术文件的编制、填写情况,必要时将抄件附在调查记录内。

⑤必要时召开事故调查会。

⑥根据调查结果,初步判定事故原因及责任,及时向安全部门汇报。

(3)重大事故、大事故的责任单位应于事故后及时编写行车事故报告。

(4)事故调查处理小组接到责任单位事故报告后,由事故调查处理小组组长主持召开事故分析会议,分析事故原因,判明事故责任,制定防范措施。

(5)重大事故、大事故若初步判明系外部单位责任,事故调查处理小组应立即发出电传,通知外部责任单位,说明情况和原因,要求责任单位迅速派人员参加事故调查分析会议。若双方意见不一致,可提请司法部门裁决处理。

2. 险性事故、一般事故调查和处理程序

(1)险性事故、一般事故若发生在区间,事故处理人员到达事故现场前,由司机负责;当就近车站值班站长到达现场后,由该值班站长负责。若事故发生在车站或车辆段,由值班站长或车辆段调度员负责。接到OCC(或车辆段控制中心)报告赶赴现场后,主要设备部门负责指挥抢险,相关部门配合。

(2)发生险性事故,由安全监察室负责人立即组织有关人员进行调查。发生一般事故,各部门要立即进行调查,召开事故分析会,查明原因及责任者,作出处理建议,制定防范措施。

任务四 行车事故案例分析

安全是城市轨道交通科学发展之本,是城市轨道交通和谐发展之基,是城市轨道交通运营效益之道,是城市轨道交通员工幸福之源,是城市轨道交通的生命线,是永恒的主题。

认真总结研究城市轨道交通典型事故案例,是预防发生类似事故的重要措施,从中可以汲取经验,吸取教训,以便进一步提升安全技术和管理水平,营造城市轨道交通安全发展的环境和氛围。

本任务中所列举的案例详细记载了事故经过、事故原因分析和整改措施三个方面的内容,能够客观全面地反映事故发生的整个过程。尤其是事故的原因分析和整改措施,应结合身边发生的具体案例,掌握相关的安全知识和操作规程,以便在今后的工作中高度重视,遵章守纪,不要存在侥幸心理,避免类似事故再次发生。

在阅读和学习典型城市轨道交通事故案例时,不仅要搞清每一起事故的来龙去脉,而且要将自己置身于事故的背景之中,学会换位思考:当处在当事者的位置时,会怎么做?是否会犯同样的错误?要努力从每一起事故中吸取教训,使自己在今后的工作中自觉地遵章守纪,并且主动关心他人的安全,形成安全、和谐的工作环境和氛围。

一、人为原因引起的城市轨道交通事故

(一)南京地铁列车连挂车钩发生碰撞

发生时间:2005年12月1日6:55。

事故发生地点:安德门上行区间,距安德门站约300m处。

事故后果:此次事故造成2526车A端的防爬器轻微擦伤,2526车A端车头右侧的导流罩损坏。

1. 事故经过

7:40,行车调度员指令基地内1314车出库连挂故障车2526车;8:05,1314车出库,采用洗车模式与2526车连挂时,因列车处于小半径曲线位置,车钩对位不正,连挂失败,车钩发生碰撞。

2. 事故原因分析

本事故的主要原因是编制技术文本时,考虑不够充分,没有对"小曲率半径连挂作业要

求"进行明确。当时车辆连挂时线路曲线半径为150m,根据该线工程车辆合同文件中对车钩连挂的规定,是不允许进行自动连挂的,合同中明确要求列车自动连挂时最小曲线半径不得小于300m。

本事故也反映出调度人员和作业人员安全意识不强、经验不足、缺乏处理特殊情况的应变能力。

3. 整改措施

经过此事故后,南京地铁在2007年版《小行基地运作规则》规定:小行基地内道岔区段及其他300m以下曲线半径线路原则上不得进行列车连挂作业。特殊情况下须进行连挂作业时,须确认车钩位置,如果车钩自动对中不能达到对中范围的要求,须进行手动调整。150m曲线半径的线路上进行连挂作业时,由车辆系统派专业人员进行现场技术指导。

由此引申,我们还要考虑车辆在坡道连挂时车钩纵向偏差可能导致的后果,相关的技术规定有待与设备部商定;应加强安全教育,完善培训计划;从兄弟单位多收集一些特殊故障处理的资料,作为乘务人员培训的必修课;应加大管理力度,严禁擅自操作;应理性对待没有把握的陌生故障,及时请教专业工程师和相关领导。

(二)南京地铁列车撞列检库门事件

发生时间:2005年12月6日22:11。

发生地点:小行基地列检库15道列检库大门。

事故后果:15道列检库大门破损严重,列车头部右侧有一处表面擦伤(长8cm,宽1.4cm)。

1. 事故经过

1920车在回列检库15道时,19A车头撞上车门。车辆检修调度员接报后,立即要求信号楼不要动车,同时到现场察看情况,发现15道列检库大门在列检库内侧,门页下方被列车撞凹陷一块(被列车防爬器所撞),大门撞过门上止挡,导致该大门无法向外正常开启到位。列车头部右侧有一处表面擦伤(长8cm,宽1.4cm),另有两处与大门有轻微摩擦。

2. 事故原因分析

负责开启15道列检库大门的保安人员安全预想不够,导致车门未开启到位,侵入车辆限界发生碰撞。司机入库前对前方线路观察不够仔细,未及时发现此安全隐患,最终导致该事件的发生。

3. 整改措施

此事故发生后,南京地铁在有关文本中增加了"列车运行至库门口前要一度停车,司机确认库门开启状态良好具备入库条件后,方可动车入库"。该规定实行后,此类故障在南京地铁再没有发生。

除需要司机停车确认外,也要督促开闭库门责任人自查,做到双保险。建议根据车辆限界确定库门最小的开启位,并在相应的地方做好警示标志,以此作为大门开启程度的标准。

(三)北京地铁机场线列车救援

发生时间:2013年2月3日20:29。

发生地点:东直门至三元桥区间。

事故后果:造成停运7列,到晚5min以上2列,调表6个。

1. 事故经过

2013年2月3日,机场线车务中心乙3组司机杨某、郑某,副司机徐某某担当107车1090次运营任务,20:29东直门站发车,以A1车为头,司机发现该车全列牵引无流,重新建立模式后故障消失。运行至百米标003处再次出现无牵引、无制动现象,使用"紧急"按钮停车,重新建立模式后故障消失。继续运行至百米标007处再次出现无牵引、无制动现象,使用"紧急"按钮停车,重新建立模式后故障消失。继续运行至百米标012处再次出现无牵引、无制动现象,20:41接行车调度员命令,107车原地等待救援不许动车,21:01救援列车与故障列车连挂完毕,由三元桥下行站线推进至大山子库线,导致机场线运营一度中断。

2. 事故原因分析

(1)直接原因:司控编码器异常,导致列车加、减速指令与牵引、制动PWM值无输出,造成列车无牵引、无制动。

(2)间接原因:一是管理和维修人员对机场线车辆故障的分析排查深度和广度不够,导致部分整改工作不彻底。二是对机场线车辆整体状况和存在的隐性问题掌控不到位。三是部分管理人员对提高车辆稳定性、可靠性和维检修质量和水平的紧迫性认识不足,导致主观能动性发挥不够。

3. 整改措施

(1)主管领导带队,成立技术攻关小组,组织人员认真排查隐患,分析查找故障根源,确定整改方案和计划并监督指导落实。

(2)完善机场线车辆维修维护规程和标准,落实检修工艺标准,加强日常检查、测试等工作。

(3)加快完成直线电机、辅助动力系统(APU)防雨雪措施的落实工作。

(4)以此次事故为案例开展安全大讨论。各级管理人员查找自身管理不足之处,深抓思想根源,坚持深入基层、真抓实干,深入开展"向管理者不作为、管理不到位宣战""向违章违纪宣战"和"向漏检漏修和维修不到位宣战"活动,努力提高员工安全意识、质量意识、责任意识,认真落实各项规章制度,提高技术业务水平,稳定安全运营。

(四)罗马地铁列车追撞事故

发生时间:2006年10月17日罗马时间上午9:37。

发生地点:维托·艾曼纽二世车站。

事故后果:两列车损毁变形,其中后方列车的第一节车厢残骸卡进前方列车尾部达3m,有人员伤亡。

1. 事故经过

10月17日罗马时间上午9:37,一地铁A线列车异常驶入维托·艾曼纽二世车站,追撞停靠月台的另一列列车,致使被撞击的列车最后一节车厢与从后面驶来的列车第一节车厢纠缠在一起,许多乘客被夹在扭曲的车厢内,现场烟雾弥漫,失去照明。事故现场图片如

图 6-13 所示。

图 6-13 事故现场图片

2. 事故原因分析

事后罗马地铁运营企业立即展开了调查,有关调查结果及事故原因分析如下:

受损的两列车皆为上线不到一年的新车,至事故发生时尚无机件故障迹象。基本排除车辆故障导致事故的发生。

肇事列车司机与运行控制中心的通联记录显示,司机是接到运行控制中心指示越过红灯继续前进的。当运量较大时,此类调度可被接受,司机被授权保持警觉以最大 15km/h 的速度行进,事故后经调查列车追撞时速度为 30km/h。

该国相关运输部门成立了项目委员会深入调查,但最后调查结果未作报道,所以不详。

3. 整改措施

这是一起典型的人为原因引起的行车事故,主要原因是司机和行车调度员都没有对行车工作引起高度的重视,违章作业,安全意识不强。

第一,司机没有按照非正常行车时规定的速度行驶,属严重违章行为,并且在行车过程中没有加强瞭望,也没有及时与行控中心保持联系是这起事故的主要原因。

第二,对于这起事故的发生,行车调度员也有不可推卸的责任。作为行车调度员,没有对非正常情况下行驶的车辆加强监控,并及时开放正确的行车信号和道岔,导致列车发生追撞。

(五)西日本铁道公司列车出轨事故

发生时间:2005 年 4 月 25 日,日本时间上午 9:20。

发生地点:日本兵库县尼崎市,西日本铁路公司福知山线冢口到尼崎车站之间的一处弯道(曲率半径约 300m)。

事故后果:事故列车共有 7 节车厢,其中有 5 节出轨,第一节车厢冲入大楼(距离轨道 6m)的一楼停车场,第二节车厢紧贴大楼边缘并严重扭曲变形,挤压成正常宽度的一半。事故造成人员伤亡。

1. 事故经过

一列隶属西日本铁道公司的通勤电车,在一处时速限制 70km 的急转弯处出轨,冲入距出轨点60m远与轨道距离6m的一栋九层楼公寓,两节车厢严重扭曲变形,车上乘客死伤惨重。

2. 事故原因分析

引发事故的原因可能有以下几种。

1)司机人为原因

出轨地点的限速为70km/h,而事故列车当时的行驶速度达100km/h(有列车数据记录),且事故发生的列车信号控制系统属于比较旧的形式,列车超速行驶不会自动制动保护。事发前,该列车在伊丹站停靠超过预定停车位置40cm,司机将列车后退开门让乘客上下车,列车延误1min 30s。司机有可能为赶点而超速行驶,并在弯道未减速而启动紧急制动,造成车厢失去平衡而出轨。专家表示,事发地点弯道行驶速度须达到133km/h才有可能出轨,故不排除尚有其他原因同时存在。

此外,事故司机23岁,于2004年5月才取得驾驶证,驾驶经验较不足,且过去有不良记录,包括实习期间有3次被处分记录,2004年6月违规后接受了13天的"再教育",经适任评估与心理测验后才复职。

2)轨道原因

(1)轨道上有障碍物。出事路段的轨道上发现粉碎痕,疑似车轮碾过碎石的痕迹,也可能有人在铁道上放置石头或硬物。(日本曾有孩童在铁轨上放置石块致列车出轨的案例)

(2)轨道出现的问题。在事故现场采证中尚未找到具体迹象。

(3)轨道弯道段无护轨装置也可能是导致列车出轨的原因。

3)列车机械原因

(1)列车制动或其他机械故障。调查人员解读事故列车行车记录器(位于列车第1、4、5、7节车厢)的资料未发现异常。

(2)车底设备掉落。车底设备掉落,会在轨道上产生碰撞痕迹,但至事故发生并未发现异常。

3. 整改措施

对于西日本铁道公司列车出轨事件,司机违反限速规定超速行驶应为主要原因,所以一定要加强对列车司机安全意识的教育,如观看一些城市轨道交通事故录像等。

公司应适当提高司机工资待遇,为司机创造良好的工作环境,增加对司机的重视程度,同时加大对司机的考核力度,适当增加备用司机的数量,采用竞争上岗机制,严进宽出,违章次数累计达到一定数量不得再竞聘司机岗位,使司机产生危机感,从而提高司机本身对岗位的珍惜程度。

城市轨道交通一般采用ATS系统,类似这种超速驾驶导致出轨的事故基本不会发生:当车辆本身或信号系统检测到运行速度超速时,会作出惰行或紧急制动反应,保障列车安全运行。

二、设备因素引起的城市轨道交通事故

(一)列车无法正常牵引严重晚点事故

发生时间:2006年3月15日14:06。

发生地点:三山街站上行区间。

事故后果:故障列车退出运营,正线运营晚点近1h。

1. 事故经过

14:06,0506车运行至三山街站上行站台停车开关门作业后,正常按ATO模式驾驶起动,启动后不久,列车发生冲动,随即自动停车,改用手动SM模式驾驶,列车只能以5km/h速度缓慢牵引;14:15,故障列车到达张府园站,按规定开关门作业上下客后开出不久,产生紧急制动。手动SM驾驶时速度只能维持在5km/h左右,故障现象仍然存在;14:26,到达新街口站,进行清客;该车退出运营。

2. 事故原因分析

列车制动系统中的制动压力开关状态不稳定,在常用制动已经全部缓解的情况下,驾驶室得不到制动已缓解的信号,导致列车无法正常牵引。

车辆检修和行车部门工作人员安全意识不强,存在侥幸心理。据了解,这条线路曾经也发生过类似故障,但都是在终点站或存车线附近,未影响正常运营。加上这类故障难以重现,致使故障一次次被放过,最终造成此次事故的发生。

当值行车调度员处理突发事件能力不足。在事故处理过程中,列车在故障状态下仍然载客运行了两个区间,致使影响正线正常运营近1h。

3. 整改措施

消除侥幸心理,彻底清查车辆故障。对于存在安全隐患的一切车辆拒绝上线运营。对正线运营的车辆出现不稳定因素时,坚决安排下线。建议将此故障现象告知车辆的生产厂家,使其加强对该系统特别是制动压力开关的验收力度。同时,在车辆调试时对该部件的状态进行重点观察。

(二)车辆常用制动失灵事故

发生时间:2006年10月22日10:33。

发生地点:上行线距中华门站300m处。

事故后果:此次事故正线行车中断25min,造成清客5列次,单程票退票401张,IC卡更新145张,故障影响涉及5列车4个车站。

1. 事故经过

10:33,1314车上行行驶至距中华门站300m处,发现速度不降,随即快速制动,仍不降速,最终因超速ATP保护列车发生紧急制动;10:34,司机检查发现DDU面板和故障清单无任何故障显示,检查驾驶室设备柜的开关,未发现有开关动作。随后司机采取应急处理措施,发现无法缓解紧急制动;10:41,行车调度员要求司机换端等待列车救援;10:52,救援列车与故障列车完成连挂;11:01,故障列车被推到中华门清客;11:29,到达小行基地。

2. 事故原因分析

本事故的原因是司控器航空插头h号针与制动命令继电器连接不良,导致制动命令继电器(BDR)不得电,最终使司机的制动命令无法传递给每节车厢,全车都无法执行制动指令。同时,紧急制动的缓解过程也需要制动命令信号,所以也无法缓解紧急制动。

3. 整改措施

制订整改计划,全面实施整改。要求相关单位检查并确认原装防缩齿是否符合使用要求,要对所有车司控器连接器进行状态普查,及时整改,避免类似故障再次发生;要求其对列车制动系统进行大检查,确保列车运行安全;要求其严格按照作业程序进行细心作业,尤其在拆卸和安装类似连接器的过程中严格控制作业质量,做到检查要有记录,使作业过程具有可追溯性;此事故也应引起城市轨道交通运营企业的高度重视,此设备的故障可导致列车制动系统失灵,后果将会十分严重。对于列车上各部件安装位置振动较大,容易造成设备损坏的,在调试过程中应对这些部位重点观察,同时配备足够量的备件,以便及时更换。

(三)车辆牵引施加无位移事件

发生时间:2007年1月31日20:12。

1. 事故经过

20:12开车时,司机发现推牵引列车无位移,DDU上无故障显示,列车制动不缓解,模式开关各个位置都试了,仍然不动车,报告行车调度员。随后司机检查设备柜各熔断器开关正常,重新关开钥匙并再次转换模式开关进行试验,故障仍然不消失,因已接近救援时间,于是司机按照行车调度员命令进行救援准备。

2. 事故原因分析

南京地铁列车推牵引无位移的故障已经多次出现过,司机也有多次成功处理的经验。通过实际经验得出:此类无明显故障显示的列车故障现象,使用降弓休眠重启的处理方法是行之有效的。

3. 整改措施

此类故障发生前并无明显前兆,发生时也无明显的故障显示,所以对此故障的起因很难判断,只有平时加强对车辆的检查力度,认真执行各项检修标准,才能确保车辆各部状态稳定;同时要加强对司机的教育,规范司机的操作步骤,杜绝野蛮操作。发生此现象后,也可采用降弓重启的方法进行处理。

CRH5型动车组也发生过类似故障,叫作"牵引离线",通常的处理方法有"小复位""大复位""蓄电池复位"三种,这与南京地铁"降弓休眠重启"大同小异。事故发生后,与阿尔斯通分析认为,车载电脑系统版本较低、连续且频繁操作和野蛮操作都会导致该故障的发生,所以在司机培训时一定要规范列车操作步骤。另外,车辆的振动导致接线的松动和脱落也会引发该故障。

三、社会灾害引起的城市轨道交通事故

(一)莫斯科地铁自杀式爆炸袭击

发生时间:2010年3月29日早晨7:50。
发生地点:莫斯科市中心卢比扬卡站和文化公园站。

事故后果:造成大量人员伤亡。

1. 事故经过

莫斯科时间 2010 年 3 月 29 日早晨 7:50 左右,莫斯科市卢比扬卡站内一节车厢发生爆炸。之后,莫斯科地铁文化公园站发生爆炸,随后又发生第三起爆炸事故,地点位于和平大街地铁站。

2. 事故原因分析

此次爆炸是一次精心策划的恐怖事件。爆炸装置威力约为 3kg TNT 炸药。两名人员涉嫌实施恐怖事件。

3. 整改措施

做好城市轨道交通车站前期预防工作,是防止恐怖事件发生的有效途径。

1)车站方面的预防措施

(1)要求值班站长与行车值班员、客运值班员、站台岗、安检员等车站工作人员认真、仔细地履行岗位职责,仔细观察进出站乘客的各种动态,按照安全管理规定认真仔细巡查车站各站厅与站台出入口。如果发现疑似爆炸物、毒气等危险品或发现在车站逗留不止、神色慌张、行为可疑等的人,要进行盘问并上报当班站长及车站民警。

(2)所有工作人员要提高警惕性,需加强对垃圾箱和各个墙角处等隐蔽位置的及时检查,如发现疑似爆炸物和毒气物,应立即向当班值班站长报告并引导乘客尽快离开此区域。

(3)安检员在检查乘客随身物品时应注意观察乘客神情,对拒不配合者应请值班站长协助处理。发现有乘客携带可疑物品、疑似爆炸物或毒气物品时,应立即询问并对其再次进行相关检查,必要时请求车站驻站民警处理。

(4)车站工作人员每天应对车站进行全方位的检查,发现可疑爆炸物和毒气物时,立即向本站驻站民警报告。在车站进出口或票亭引人注目位置处,应张贴或悬挂严禁携带"三品"进站乘车的标语或者标志,并且定时向乘客分发相关的安全宣传手册并口头宣传。

2)列车预防措施

(1)列车在每天运营结束后,司机及站台岗共同负责盘查确认列车上有无乘客遗留物品。如发现可疑物品,应及时向有关上级部门报告,根据安排进行妥善处理。

(2)在每天对列车的日常清洁与维护时段,必须严格防止无关人员上车。列车运营开始出车辆段前,司机必须再次检查车辆安全有无异常。

3)发生恐怖袭击后续处理措施

如果发生恐怖袭击事件,及时做好后续处理工作是相当关键的,有利于减少广大人民群众的生命财产损失,维护社会秩序的稳定。在地铁恐怖袭击事件处理过程中,运营部门员工只是配合有关部门的工作,不起主导作用。

由于这类事件可能带来严重后果,城市轨道交通运营部门员工在日常工作中必须保持高度的警觉,发现可疑物品和可疑人应立即向有关部门汇报,便于尽早采取防范措施,最重要的是需做好自身的安全防护工作,避免一些不必要的伤害发生。

(二)韩国大邱地铁火灾

发生时间:2003年2月18日上午9:55。

发生地点:韩国大邱市地铁中央路站。

事故后果:造成巨大人员伤亡。

1. 事故经过

2月18日上午9:55左右,韩国大邱市第1079号地铁列车刚停靠市中心的中央路车站,第三节车厢里一名56岁的男子就从黑色的手提包里取出一个装满易燃物的绿色塑料罐,并拿出打火机试图点燃。车内的几名乘客立即上前阻止,但这名男子却摆脱阻拦,把塑料罐内的易燃物洒到座椅上,点着火并跑出了车站。车内起火后,车站的电力系统立刻自动断电,站内一片漆黑,列车门因断电无法打开。车内没有自动灭火装置。正当大火烧起来的时候,刚好驶进站台的对向列车1080次也因停电而无法动弹。大火迅速蔓延过去,两列车的12节车厢全被烈火、浓烟包围。事故现场图片如图6-14所示。

图6-14 事故现场图片

2. 事故原因分析

此次事故中,韩国大邱地铁大致存在三个方面的问题:

首先是设备方面的隐患,车站和车厢内安全装置不足。车站内虽然安装了火灾自动报警设备、自动淋水灭火装置、除烟设备和紧急照明灯,但是这些安全装置在应对严重火灾时仍明显不足,尤其是自动淋水灭火装置。由于车厢上方是高压线,为了防止触电,车厢内均没有安装这种装置。因此,此次大邱市地铁发生大火时,不可能尽早扑救。车站断电后,四周一片漆黑,紧急照明灯和出口引导灯均没有闪亮。此外,车站内的通风设备容量不大,只能保证平时的空气流通,难以排除大量的浓烟。车厢内的座椅、地板等虽然采用了耐燃材料,但燃烧起来仍会散发出大量有毒气体。

其次是法律还不健全。韩国专家特别指出,韩国的消防法只注重固定的建筑和设备,而飞机、船舶、火车等移动的大众交通工具在消防法中是个死角。

最后是安全教育流于形式。地铁公司平时的麻痹大意、安全意识不强、安全保卫人员不足以及通信联络不完备等也是造成此次地铁火灾大批人员伤亡的重要因素。特别是当时车站的中央控制室管理不力,没有及时阻止另一辆列车进入已经失火的车站,造成了伤亡人员增加。地铁工作人员未能采取适当措施处理紧急情况,是造成大量人员伤亡的主要原因之一。

3. 整改措施

地铁列车一旦着火,地铁自身的防灾系统和控制指挥系统对于人员逃生、疏散起着至关重要的作用。在此前提下,个人是否具有消防安全意识和逃生自救知识亦非常重要。故城市轨道交通运营企业应与警方以及消防部门有一套有效的应变措施,并经常进行防火演习。

四、小结

以上事故的发生并不是偶然的、孤立的,它们的发生都有一个共性,那就是违反规章制度、违背客观规律以及安全意识淡薄、安全知识匮乏;加上有令不行、有禁不止的痼疾,使得各类事故不绝于耳、不绝于途,并且每起事故的发生都与人、机、环境、管理这四大因素密切相关。

课后习题

1. 下列物品中( )不属于劳动防护用品。
   A. 安全帽　　　　B. 绝缘鞋　　　　C. 工作手套　　　　D. 应急灯

2. 当遇到火灾时,要迅速向( )逃生。
   A. 着火相反的方向　B. 人员多的方向　C. 安全出口的方向　D. 顺风吹来的方向

3. 列车在区间发生重大火灾,且无法前行时,列车司机应当( )。
   A. 切断外部高压电源,启动列车应急电源
   B. 切断所有电源
   C. 无须切断电源
   D. 切断外部高压电源

4. 某轨道交通单位因自然灾害,列车脱轨,造成5人死亡,直接经济损失6000万元,根据《国家城市轨道交通运营突发事件应急预案》标准该事件应定性为( )。
   A. 特别重大运营突发事件　　　　　　B. 重大运营突发事件
   C. 较大运营突发事件　　　　　　　　D. 一般运营突发事件

5. 依据《中华人民共和国安全生产法》的规定,应当由( )组织有关部门制定本行政区域内生产安全事故应急预案,建立应急救援体系。
   A. 省级以上人民政府
   B. 各级人民政府
   C. 县级以上地方各级人民政府
   D. 市级以上负有安全生产监督管理职责的部门

6. 突发事件预警信息包括可能发生的突发事件的类别、( )、起始时间、可能影响范围、警示事项、应采取的措施和发布机关等。
   A. 事件经过　　　B. 救援措施　　　C. 预警级别　　　D. 公共信息

7. 以下( )不是行车事故现场报告的必备内容。
   A. 事故发生的时间和地点等基本情况　　B. 人员伤亡和设备损失情况
   C. 事故原因和责任人　　　　　　　　　D. 是否需要救援

拓展思考

1. 什么叫作行车事故？行车事故是如何分类的？
2. 行车事故的管理要遵循什么原则？
3. 城市轨道交通有哪些应急预案救援机制？
4. 试分析影响城市轨道交通系统行车安全的因素。
5. 重大事故、大事故的调查处理程序是怎样的？
6. 险性事故、一般事故的调查处理程序是怎样的？
7. 造成城市轨道交通事故的主要原因有哪些？
8. 针对行车事故中司机人为因素的影响，试提出减少这类影响的建议。

附录　主要专业词汇及定义

序号	专业词汇	定义
1	限界	限定车辆运行及轨道区周围构筑物超越的轮廓线,分为车辆限界、设备限界和建筑限界
2	车辆段	停放车辆,以及承担车辆的运用管理、整备保养、检查工作和承担定修或架修车辆检修任务的基本生产单位
3	CBTC	基于通信的列车控制系统
4	ATC	列车自动控制系统
5	ATP	列车自动防护系统
6	ATS	列车自动监控系统
7	ATO	列车自动驾驶系统
8	ATP/IATP	ATP保护的人工驾驶模式/点式ATP监督下的人工驾驶模式
9	ATS/LOW	计算机联锁区域操作员工作站
10	AP	无线接入点
11	CI	正线计算机联锁系统
12	CBTC列车	在CBTC控制模式下,装备有全套车载设备,能正常运行的列车
13	非CBTC列车	CBTC故障的列车或是没有装备车载设备的列车
14	DTI	发车指示器
15	ESB	站台"紧急停车"按钮,设于站台柱墙上,与车站控室内IBP控制盘上的"紧急及切除停车报警"按钮相连通,当出现危及行车安全的情况时,可立即按下,使列车紧急停车
16	ATS工作站	ATS的人机接口
17	IBP盘	设于车站控制室内,在IBP盘上设置紧急停车/取消紧急停车、站台扣车/终止站台扣车、计轴预复位(集中站)等按钮和相应的表示灯
18	PSL	站台门就地控制盘
19	PSD	站台门
20	NRM	非限制式人工驾驶模式
21	RM	限速(25km/h)人工驾驶模式
22	OCC	运营控制中心
23	DCC	车辆段控制中心
24	DAB	为了及时处理意外或临时事故而设置在车厢里的乘客报警按钮

续上表

序号	专业词汇	定义
25	闭塞	为保证列车运行安全,须保证列车间以一定的安全防护空间运行,这种安全防护空间称为闭塞。列车进入闭塞区间(区段)后,闭塞区间(区段)两端都不再向这一区间(区段)发车,以防止列车相撞和追尾。闭塞可分移动闭塞与固定闭塞两大类,固定闭塞法又可根据安全防护区域划分的不同分为多种闭塞方式
26	移动闭塞	信号系统通过轨旁与列车连续的无线通信来检测前后列车的位置,并计算相应的闭塞防护逻辑,实现对前后列车运行的安全防护和自动控制,这种闭塞方式称为移动闭塞法。移动闭塞时,线路没有固定划分的闭塞空间,列车间隔是动态的,并随前一列车的移动而移动,列车防护区域由列车长度及其前后防护距离组成
27	固定闭塞	把线路划分为固定区域,在每个区域内只准许一列车运行,使前行列车和追踪列车之间必须保持一定距离,列车凭地面信号运行的行车闭塞方法
28	电话闭塞法	车辆段与车站间或相邻车站间通过电话联系,确认闭塞区段空闲、道岔位置正确且锁闭,司机凭路票行车,一个闭塞区段只允许一列车占用的行车闭塞方法
29	进路行车法	信号系统具备点式ATP功能,列车凭地面信号运行,一条进路内(仅指相邻两个同向信号机间的空间)只允许一列车占用的行车闭塞方法
30	区段行车法	将列车运行划分为若干个固定的区段(通常为出站信号机到下一个出站信号机),列车进入区段及在区段内均按地面信号显示行车,一个区段内只允许一列车占用的行车闭塞方法。区段可以由单个或多个信号进路组成
31	预复位	当计轴设备出现干扰、显示占用或故障预修复后,采用计轴预复位可将某一个区段的进入和出清轮对数清零,该进路经过列车占用、出清后进路解锁,设备恢复正常
32	道岔定/反位	对道岔位置的描述,指道岔除使用、清扫、检查、修理外,应规定经常保持向某一线路开通的位置,这个位置称为定位,反之则称为反位。正常情况下,道岔开通直股时为定位,开通侧股时为反位。但也有例外,具体根据设计而定,应在《车站行车工作细则》中明确
33	计轴区段	由两个相邻计轴设备划定的轨道区段,在信号系统后备模式(点式ATP、联锁)下可根据其占用状态确定列车在信号系统内的运行位置
34	计轴系统	所有计轴点、计轴电路及其他计轴设备的统称
35	跳停	列车在车站不停车通过,可指一列列车在一个站或沿途所有站不停车,也可指某一站台的一列或所有列车不停车
36	跳停列车	指沿途不停站的列车
37	信号机内方、外方、前方、后方	信号机防护的一方为信号机内方,反之为外方;信号机显示的一方为信号机前方,反之为后方。两者对应关系是信号机内方即信号机后方,信号机外方即信号机前方
38	进路	在车站内列车或调车车列由一个地点到另一个地点所运行的径路
39	联锁	联锁是信号系统中的信号机、道岔和进路之间建立的一种相互制约关系。例如,进路防护信号机在开放前检查进路空闲、道岔位置正确及敌对进路未建立等,信号机开放后,道岔锁定

续上表

序号	专业词汇	定义
40	时刻表	列车在车站（车辆段）出发、到达（或通过）及折返时刻的集合
41	站线	车站两端墙间内方的线路为站线
42	区间	两相邻车站相邻端墙间的线路为区间
43	列车单元	至少包含一辆动车的车组，从列车中解列后可独立行驶的最小行车单元
44	列车	若干车辆单元连挂而成的车列
45	车辆	在线路上可编入列车运行的单节车
46	中间车	在列车首尾车辆之间的车辆
47	工程车	由机车和车辆编组而成的列车（含内燃机车、接触网检修车等单机编组）
48	备用车	准备上线替换故障列车或需要加开列车时使用的运用车
49	运用车	按列车运行图投入正线运营的车辆和备用车
50	检修车	转为进行计划性检修或故障检修的车辆
51	调车	除列车在运营线路上运行、车站或车辆段到发外，一切机车、车辆或列车有目的的移动
52	前方站	列车运行方向的下一车站
53	后方站	相对于列车运行方向的车站
54	联锁模式	具备联锁但不具备车载ATP功能的模式称为联锁模式，该模式列车完全由司机根据地面信号机显示人工驾驶
55	CC	车载控制器
56	TOD	司机显示器
57	ZC	区域控制器
58	关门车	临时发生气制动机故障，而关闭截断塞门的车辆
59	疏散平台	运营列车在隧道内出现紧急情况时，疏散乘客的专用通道
60	头端墙、尾端墙	按定义的列车正常运行方向，列车停在车站时头部对应的站台端墙为头端墙，尾部对应的站台端墙为尾端墙
61	列车驾驶模式	列车共有六种驾驶模式：ATO、ATP、IATP、RM、NRM、ATB
62	推进	在列车尾部驾驶室操纵列车运行，或救援列车在前端驾驶室推送被救援列车运行为推进运行
63	退行	列车越过停车标须退回停车窗内或列车从区间后退为退行，可以推进或牵引运行
64	反方向运行	在上行线开行下行方向列车或在下行线开行上行方向列车时，为反方向运行，但列车从区间返回发车站为退行
65	首班车	依据当日的运营时刻表，在站投入载客服务的第一列列车
66	末班车	依据当日的运营时刻表，在站投入载客服务的最后一列列车
67	集重货物	质量大于所装车辆负重面长度的最大容许质量的货物

续上表

序号	专业词汇	定义
68	运营时间	为乘客提供城市轨道交通运营服务时间,即线路单一运行方向的始发站从首班车发车到末班车发车之间的时间
69	非正常情况	列车晚点、区间短时间阻塞、大客流以及设备故障等,造成列车不能按列车运行图正常运营,但又不危及乘客生命安全和严重损坏车辆等设备,整个系统能够维持降低标准运行的状态
70	应急情况	发生自然灾害以及公共卫生、社会安全、运营突发事件等,已经导致或可能导致事故发生或设施设备严重损坏,不能维持城市轨道交通系统全部或局部运行的状态
71	线路运营长度	运营线路按始发站站中心至终点站站中心沿正线线中心测得的长度
72	值班主任	OCC调度指挥当值负责人,下设行车、电力等调度员
73	行车调度员	负责行车指挥工作的专职人员
74	供电调度员	负责供电系统管理和调度的专职人员
75	维修调度员	除车辆外的所有设备的维修、检查、施工的组织实施专职人员
76	值班站长	车站当值的负责人,下设行车值班员、客运值班员、站务员等
77	车站值班员	车站行车及客运值班员,协助值班站长管理行车及客运工作的人员
78	站务员	负责车站某一部分的工作,包括售票员、站台及站厅服务员
79	司机	驾驶列车运行的专职人员,有列车司机、工程车司机
80	车辆段轮值工程师	在车辆段DCC当值,负责车辆的检查维修工作及故障处理
81	引导员(或添乘监控员)	列车故障需要司机在尾部驾驶室驾驶时,在列车前端瞭望进路,监控列车运行速度及运行安全,与司机随时保持联系,控制列车的运行及停车等的人员。由车站值班员或值班站长担任
82	调车员	车辆段调车作业时由两名司机担任,一名任司机驾驶机车,另一名任调车员指挥调车作业
83	车长	工程车开行时,由两名司机担任,一名任司机驾驶列车,另一名任车长,指挥列车运行及监视装载货物的安全,推进运行时负责引导瞭望
84	信号防护员	在线路现场施工,根据需要设置防护信号的员工
85	轨道巡视员	工建车间专门从事轨道巡视,执行线路出清程序的员工

参 考 文 献

[1] 苗吉祥,姜大庆. 城市轨道交通车辆驾驶与制动技术[M]. 北京:机械工业出版社,2012.
[2] 上海申通地铁集团有限公司轨道交通培训中心. 城市轨道交通电动列车驾驶[M]. 北京:中国铁道出版社,2010.
[3] 毛昱洁. 城市轨道交通电动列车驾驶[M]. 北京:机械工业出版社,2015.
[4] 刘奇,徐新玉. 城市轨道交通应急处理[M]. 北京:人民交通出版社股份有限公司,2014.
[5] 王博,申碧涛. 城市轨道交通应急处理实务[M]. 北京:人民交通出版社股份有限公司,2017.
[6] 颜月霞. 城市轨道交通行车组织基础[M]. 北京:人民交通出版社股份有限公司,2014.
[7] 牛凯兰,牛红霞. 城市轨道交通行车组织[M]. 北京:机械工业出版社,2009.
[8] 耿幸福,崔联云. 城市轨道交通行车组织[M]. 3版. 北京:人民交通出版社股份有限公司,2021.